a year in the life of snowdonia
blwyddyn ym mywyd eryri
bill birkett

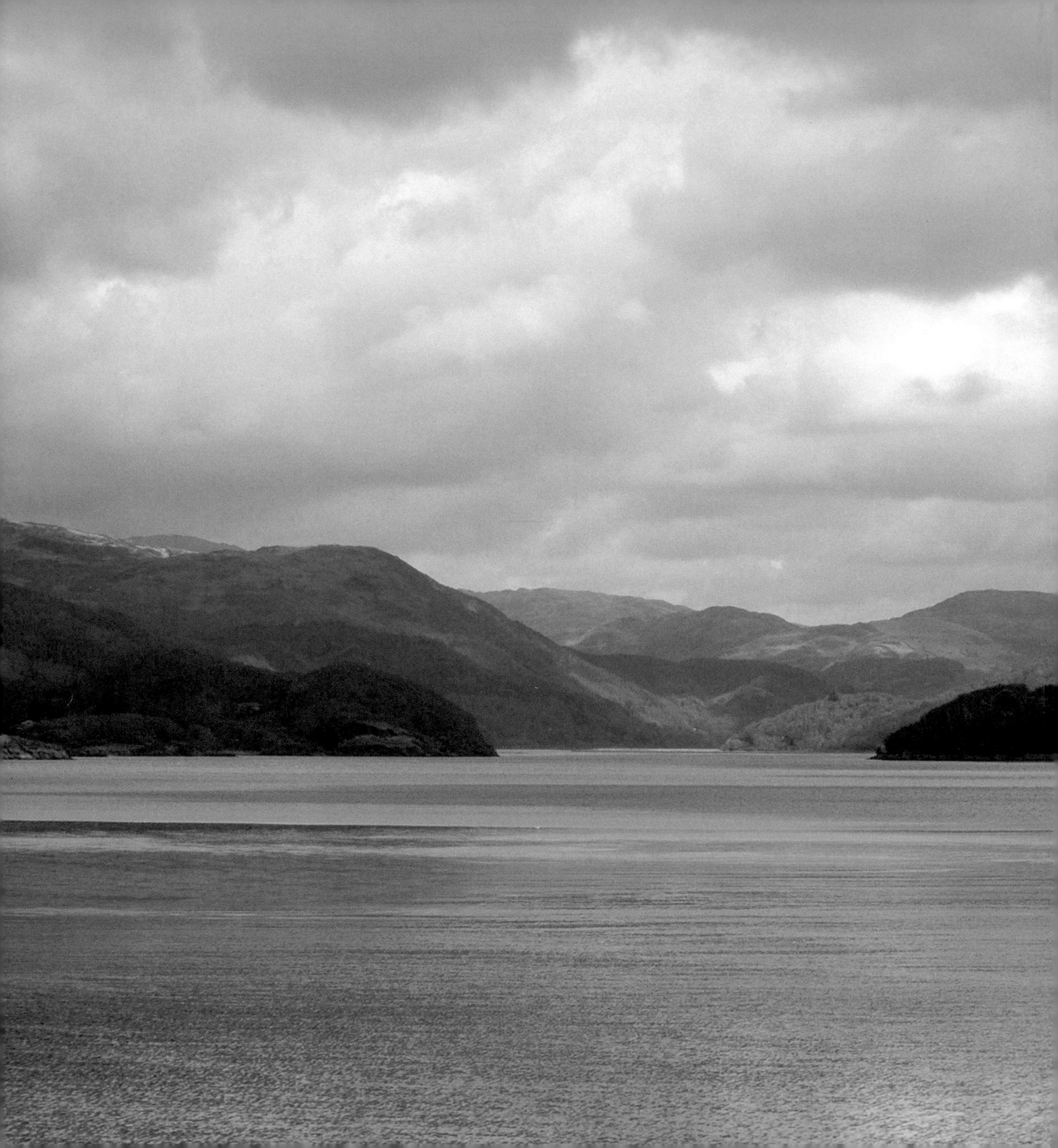

a year in the life of snowdonia
blwyddyn ym mywyd eryri
bill birkett

F
FRANCES LINCOLN LIMITED
PUBLISHERS

Dedication

To Jack Jackson and the memory of Don and Audrey Whillans, who were towers of strength one fateful day in the mountains of Snowdonia.

Many thanks

To my family: Sue, my wife, for first draft editing; Rowan, my daughter; William, my son, for sharing days in Snowdonia. All my friends with whom I've climbed and walked among the great mountains of Snowdonia, particularly Andrew and Jeremy Sheehan who broadened my horizons at a tender age.

For information and help: the locals of North Wales, The Climbers Club and Lowri Jones of Visit Wales.

To John Nicoll of Frances Lincoln for having faith enough to publish this book. To Jane Havell for producing a fine blend of the material. To Elin Davies for translating the entirety of this book into Welsh.

To those protective bodies and groups who care about this wonderful National Park and seek to protect its unique character and beauty: The National Trust, The National Park Authority.

To Frank Hennessy's 'Celtic Heartbeat' programme on BBC Radio Wales, which keeps me company late into the night on the BBC's 'Listen Again' facility.

Bill Birkett Photography
Bill Birkett has an extensive photographic library covering all of Britain's mountains and wild places, and runs regular photographic courses. For images, specific photographic commissions, individual prints or photographic course details:
telephone 015394 37420, mobile 07789 304 949, or
e-mail bill.birkett1@btopenworld.com
www.billbirkett.co.uk

Frances Lincoln Limited
4 Torriano Mews
Torriano Avenue
London NW5 2RZ

A Year in the Life of Snowdonia
Copyright © 2009 Frances Lincoln Limited

A catalogue record for this book is available from the British Library

ISBN 978 0 7112 2991 4

Printed in Singapore

9 8 7 6 5 4 3 2 1

TITLE PAGE: Tree-clad hills, green sea and golden sands: the spectacularly beautiful Barmouth estuary (Afon Mawddach), known as the place where the mountains of Snowdonia stoop to kiss the sea. To the north the hills lead to Dolgellau; to the south stands Cadair Idris, one of the great mountains of Britain.

Cyflwynedig i

Jack Jackson ac er cof am Don ac Audrey Whillans, oedd yn gewri dewr un diwrnod tyngedfennol ym mynyddoedd Eryri.

Diolchiadau

I'm teulu: Sue, fy ngwraig, am olygu'r drafft cyntaf; Rowan, fy merch a William, fy mab, am rannu dyddiau yn Eryri. Pob un o'm ffrindiau y bum yn dringo a cherdded â nhw ymysg mynyddoedd mawr Eryri, yn arbennig Andrew a Jeremy Sheehan a ehangodd fy ngorwelion tra'r oeddwn i'n ifanc.

Am wybodaeth a chymorth: trigolion Gogledd Cymru, The Climbers Club a Lowri Jones o Groeso Cymru.

I John Nicoll o Frances Lincoln am fod â'r ffydd i gyhoeddi'r llyfr hwn. I Jane Havell am gynhyrchu cyfuniad arbennig o'r deunydd. I Elin Davies am gyfieithu'r llyfr i'r Gymraeg o glawr i glawr.

I'r cyrff a grwpiau diogelu hynny sy'n gofalu am y Parc Cenedlaethol gwych hwn ac yn ceisio diogelu ei gymeriad a harddwch unigryw: Yr Ymddiriedolaeth Genedlaethol, Awdurdod y Parc Cenedlaethol.

I raglen 'Celtic Heartbeat' Frank Henessy ar BBC Radio Wales, sy'n gwmni i mi yn yr oriau mân ar gyfleuster 'Gwrando Eto' y BBC.

Ffotograffiaeth Bill Birkett
Mae gan Bill Birkett lyfrgell helaeth o ffotograffau yn cwmpasu holl fynyddoedd a mannau gwyllt Prydain, ac mae'n cynnal cyrsiau ffotograffiaeth rheolaidd. Am fanylion lluniau, comisiynau ffotograffig penodol, printiau unigol neu gyrsiau ffotograffiaeth:
ffôn 015394 37420, symudol 07789 304 949, neu
e-bost bill.birkett1@btopenworld.com
www.billbirkett.co.uk

Frances Lincoln Limited
4 Torriano Mews
Torriano Avenue
Llundain NW5 2RZ

Blwyddyn ym Mywyd Eryri
Hawlfraint © 2009 Frances Lincoln Limited

Mae cofnod catalog ar gyfer y llyfr hwn ar gael gan y Llyfrgell Brydeinig

ISBN 978 0 7112 2991 4

Argraffwyd yn Singapore

9 8 7 6 5 4 3 2 1

TUDALEN DEITL: Bryniau coediog, môr gwyrdd a thywod euraidd: harddwch aruthrol Aber Afon Mawddach, a adnabyddir fel y man ble plyga mynyddoedd Eryri yn i gusanu'r môr. I'r gogledd mae'r bryniau yn arwain at Ddolgellau; i'r de saif Cadair Idris, un o fynyddoedd mawr Prydain.

contents

cynnwys

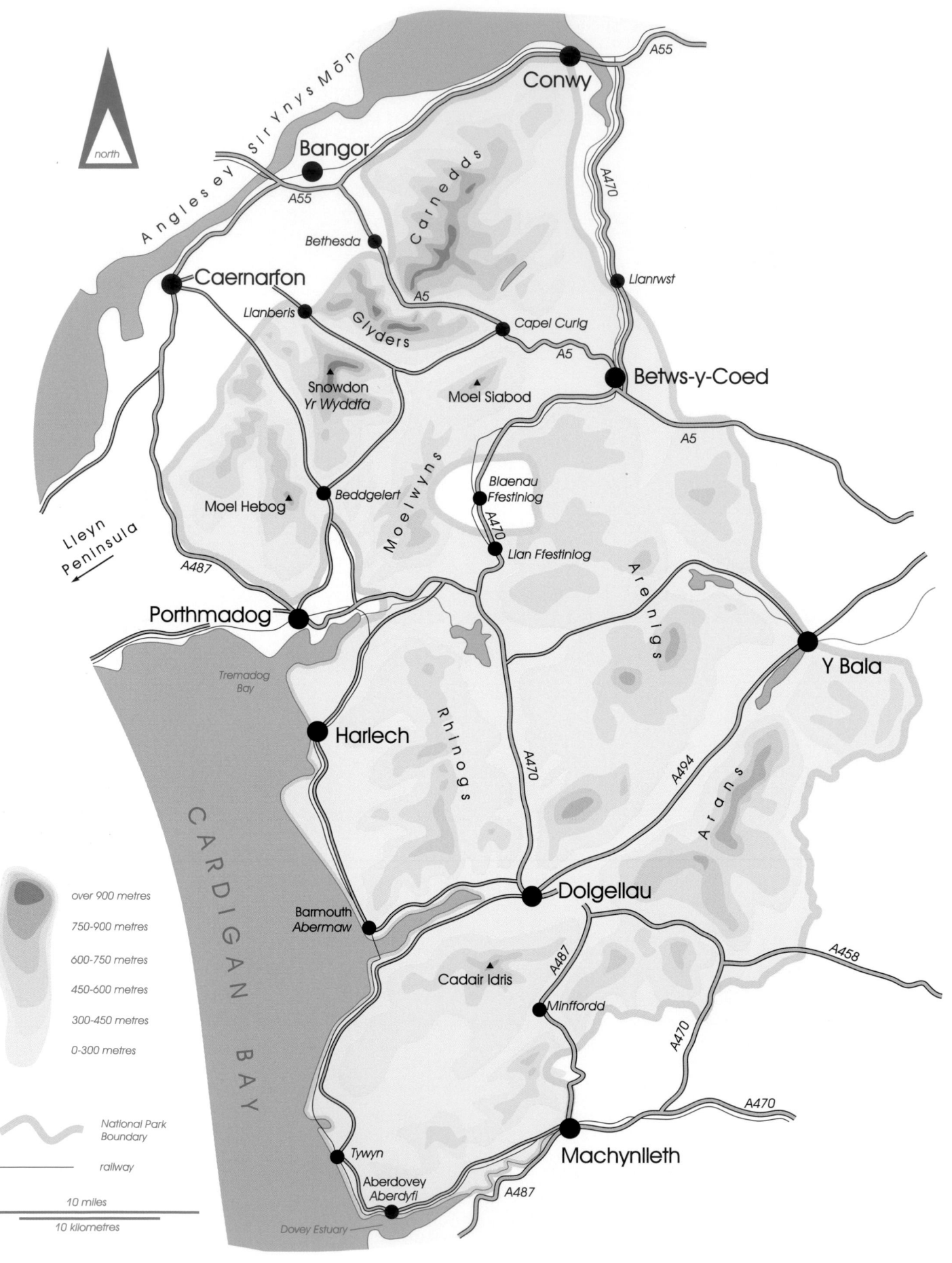

north

Anglesey Sir Ynys Môn

Conwy

A55

Bangor

A55

A470

Bethesda

Carnedds

Caernarfon

Llanrwst

Llanberis

Glyders

Capel Curig

A5

Snowdon
Yr Wyddfa

Moel Siabod

Betws-y-Coed

A5

A5

Moelwyns

Blaenau
Ffestiniog

Moel Hebog

Beddgelert

A470

Llevn
Peninsula

A487

Llan Ffestiniog

Arenigs

Porthmadog

Tremadog
Bay

Y Bala

Rhinogs

A470

Arans

A494

Harlech

CARDIGAN BAY

Dolgellau

Barmouth
Abermaw

A487

Cadair Idris

A458

Minffordd

A470

over 900 metres

750-900 metres

600-750 metres

450-600 metres

300-450 metres

0-300 metres

A470

National Park
Boundary

railway

Tywyn

Machynlleth

10 miles

Aberdovey
Aberdyfi

A487

10 kilometres

Dovey Estuary

snowdonia introduction

eryri cyflwyniad

Ever since my early rock climbing days I have felt a great affinity for the mountains and people of Snowdonia. Edged to the north and west by the Irish Sea, the Isle of Anglesey and the Llyn Peninsula, this is a region which offers a beguiling landscape. Particularly special for me are its mountains and black jagged rocks, from the Carneddau in the north to Cadair Idris in the south, and I have found in these high places a compelling quality of stark wildness. However, beyond even the power of its brooding mountains, this is an area of immense quality and variety, extending to the drama of steep rugged passes, the solace of green nants (valleys), black sparkling llyns (lakes) and tumbling afons (streams and rivers) and stretching to the penrhyns (headlands) and traeths (beaches) of its shining coast of blue and white light.

Its people have a fierce independent spirit and a toughness necessary to survive in a nature that is little diluted, to farm among the hills, win slate from the heart of the mountains, and remain an independent nation. Here is a country steeped in history from Neolithic times to the present day and a people proud of their land, music and tradition; should you take that extra step and look beneath the surface, you will find a people generous of heart and of spirit.

The Snowdonia National Park was designated in 1951, the third National Park to be created in the UK under the 1949 National Parks and Access to the Countryside Act. It is the third largest National Park in the UK, after the Cairngorms and the Lake District, covering some 2,171 square kilometres of north-west Wales. In fact, it feels larger than the Lake District National Park (which is my home), larger than its listed size. This is because the designated area contains gaps. An extreme example is a circular 'hole' in the middle of the Park around the town of Blaenau Ffestiniog, once the world capital for slate quarrying, which has immense slate workings both above and below ground. It was officially excluded from the National Park

Ers fy nyddiau cynnar fel mynyddwr, rwyf wedi teimlo agosatrwydd at fynyddoedd a phobl Eryri. Gyda Môr Iwerddon, Ynys Môn a Phenrhyn Llŷn yn ei ymylu i'r gogledd a'r gorllewin, dyma ranbarth sy'n cynnig tirwedd hudolus. Mae ei mynyddoedd a'i greigiau miniog duon o ddiddordeb arbennig i mi, o'r Carneddau yn y gogledd i Gadair Idris yn y de, rwyf wedi canfod safon gymhellol o wylltineb pur yn y mannau uchel hyn. Fodd bynnag, tu hwnt i hyd yn oed rym y mynyddoedd tawel, mae hon yn ardal o safon ac amrywiaeth aruthrol, yn ymestyn i ddrama'r bylchau serth geirwon, unigedd y nentydd glas, llynnoedd duon pefriog ac afonydd byrlymog yn ymestyn tua phenrhynoedd a thraethau arfordir o olau glas a gwyn gwych.

Mae yna ysbryd annibynnol tanbaid yn y trigolion a'r gwydnwch sydd angen i oroesi mewn byd a reolir gan natur, i ffermio'r bryniau, tynnu llechi o galon y mynydd, a pharhau i fod yn genedl annibynnol. Dyma dir sy'n llawn hanes o'r oes Neolithig hyd heddiw a phobl sy'n ymfalchïo yn eu gwlad, cerddoriaeth a thraddodiadau; os mentrwch gymryd cam ymhellach ac edrych dan yr wyneb, fe ddewch ar draws pobl sy'n llawn haelioni a charedigrwydd.

Sefydlwyd Parc Cenedlaethol Eryri yn 1951, y trydydd Parc Cenedlaethol i'w greu yn y Deyrnas Unedig dan Ddeddf Parciau Cenedlaethol a Mynediad i Gefn Gwlad 1949. Dyma'r trydydd Parc Cenedlaethol o ran maint yn y Deyrnas Unedig, yn dilyn y Cairngorms ac Ardal y Llynnoedd, gan gwmpasu 2,171 cilomedr sgwâr o ogledd orllewin Cymru. I ddweud y gwir, teimla'n llawer mwy na Pharc Cenedlaethol Ardal y Llynnoedd (fy nghartref), yn fwy na'i faint rhestredig. Mae hyn am fod yna fylchau yn yr ardal ddynodedig. Enghraifft eithafol o hyn yw'r 'cylch' yng nghanol y parc o amgylch tref Blaenau Ffestiniog, a fu ar un adeg yn ganolfan fwyngloddio llechi fwyaf y byd, gyda gweithfeydd llechi enfawr ar ac oddi tan yr wyneb. Fe'i heithriwyd yn swyddogol o'r Parc fel na fyddai wedi ei rwymo

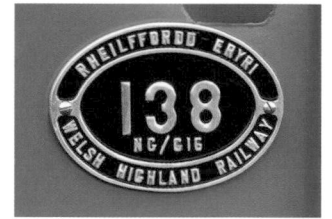

so that it would not be bound by restrictive planning permission, in order to allow for industrial regeneration. As the son of a Lakeland quarryman I'm not quite sure how to take this. Isn't slate quarrying an important part of the Snowdonia heritage? It's certainly part of mine, and I'm very proud of it. Shouldn't its story be preserved and regarded as part of the whole? In a similar vein, around its edges the Park also excludes certain towns and districts, but these are without visible boundaries to mark them off from the rest – typically, Porthmadog and Portmeirion.

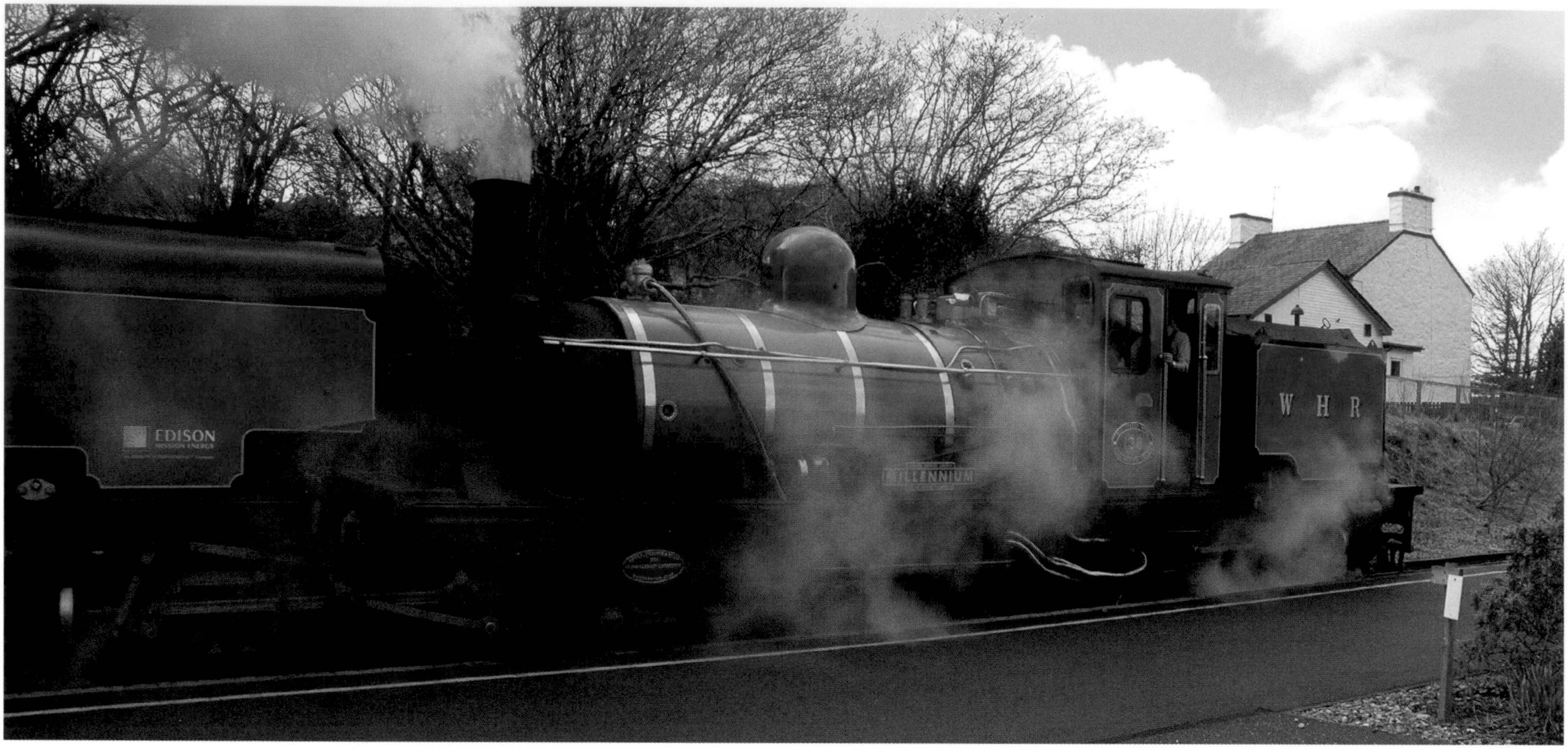

Snowdonia's engineering and industrial heritage are more than mere scars on the mountainside: they are an integral and fascinating facet of the region. They offer a wonderful opportunity to appreciate the depth of man's ingenuity in making his living from local natural resources. Perhaps this is manifest most alongside the enormous slate quarries by the remaining little narrow-gauge steam railways. For the most part, these are a great attraction and a positive asset to the character of the area.

The Park extends way beyond the clustered group of mountains around Snowdon, from which it takes its English name. Stretching some 85 kilometres from Conwy and its magnificent castle in the north, to Aberdovey and its Roman road in the south, it includes the far-flung high mountain groups of the Rhinogs, the Arenigs, the Arans and the mighty Cadair Idris – a breathtaking area in extent and quality.

Universally accepted as one of Britain's most beautiful National Parks, Snowdonia is the third most visited, attracting over 6 million visitors annually. It is a leading recreational centre for all those who love walking, climbing and the natural world. Of course, it is not all wilderness: 27,500 people live

gan reolau cynllunio caeth gan ganiatáu ar gyfer adfywio diwydiannol. Fel mab i chwarelwr o Ardal y Llynnoedd, rwy'n ansicr sut ddylwn i ymateb i hyn. Onid yw'r chwareli yn rhan bwysig o dreftadaeth Eryri? Mae'n sicr yn rhan o f'un i, ac rwy'n falch iawn ohono. Oni ddylid diogelu'r hanes a'i ystyried yn rhan o'r darlun cyfan? Yn yr un modd, o amgylch ei gyrion mae'r Parc hefyd yn eithrio trefi ac ardaloedd penodol nad oes iddynt unrhyw ffiniau gweledol i'w gwahanu o'r gweddill, megis Porthmadog a Phortmeirion.

Mae treftadaeth beirianyddol a diwydiannol Eryri yn fwy na dim ond creithiau ar ochr y mynydd: maent yn elfen ganolog a swynol o'r rhanbarth. Maent yn gyfle arbennig i werthfawrogi dyfnder dyfeisgarwch dyn o ran ennill bywoliaeth o adnoddau naturiol yr ardal. Efallai fod hyn i'w weld fwyaf yn y leiniau bach sydd wedi goroesi wedi oes y chwareli enfawr. Maent yn atyniad gwych ac yn ased positif i gymeriad yr ardal.

Mae'r Parc yn estyn ymhell tu hwnt i'r casgliad o fynyddoedd o amgylch yr Wyddfa. Yn ymestyn oddeutu 85 cilomedr o Gonwy a'i chastell gwych yn y gogledd, i Aberdyfi a'i ffordd Rufeinig yn y de, mae'n ynddo grwpiau aruchel o fynyddoedd y Rhinogydd, Arenig ac Aran a chraig aruthrol Cadair Idris – ardal syfrdanol o ran helaethrwydd ac ansawdd.

Gyda chytundeb cyffredinol mai dyma un o Barciau Cenedlaethol harddaf Prydain, Eryri yw'r trydydd o ran nifer ymwelwyr, gan ddenu 6 miliwn o ymwelwyr y flwyddyn. Mae'n ganolfan hamdden flaenllaw ar gyfer pawb sy'n mwynhau cerdded, dringo a byd natur. Wrth gwrs, nid yw'n gwbl wyllt. Mae yna 27,500 o bobl yn byw a gweithio yno, yng nghalon y Gymru Gymraeg. Mae'r Gymraeg yn iaith gyntaf i oddeutu 65 y cant o'r trigolion.

ABOVE: Engine No. 138 of the Welsh Highland Railway steams into Waunfawr Station. A class NGG16, it was built in Manchester by Garratt for use in South Africa. After falling into disuse in 1937, the 2ft-gauge railway has recently been rebuilt. Running 40 km (25 miles) from Caernarfon to Porthmadog, it is due to be fully operational in summer 2009.

UCHOD: Injan Rhif 138 Rheilffordd y Mynydd yn stemio tua Waunfawr. Peiriant dosbarth NGG16 a adeiladwyd gan Garratt ym Manceinion i'w anfon i Dde'r Affrig. Yn segur ers 1937, mae'r lein fach 2 droedfedd o led nawr wedi ei hailadeiladu gyda thrac o 40 cilomedr (25 milltir) o Gaernarfon i Borthmadog y gobeithir fydd yn gwbl weithredol yn haf 2009.

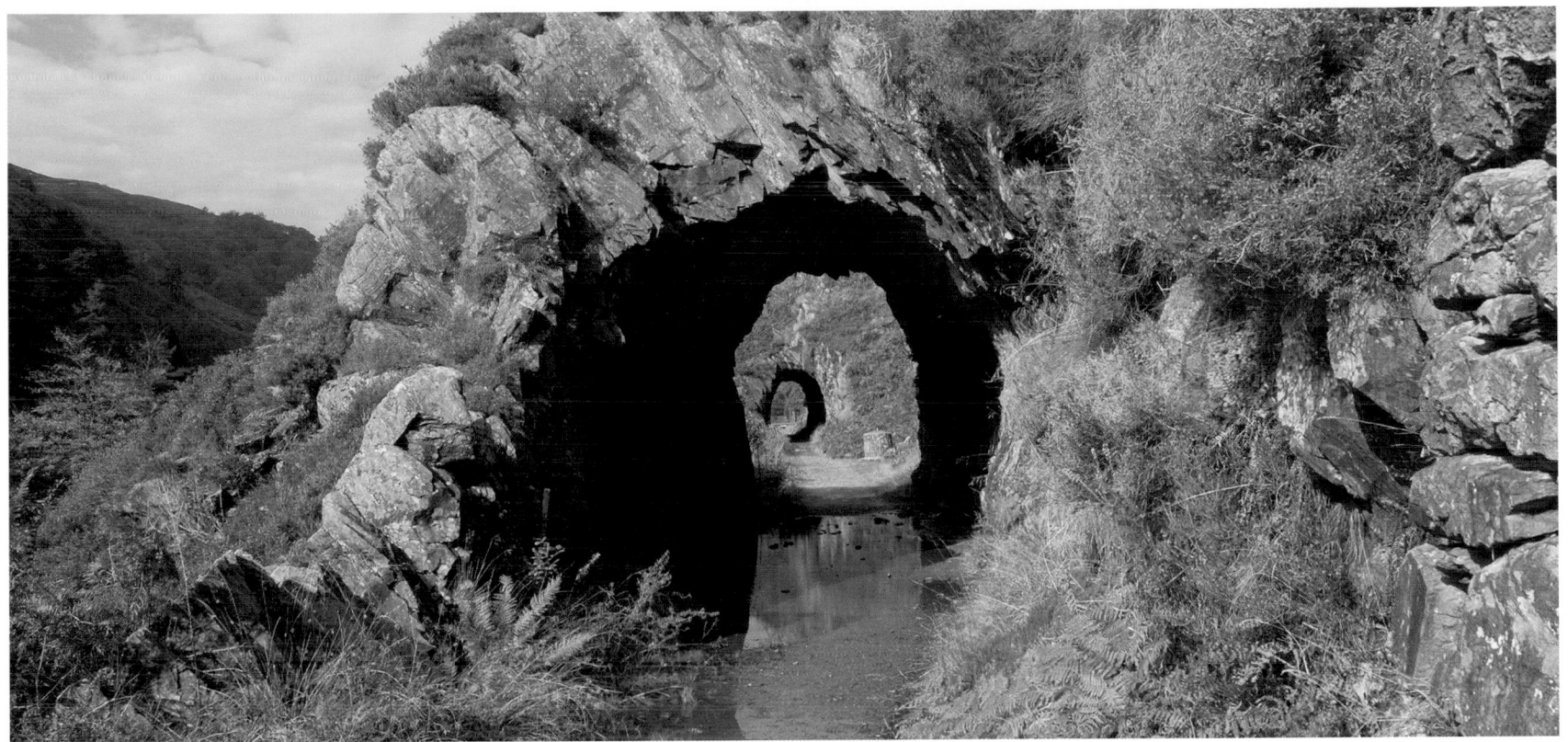

and work there, in the heartland of Welsh-speaking Wales. Some 65 per cent of the inhabitants speak Welsh as their first language.

Snowdon, at 1,085 metres, is the highest mountain in Wales and higher than any mountain in England. In Welsh the mountain is called Yr Wyddfa (pronounced 'uhr with-va'), meaning burial place; this once referred specifically to the summit area of Snowdon, but has been extended to refer to the whole mountain. The region is named Eryri (pronounced 'ur-ree-ree'), which is generally thought to mean 'place of the eagles'.

Eryri contains not only some of the most dramatic and magnificent scenery in Britain, but also a huge variety of landscapes and habitats for animals, birds and plants, of which there are around 900 different species. Between the sea and the mountains are 37 kilometres of coastline, with beaches of sand, pebble and shell with sand dunes beyond, cut by deep estuaries. Above the coast, glacially carved valleys, fed by lakes and streams flowing from the mountains, support the remnants of broad-leaved woodlands of oak, ash, rowan and hazel. There are more National Nature Reserves in Eryri than in any other National Park in Britain. It is home to many nationally and internationally rare species such as the peregrine falcon, the merlin and the Snowdon Lily (*Lloydia serotina*), an alpine plant present only in the Park. It is also the only habitat of the Snowdonia Hawkweed (*Hieracium snowdoniense*), as well as the beautiful rainbow-coloured Snowdon Beetle (*Chrysolina cerealis*), found around Yr Wyddfa.

Elusive rather than rare, and long a symbol of the wildness of Snowdonia's mountains, is the fierce-looking feral Welsh goat. A number of herds roam the hills and are said to have

Yr Wyddfa, yn 1,085 metr o uchder, yw mynydd uchaf Cymru ac fe saif yn dalach nag unrhyw fynydd yn Lloegr. Golyga'r enw 'man claddu', gan gyfeirio'n benodol at begwn y mynydd, ond erbyn hyn fe'i defnyddir fel enw ar y mynydd cyfan. Credir y golyga enw'r rhanbarth, Eryri, 'man yr eryrod'.

Ceir nid yn unig rai o olygfeydd mwyaf dramatig a gwych Prydain yn Eryri, ond hefyd amrywiaeth enfawr o dirweddau a chynefinoedd ar gyfer anifeilaidd, adar a phlanhigion, gyda thua 900 o rywogaethau. Rhwng y mynyddoedd a'r môr ceir 37 cilomedr o arfordir, a thraethau o dywod, cerrig crwn a chregyn a thwyni tywod tu hwnt, wedi eu gwahanu gan aberoedd dwfn. Uwchlaw'r arfordir, mae llynnoedd a ffrydiau'r mynyddoedd yn bwydo'r cymoedd a naddwyd gan rewlifoedd er mwyn cefnogi gweddillion coedwigoedd deiliog o goed derwen, onn, criafol a chyll. Nid yw'n fawr o syndod fod yna fwy o Warchodfeydd Natur Cenedlaethol yn Eryri nag unrhyw Barc Cenedlaethol arall ym Mhrydain. Mae'r rhanbarth yn gartref i nifer o rywogaethau prin cenedlaethol a rhyngwladol megis yr hebog tramor, y cudyll bach a Lili'r Wyddfa (*Lloydia serotina*), planhigyn Arctig/alpaidd na welir tu hwnt i'r Parc. Dyma'r unig le yn y byd ble tyfa Heboglys yr Wyddfa (*Hieracium snowdoniense*), ynghyd â chreadur hardd a lliwgar Chwilen yr Wyddfa (*Chrysolina cerealis*), a welir yn ardal yr Wyddfa.

Yn fwy swil na phrin, ac yn symbol o fywyd gwyllt mynyddoedd Eryri, yw'r afr Gymreig wyllt ffyrnig ei golwg. Mae nifer o eifreoedd yn crwydro'r bryniau a dywedir fod ganddynt linach uniongyrchol sy'n deillio o Oes yr Iâ 10,000 o flynyddoedd yn ôl. Mae'r maharen hŷn, gyda'i gyrn hir, miniog yn creu'r argraff y byddai'n well gadael iddynt fwynhau'r bryniau heb amharu arnynt.

ABOVE: These tunnels of the original Welsh Highland Railway, above the Pass of Aberglaslyn, were first opened in 1922. Now restored, they take the WHR between Beddgelert and Porthmadog.

UCHOD: Agorwyd y twnelau gwreiddiol hyn i Reilffordd y Mynydd uwchlaw Bwlch Aberglaslyn am y tro cyntaf yn 1922. Nawr wedi eu hadfer, maent yn cludo'r Rheilffordd rhwng Beddgelert a Phorthmadog.

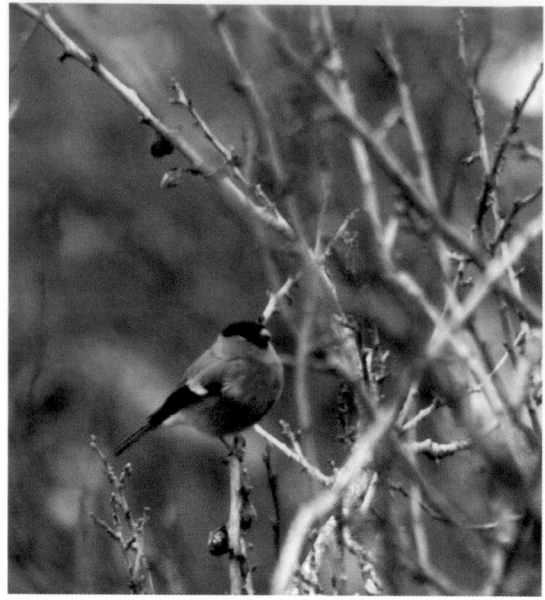
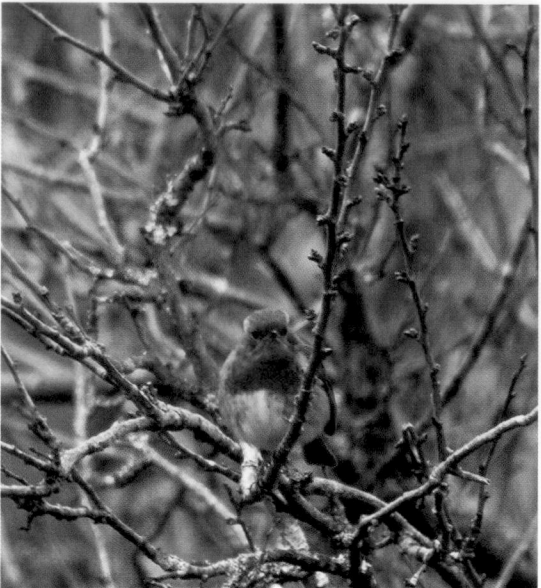
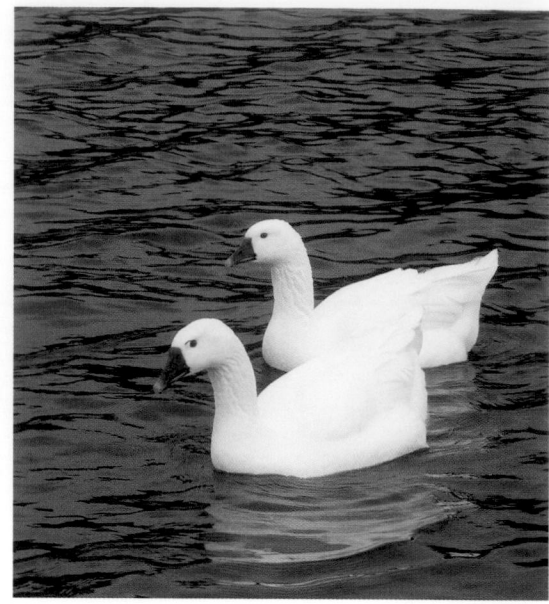

direct lineage going back some 10,000 years to the last ice age. The mature rams, with their long, finely pointed horns, give the strong impression that you would be best to leave them to enjoy the hills undisturbed.

My first visit to North Wales, with my climbing friend Jeremy Sheehan, was by train. We unloaded at Holyhead Station and walked to climb on the great sea cliffs of Gogarth's North Stack. As daylight began to fade, curtailing our efforts to locate and identify the cliffs, in a bid to seek some kind of shelter we scurried back to the quarry at the northern foot of Holyhead Mountain. At that time the quarry was still operational and the crushed quartzite was processed into firebricks by high-temperature burning inside a series of free-standing beehive-shaped kilns around 6 metres high and 4 metres wide at their base. This process had probably being going on for centuries and the buildings and kilns, even then, presented an abandoned and ruinous image. As we skulked around the ramshackle buildings, looking for a place to lay our heads, we were spotted by the solitary quarryman running the night shift. His job was to fire and stoke the working kilns throughout the night.

Having grasped our plight, rather than chase us off into the darkness he insisted we come inside his lair, where a very black kettle was kept boiling on an impressive ancient range, to have a cup of tea. Fascinated with our tale of how we intended to climb the cliffs of North Stack, he wouldn't hear of us sleeping outside, which in our down mountain sleeping bags would have been no hardship, but insisted that we sleep in one of the opened and cooling kilns for the night. The whole scene was lit by an eerie dark purple and crimson light emanating from the adjacent live kilns, and I don't think I got a wink of sleep as I sweated, tossed and turned, while the furnace-man wheelbarrowed his loads of coke into the working furnaces. Despite its resemblance to Dante's Inferno, this was my first taste of

Teithiais ar y trên gyfer fy ymweliad cyntaf i Ogledd Cymru, gyda fy nghyfaill dringo Jeremy Sheehan. Fe ddadlwythom yng Ngorsaf Caergybi a cherdded i ddringo clogwyni arbennig Ynys Arw ym Mae'r Gogarth. Wrth iddi nosi fe gyfyngwyd ar ein gallu i leoli ac adnabod y clogwyni, ac felly i geisio lloches fe lithrom yn ôl i'r chwarel wrth droed gogleddol Mynydd Twr. Bryd hynny roedd y chwarel yn dal i weithredu i greu brics tân o'r cwartsit mâl trwy ei losgi ar dymheredd uchel o fewn i gyfres o odynau siâp cwch gwenyn oddeutu 6 metr o uchder a 4 metr o led yn y gwaelod. Fwy na thebyg roedd y broses hon wedi ei hailadrodd ers canrifoedd a'r adeiladau a'r odynau, hyd yn oed bryd hynny, yn creu darlun unig ac afradlon. Wrth i ni sgwlcan o amgylch yr adeiladau bregus, yn chwilio am le i orffwys, cafodd y chwarelwr unig oedd yn gyfrifol am y shifft nos olwg arnom. Ei waith oedd tanio a gofalu am yr odynau trwy gydol y nos.

Wedi deall ein problem, yn hytrach na'n hanfon ymaith i'r tywyllwch fe fynnodd ein bod yn dod i'w wâl, ble roedd tegell du iawn yn berwi'n braf ar hen bopty hynafol i wneud paned o de. Wedi ei gyfareddu gan hanes ein bwriad i ddringo clogwyni Ynys Arw, gwrthododd yn lân a gadael i ni gysgu tu allan, er na fyddai wedi bod yn fawr beth yn ein sachau cysgu trwchus, gan fynnu ein bod yn cysgu'r nos yn un o'r odynau oedd wedi eu hagor i oeri. Roedd golau annaearol porffor a rhuddgoch tywyll o'r odynau cyfagos yn goleuo'r olygfa, a dydw i ddim yn credu i mi gael winc o gwsg wrth i mi chwysu, troi a throsi tra bod y chwarelwr yn cludo llwythi o olosg i'r ffwrneisi. Er gwaethaf y tebygrwydd i Uffern Dante, dyma fy mhrofiad cyntaf o groeso a charedigrwydd Cymreig twymgalon digymell – atgof sydd wedi parhau hyd heddiw.

Gyda ffolineb ieuenctid, roedd Jeremy a minnau, yn bymtheg oed y ddau ohonom, yn credu ein bod yn deall popeth am ddringo'r clogwyni anferth hyn. Buom yn dilyn datblygiad dringo yn yr ardal mewn erthyglau yn *Mountain Magazine*, a'n harwyr oedd Joe Brown a Pete Crew. Roedd

ABOVE LEFT: A bullfinch looks for berries near Fachwen above Llyn Padarn.

ABOVE CENTRE: A robin, hopeful for some scraps.

ABOVE: These two pure white geese swam towards me on Llyn Padarn, and for a moment I thought they were visiting Snow Geese from the Arctic, but on closer acquaintance they proved to be simple farmyard geese.

OPPOSITE: Light catches the autumn grass in the hills above Llanberis.

UCHOD CHWITH: Coch y berllan yn chwilio am geirios ger Fachwen uwchlaw Llyn Padarn.

UCHOD CANOL: Robin goch, yn chwilio am grystyn.

UCHOD: Fe nofiodd y ddwy ŵydd wen yma ataf ar Lyn Padarn, ac am foment fe dybiais mai Gwyddau'r Eira oeddynt yn ymweld o'r Arctig, ond o edrych eto fe welais mai gŵydd fferm cyffredin oeddynt.

GYFERBYN: Golau'n cyffwrdd glaswellt yr hydref yn y bryniau uwchben Llanberis.

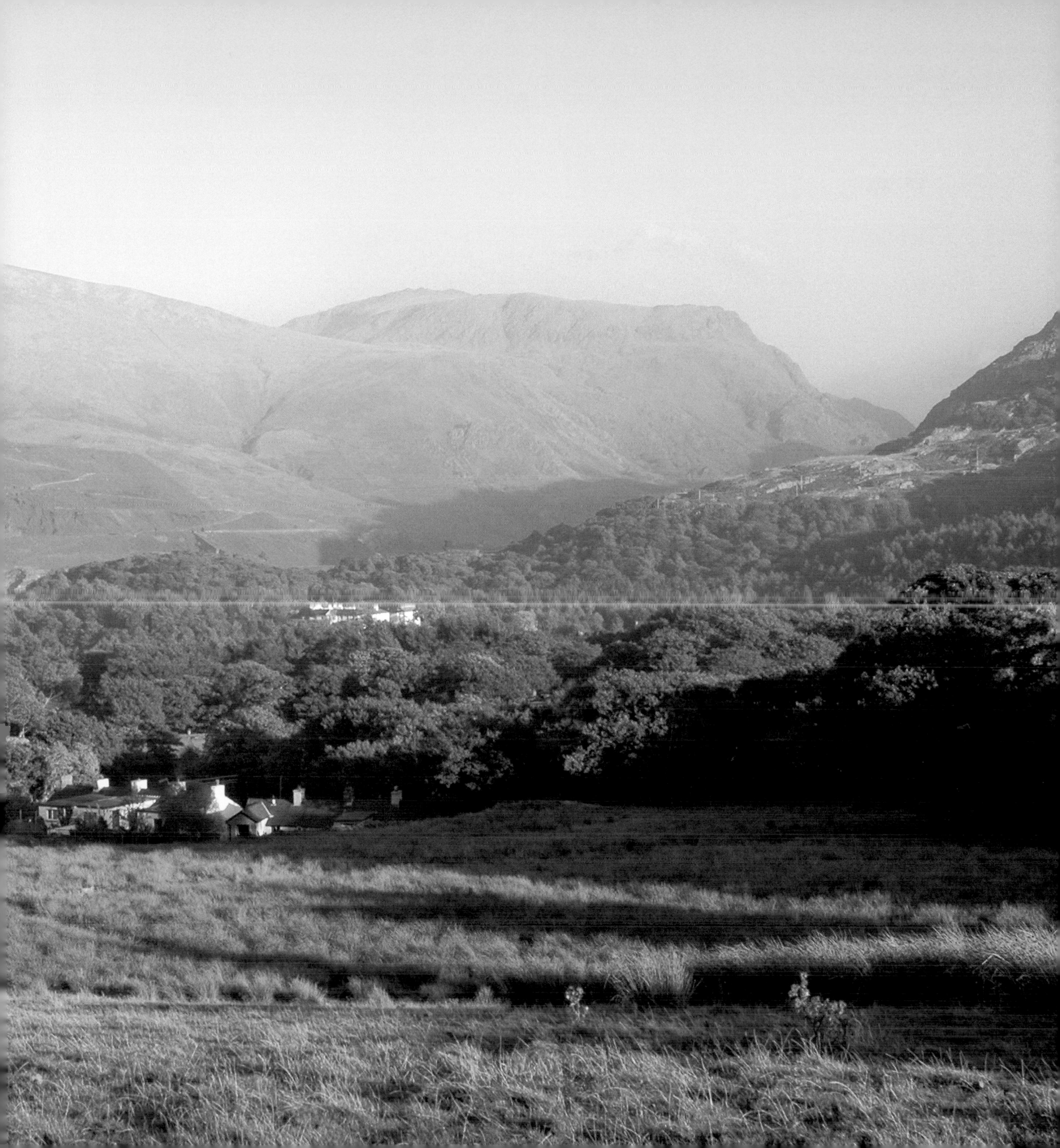

unsolicited Welsh hospitality and kindness of heart – it made an indelible impression.

With the confidence of youth, Jeremy and I, both aged fifteen, thought we knew a lot about climbing on these huge sea cliffs. We had closely followed the progress of climbing in the area and our heroes, through articles in *Mountain Magazine*, were Joe Brown and Pete Crew. We also had a copy of the first rock-climbing guidebook to Gogarth, which we had studied avidly. Of course, the plain truth was we actually knew next to nothing. This was my first solo trip away from my home in the Lake District, and there was no experienced climber pointing the way. When we finally found the cliffs and located the climbs – awesome uncompromising steeps of white quartzite rising vertically from a threatening sea – they made a huge impression on our young psyches. However, despite all, climb we did. It was a never-to-be-forgotten experience, infinitely richer for our naive innocence.

As soon as I got hold of my first motorbike, aged sixteen, I spread my wings to the cliffs of Llanberis Pass and Snowdon's Clogwyn D'Arddu on the flanks of Snowdon. I was like a writer with limitless sheets of blank paper and the whole story to discover and tell. These were exciting and inspirational times. I simply couldn't get enough of climbing in Snowdonia: it felt like the promised land, a world of enchantment, dramatic mountains, wild scenery, limitless freedom, a place where anything seemed possible.

Although perhaps I will never be able to experience for Snowdonia the full depth of *hireath*, the homesickness or longing that only one local to the area can feel for his part of Wales, I still feel that thrill I first experienced in my early climbing days. This is the force behind the photographic essay portrayed here. If I have gone a little beyond the official boundaries of the National Park, so be it: some boundaries are meant to be broken!

gennym hefyd gopi o'r tywyslyfr mynydda cyntaf o'r Fae'r Gogarth yr oeddem wedi ei astudio'n fanwl. Wrth gwrs, y gwir amdani oedd nad oeddem yn gwybod dim. Dyma oedd fy nhaith gyntaf ar ben fy hun o'm cartref yn Ardal y Llynnoedd, a doedd yna'r un dringwr profiadol yn dangos y ffordd i mi. Pan ddaethom o hyd i'r clogwyni a lleoli'r llwybrau dringo – llethrau aruthrol, digyfaddawd o gwartsit gwyn yn dringo'n syth o fôr bygythiol – fe greont gryn argraff ar ein heneidiau ifanc. Fodd bynnag, er gwaethaf yr ofn, dringo a wnaethom. Profiad byth-gofiadwy, wedi ei gyfoethogi gan ein diniweidrwydd.

Unwaith i mi sicrhau fy meic modur cyntaf, yn 16 oed, dechreuais grwydro i glogwyni Bwlch Llanberis a Chlogwyn Du'r Arddu a'r ymyl Yr Wyddfa. Roeddwn fel awdur gyda dalenni diddiwedd o bapur gwag a'r stori gyfan i'w chanfod ac adrodd. Roeddent yn ddyddiau cyffrous ac ysbrydoledig. Allwn i ddim cael digon o ddringo yn Eryri. Teimlai fel cyrraedd gwlad sydd well, byd o hudoliaeth, mynyddoedd dramatig, golygfeydd gwyllt, rhyddid diddiwedd, lle ble gallai unrhyw beth ddigwydd.

Er na allaf o bosibl brofi dyfnder llwyr hiraeth am Eryri, y teimlad hwnnw mae trigolion lleol yr ardal hon o Gymru yn deimlo, rwy'n dal i allu teimlo cyffro fy nyddiau cynnar fel dringwr. Dyma sy'n tywys y traethawd ffotograffig a geir yma. Os ydw i wedi crwydro ychydig tu hwnt i ffiniau swyddogol y Parc Cenedlaethol, dyna ni: rhaid torri trwy'r tresi ar adegau!

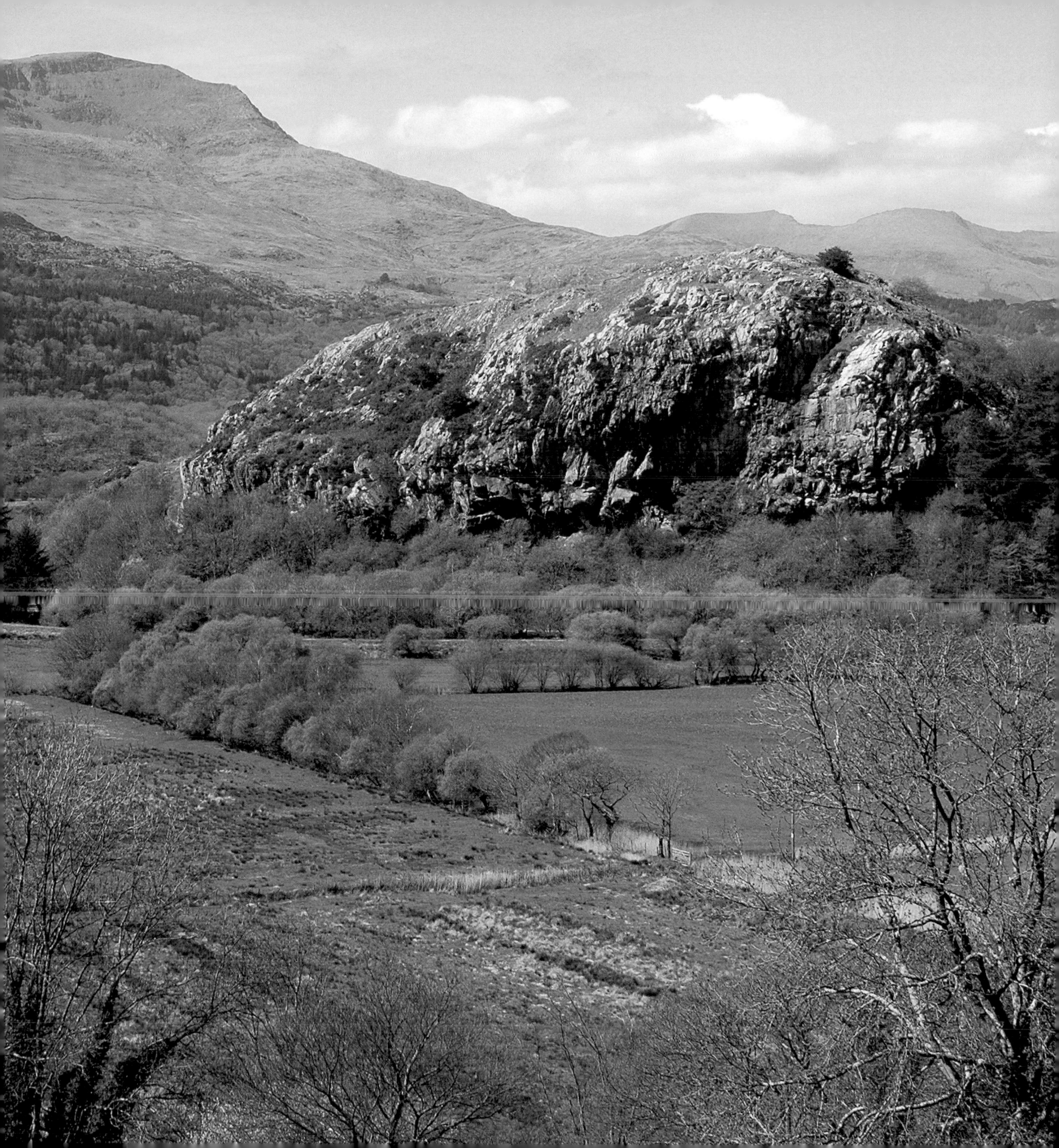

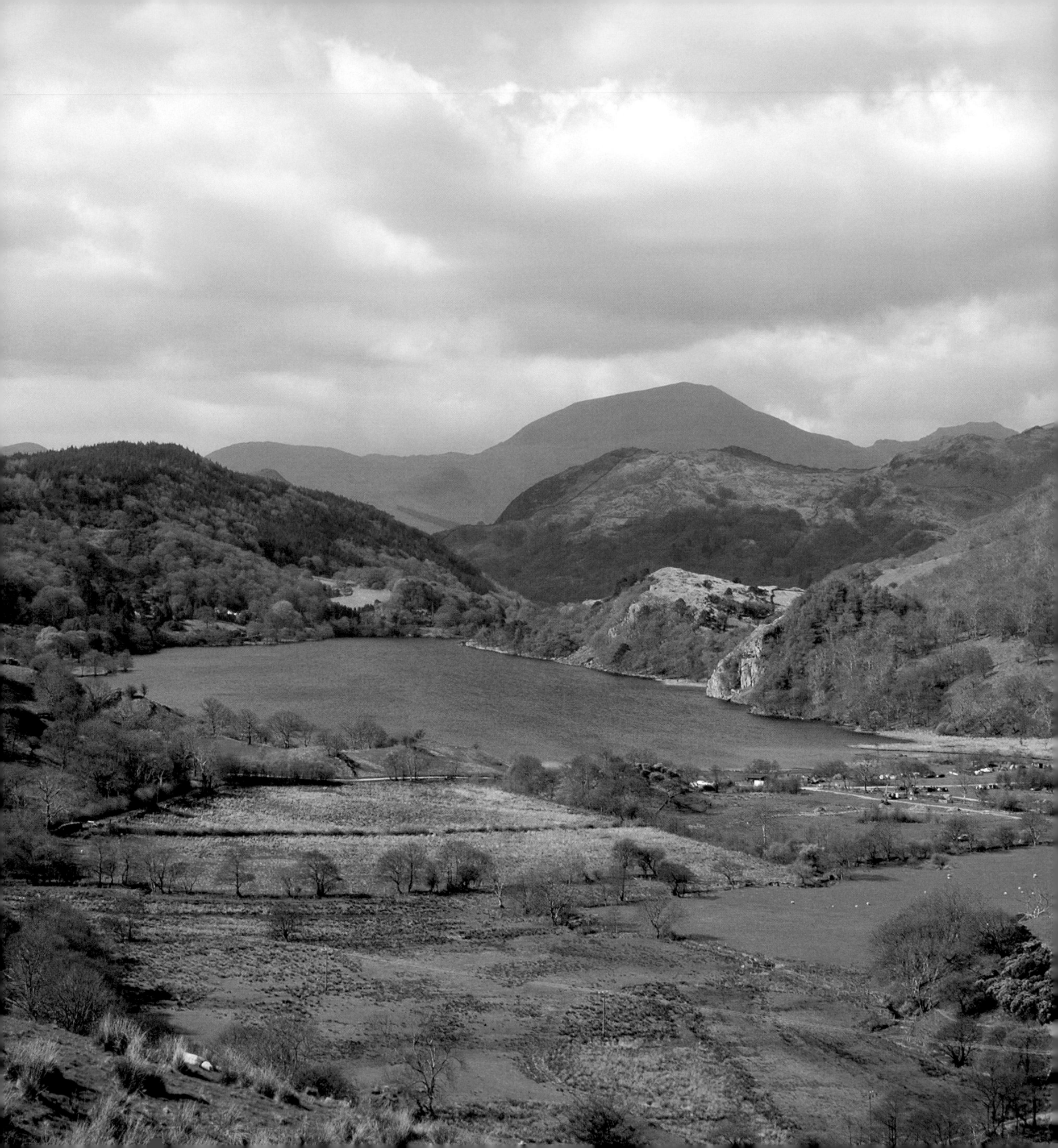

THE TOUR

Based on the most distinct upland areas, I think of the Snowdonia National Park as consisting of five segments. First there are the traditional mountains of 'Snowdonia', including the cluster of hills centred around Snowdon itself. They are all found between Conwy to the north and Porthmadog to the south. This area contains the greatest concentration of mountaineering, walking and climbing interest.

Secondly, to the south of this massif, forming a linear escarpment of tops above the coastline, run the Rhinogs. Effectively, they look down on Harlech and terminate at the Barmouth estuary. The western watershed of these hills falls to the sea through a series of elevated moors and hanging valleys holding many llyns which feed the steep, intricate, tree-lined river valleys. To the east are the open moor trails to the large reservoir of Llyn Trawsfynydd and the A470.

North and west of Bala and Bala Lake (Llyn Tegid), near the eastern extremity of the Park, rise the Arenigs, the third segment of hills, with the dammed Llyn Celyn lying between groups of hills and Migneint (meaning 'bog land') lying to the north-west of Arenig Fawr. South of Bala runs a fourth group of hills, the Arans. They provide an excellent long-ridge walk, with the highest of the group, Aran Fawddwy at 905 metres, falling just short of the magic 3,000-foot mark.

The final, fifth, group of hills, dominated by Cadair Idris, includes the Dovey and Tarren hills. They all lie to the south of Dolgellau and north of the Dovey estuary. Long before the railway arrived, before even the Romans, the Welsh Celtic druids named the mountain Cadair Idris, 'Chair of Idris', the chair being the deep scooped cwm containing Llyn y Gadair, in which Idris, a mythical giant, sat to survey his domain. Since the coming of the railways in the mid-nineteenth century, Cadair Idris, with its cliffs and deep cwms, has been an important and popular mountain with climbers.

Y DAITH

Yn seiliedig ar yr ardaloedd mwyaf amlwg o ucheldir, rwy'n gweld Parc Cenedlaethol Eryri fel ardal o bum rhan. Yn gyntaf ceir mynyddoedd traddodiadol 'Eryri', yn cynnwys y casgliad o fryniau o amgylch yr Wyddfa ei hun. Maent oll rhwng Conwy yn y gogledd a Phorthmadog i'r de. Mae'r ardal yn cynnwys y crynodiad mwyaf o lefydd o ddiddordeb i fynyddwyr, cerddwyr a dringwyr.

Yn ail, i'r de o'r casgliad hwn, yn llunio tarren linol o begynau uwchlaw'r arfordir, mae'r Rhinogydd. Maent yn edrych i lawr ar Harlech ac yn dod i ben yn Aber Mawddach. Syrthia cefn deuddwr gorllewinol y bryniau hyn i'r môr trwy gyfres o weundiroedd uchel a chrognentydd sy'n dal nifer o lynnoedd gan fwydo afonydd y cymoedd coediog serth a dyrys. I'r gorllewin mae yna lwybrau agored trwy weundir at gronfa enfawr Llyn Trawsfynydd a'r A470.

I'r gogledd a'r gorllewin o'r Bala a Llyn Tegid, yn agos at ben eithaf dwyreiniol y Parc, mae mynyddoedd Arenig, y drydedd adran o fryniau gyda chronlyn Llyn Celyn yn gorwedd rhwng grwpiau o fryniau a gwaun Migneint, sydd i'r gogledd orllewin o Arenig Fawr. I'r de o'r Bala mae pedwerydd grŵp o fryniau, bryniau'r Aran. Maent yn darparu taith gerdded cribyn hir arbennig gyda'r uchaf o'r grŵp, Aran Fawddwy sy'n 905 metr, yn methu cyrraedd y nod o 3,000 troedfedd o fymryn.

Mae'r pumed grŵp o fryniau, a'r olaf, dan gysgod Cadair Idris ac yn cynnwys bryniau Dyfi a Tharren. Maent oll i'r de o Ddolgellau ac i'r gogledd o Aberdyfi. Ymhell cyn i'r rheilffordd gyrraedd, hyd yn oed cyn y Rhufeinwyr, roedd yr hen Geltiaid Cymreig wedi rhoi'r enw Cadair Idris ar y mynydd, gyda'r cwm dwfn sy'n dal Llyn y Gadair yn creu cadair ble gallai Idris, cawr mytholegol, eistedd i edrych dros ei wlad. Ers dyfodiad y rheilffyrdd yng nghanol y 19eg Ganrif bu Cadair Idris, gyda'i glogwyni a chymoedd dwfn, yn fynydd pwysig a phoblogaidd ymysg dringwyr.

OPPOSITE: A classic and much-photographed view over Llyn Gwynant and Nantgwynant to Moel Hebog beyond. Located immediately to the east of the Snowdon massif, the campsite at the head of Llyn Gwynant provides a convenient base from which to explore the central mountains around Snowdon.

GYFERBYN: Golygfa glasurol sydd i'w gweld mewn sawl llun dros Lyn Gwynant a Nant Gwynant tua Moel Hebog a thu hwnt. Wedi ei leoli i'r dwyrain o fasiff yr Wyddfa, mae'r gwersyll ar ben Llyn Gwynant yn fan cychwyn da ar gyfer archwilio'r mynyddoedd canolog o amgylch yr Wyddfa.

OVERLEAF: Over Llyn Ogwen and Idwal Cottage into the hanging Cwm Cywion, with shapely Foel-goch to the right. The Ogwen Valley is an important access point to Cwm Idwal (the Devil's Kitchen) with the Glyders and Tryfan to the south and the Carneddau to the north. There are plenty of car parks beside the A5 which runs through this scenic valley.

TROSODD: Dros Lyn Ogwen a Bwthyn Idwal i grognant Cwm Cywion, gyda amlinell siapus Foel-goch i'r dde. Mae Dyffryn Ogwen yn fan mynediad pwysig i Gwm Idwal, gyda'r Glyderau a Thryfan i'r de a'r Carneddau i'r gogledd. Mae digon o lefydd parcio gyfochr i'r A5 sy'n llwybro trwy'r cwm hardd hwn.

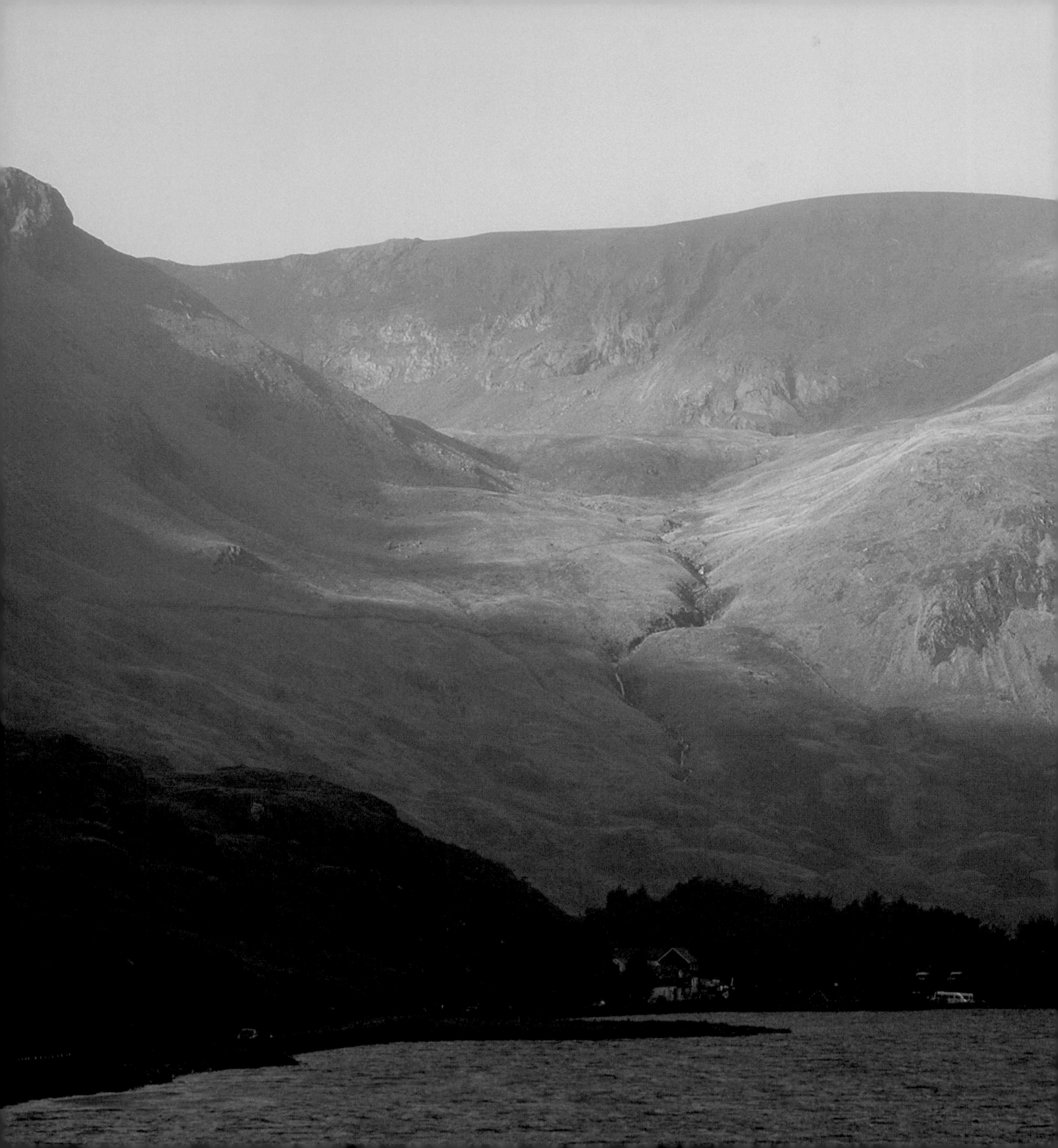

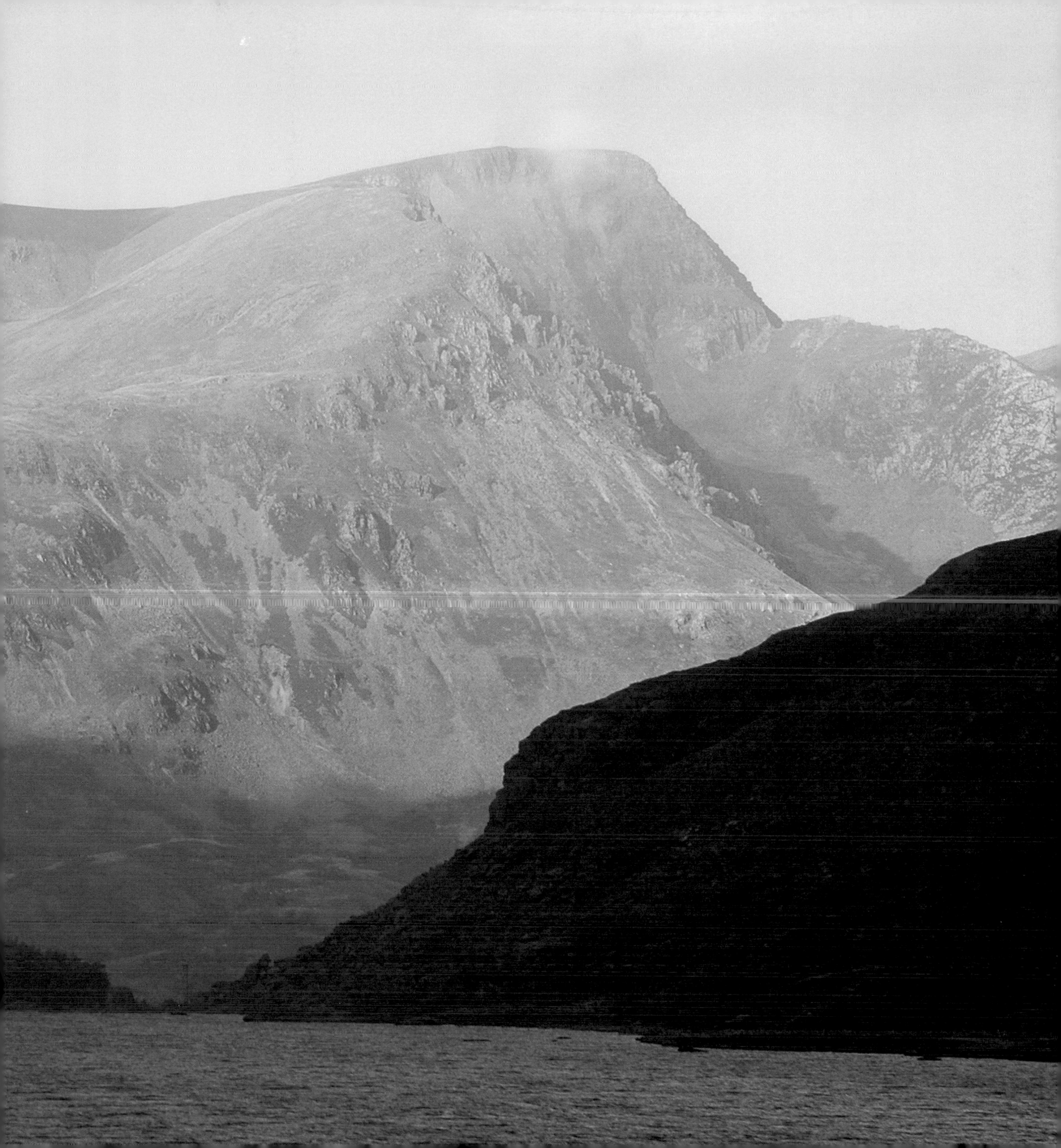

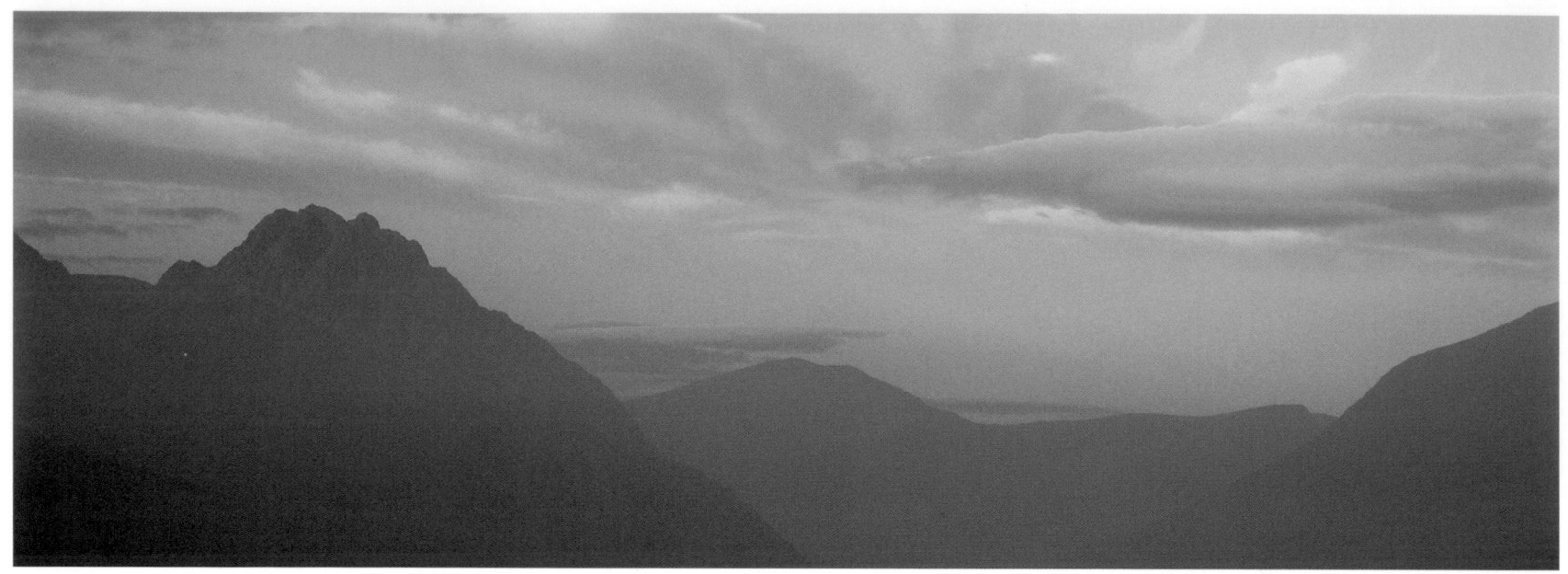

With the aim of adding a sense of place to the different areas and groups of mountains, I am going to make a start at Conwy in the north. A fine castle, built by King Edward I between 1283 and 1289, forms the centrepiece of this fascinating walled gateway town overlooking the Irish Sea at the foot of the Afon Conwy. Thomas Telford designed and built the wonderful suspension bridge completed in 1826 and Robert Stephenson the railway bridge completed in 1849. The former is now used only as a footbridge, but the latter is still in mainline use. From here the A55 runs down the coast to Bangor, and the A470 runs south through the Conwy Valley to Betws-y-Coed. The A5 (the Roman road of Watling Street, which emanates from Dover and continues to connect London to Wales and on to the Isle of Anglesey) joins Betws-y-Coed with Bangor via the Ogwen Valley, one of Snowdonia's iconic mountain valleys. Within this triangular system rises the Carnedd group of mountains (the Carneddau) to a height of 1,064 metres, with Carnedd Llewelyn named after 'Llewelyn the Great', one of the last native princes of Wales (1194–1240).

The Carneddau, a commanding group of mountains, form the outline edge of Snowdonia when viewed from the Cumbrian hills far to the north. As testimony to their fine position between land and sea, the ridges and bare rock summits are scattered with huge burial cairns and other evidence of prehistory. Below, among the volcanic rocks above the coastal resort of Penmaenmawr, a stone axe factory provides proof of early Neolithic settlement among extensive modern quarry workings. As a resort, Penmaenmawr was championed by Prime Minister William Gladstone in the 1860s; it became extremely popular, although even in those days it was semi-industrialised, with extensive working stone quarries. In 1985 I climbed a new route here with the late, great, possibly Britain's finest ever mountaineer and climber, Don Whillans, in a disused quarry above his then home.

Gyda'r amcan o ychwanegu ymdeimlad o'r lle i'r gwahanol ardaloedd a grwpiau o fynyddoedd, rwyf am ddechrau gyda Chonwy yn y gogledd. Ceir castell gwych, a adeiladwyd gan Edward I rhwng 1283 a 1289, yn ganolbwynt i'r dref gaerog ddifyr hon yn edrych dros Fôr Iwerddon wrth draed Afon Conwy. Cynlluniwyd y bont grog arbennig gan Thomas Telford a'i chwblhau yn 1826, ac fe gwblhawyd pont reilffordd Robert Stephenson yn 1849. Dim ond fel pont gerdded y defnyddir yr ail erbyn hyn, ond mae pont Telford yn dal yn mewn defnydd llawn. Oddi yma mae'r A55 yn rhedeg ar hyd yr arfordir i Fangor, a'r A470 tua'r de trwy ddyffryn Conwy i Fetws-y-Coed. Mae'r A5 (ffordd Rufeinig Stryd Watling sy'n dechrau yn Dover ac yn mynd ymlaen i gysylltu Llundain a Chymru ac ymlaen at Ynys Môn) yn uno Betws-y-Coed a Bangor trwy Ddyffryn Ogwen, un o gymoedd mynyddig eiconig Eryri. O fewn y system drionglog hon mae grŵp y Carneddau o fynyddoedd yn codi i uchder o 1,064 metr, gyda Charnedd Llywelyn, sy'n cael ei enw gan Llywelyn Fawr, un o dywysogion brodorol olaf Cymru (1194–1240).

Mae'r Carneddau, grŵp awdurdodol o fynyddoedd, yn llunio amlinelliad ymylol Eryri wrth edrych o fryniau Cumbria tua'r gogledd. Yn dyst i'w safle arbennig rhwng mynydd a môr, mae'r cribau a phegynau o graig noeth yn frith o garneddau claddu anferth a thystiolaeth pellach o gynhanes, o bosibl yn dyddio yn ôl i'r oes Neolithig. Isod, ymysg y creigiau folcanig uwchlaw cyrchfan arfordirol Penmaenmawr, mae ffatri bwyeill cerrig yn dystiolaeth o anheddiad Neolithig cynnar ymysg y gweithfeydd chwarel modern. Fe hybwyd Penmaenmawr fel cyrchfan gan y prif weinidog William Gladstone yn y 1860au; daeth i fod yn hynod boblogaidd, er bod byd diwydiant yn dechrau ymddangos hyd yn oed bryd hynny gyda chwareli carreg helaeth. Yn 1985, fe ddringais lwybr newydd yma gyda'r mynyddwr a dringwr diweddar arbennig, a oedd o bosibl y gorau ym Mhrydain, Don Whillans, mewn hen chwarel uwchlaw ei gartref ar y pryd.

ABOVE: Looking to the rugged grandeur of Tryfan to the left and down the Ogwen Valley at sunrise.

UCHOD: Edrych tua mawredd garw Tryfan ar y chwith ac i lawr Dyffryn Ogwen gyda'r wawr.

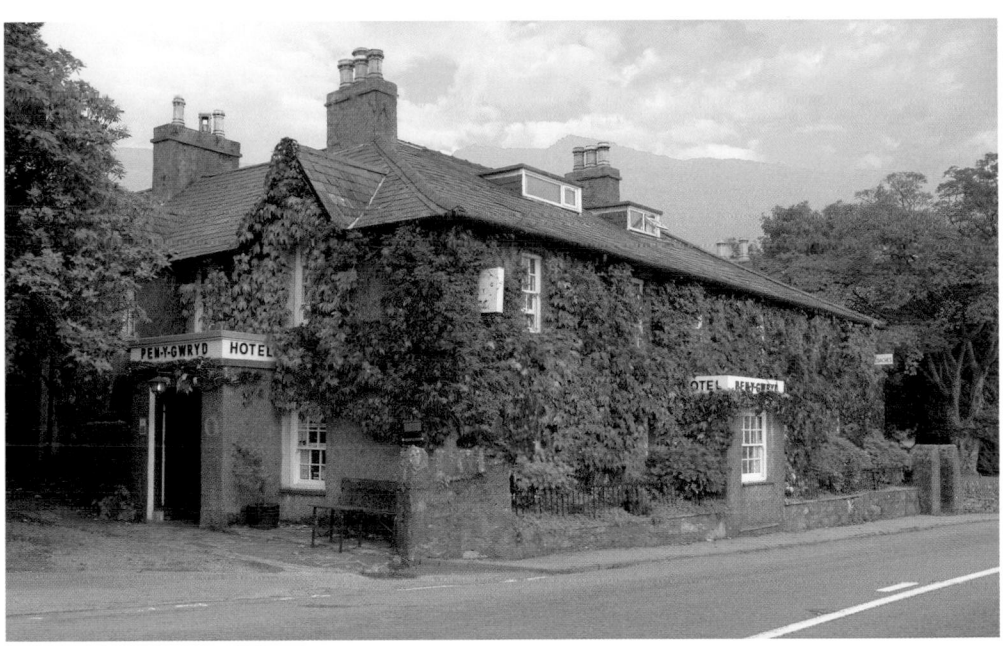

At the head of the Conwy Valley, the little town of Betws-y-Coed nestles at the edge of the mountains by the confluence of the afons Lledr and Conwy. With its pleasant leafy mantle of trees and impressive Swallow Falls, it is a popular and convenient centre with much to offer. Further towards Snowdon, beyond the extended village of Capel Curig, the Ogwen Valley runs down first to Bethesda, once a massive slate-quarrying centre, then on to Bangor.

The Ogwen Valley, Nant y Benglog, offers mountain country par excellence and is enclosed on both sides by some of Britain's finest mountains. The Carneddau stand to the north with the prickly stickle-back spine of Tryfan's north ridge opposite. On the summit of Tryfan, the intriguing stone pillars of Adam and Eve can be plainly seen even from the valley floor. Beyond Tryfan are the spiky rocks of the Glyders with the finely balanced slab of the Cantilever near the summit of Glyder Fach, and the evocative spiky knoll summit of Castell y Gwynt ('Castle of the Wind') beyond. Near the end of Llyn Ogwen, above Idwal Cottage, hidden from below but easily reached by a short steep walk, can be found one of the wonders of Wales – the dramatic Cwm Idwal. An archetypal glaciated mountain cwm, it holds the little lake of Llyn Idwal in its palm and is enclosed by a horseshoe of black cliffs. Called 'the Devil's Kitchen' by the Victorians, its Welsh name is Twll Du (pronounced 'tuth-dee'), meaning 'black cavern'.

From Capel Curig, the A4085, becoming the A498 at the Pen-y-Gwryd Hotel, runs in a south-westerly direction defining the major components of what were originally thought to be the main groups of 'the Mountains of Snowdonia': the Glyders, Snowdon itself, with Moel Hebog to the north-west, and Moel Siabod, Cnicht and the Moelwyns to the south-east. The continuation of the A4085 runs over Pen-y-Pass and then, with Snowdon to the south and the Glyders to the north, down Llanberis Pass and on out to Caenarfon.

Ar ben Dyffryn Conwy, mae tref fechan Betws-y-Coed yn swatio ar ymyl y mynyddoedd ger cydlifiad Afonydd Lledr a Chonwy. Gyda'i orchudd braf o goed a golygfa drawiadol y Rhaeadr Ewynnog, mae'n ganolfan gyfleus a phoblogaidd gyda llawer i'w gynnig. Ymhellach tua'r Wyddfa, tu hwnt i bentref estynedig Capel Curig, mae Dyffryn Ogwen yn anelu i lawr tua Bethesda, ar un adeg yn ganolfan bwysig i chwarel llechi, ac yna ymlaen at Fangor.

Mae Nant y Benglog Dyffryn Ogwen yn cynnig golygfeydd mynyddig heb eu hail ac wedi ei amgáu ar ddwy ochr gan rai o fynyddoedd mwyaf arbennig Prydain. Saif y Carneddau i'r gogledd gyda meingefn pigog cribyn gogleddol Tryfan gyferbyn. Ar begwn Tryfan, gellir gweld colofnau carreg hynod Adda ac Efa yn glir, hyd yn oed o lawr y dyffryn. Tu hwnt i Dryfan mae creigiau pigog y Glyderau gyda llechfaen cytbwys Y Gwyliwr ger pegwn Glyder Fach, a phegwn deniadol bryncyn pigog Castell y Gwynt tu hwnt. Ger pen Llyn Ogwen, uwchlaw Bwthyn Idwal, wedi ei guddio o'r golwg ond yn hawdd i'w gyrraedd ar hyd llwybr serth byr, mae un o ryfeddodau Cymru – golygfa ddramatig Cwm Idwal. Yn gwm mynyddig rhewlifol gwreiddiol, mae'n dal llyn bychan Llyn Idwal yng nghledr ei law ac wedi ei amgáu gan bedol o fryniau duon. Rhoddodd y Fictoriaid yr enw Saesneg 'the Devil's Kitchen' ar y lle, a'i enw Cymraeg yw Twll Du.

O Gapel Curig, mae'r A4085, a ddaw'n A498 wrth Westy Pen-y-Gwryd, yn mynd tua'r de orllewin gan ddiffinio'r hyn a ystyriwyd yn wreiddiol i fod y prif grwpiau o 'Fynyddoedd Eryri': y Glyderau, yr Wyddfa ei hun, Moel Hebog i'r gogledd orllewin, a Moel Siabod, y Cnicht a'r Moelwynion i'r de ddwyrain. Mae'r A4085 yn mynd yn ei flaen dros Ben-y-Pass ac yna, gyda'r Wyddfa i'r de a'r Glyderau i'r gogledd, i lawr Bwlch Llanberis ac ymlaen tua Chaernarfon.

Yn frith o glogwyni gwgus a chreigiau moel ar y naill ochr a'r llall islaw'r Wyddfa, Bwlch Llanberis yw un o'r cymoedd

ABOVE: The Pen-y-Gwryd Hotel stands beside the A4086 beneath Pen-y-Pass. A famous and popular mountaineering hotel, this is where the successful 1953 British Everest expedition trained and tested their oxygen equipment, as did the 1955 Kangchenjunga expedition. Signatures written on the ceiling include those of Sir Edmund Hillary, Tenzing Norgay, Sir John Hunt, Charles Evans, George Band, Joe Brown – and even Noel Odell from Mallory's expedition of 1924.

UCHOD: Saif Gwesty Pen-y-Gwryd gerllaw'r A4086 islaw Pen-y-Pass. Gwesty mynydda enwog a phoblogaidd, dyma ble'r hyfforddodd dringwyr cyrch Prydeinig llwyddiannus 1953 ar Everest a phrofi eu hoffer ocsigen, a hefyd cyrch 1955 ar Kangchenjunga. Ymysg y llofnodion ar y nenfwd mae Syr Edmund Hillary, Tenzing Norgay, Syr John Hunt, Charles Evans, George Band, Joe Brown – a hyd yn oed Noel Odell o gyrch Mallory yn 1924.

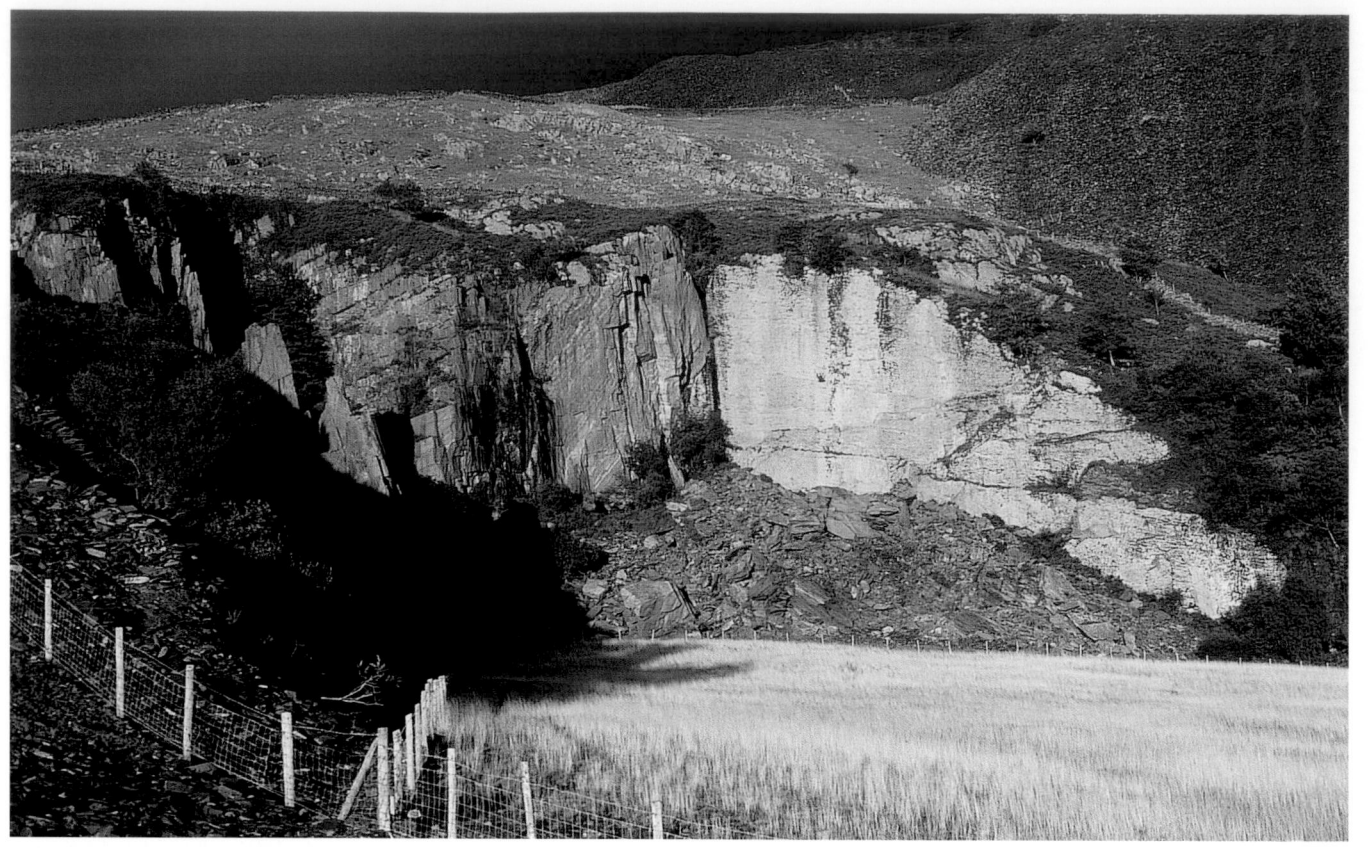

Bristling with frowning cliffs and naked rock on either side beneath Snowdon, Llanberis Pass is one of the most rugged and iconic of mountain valleys. Traditionally, it is one of the most famous climbing localities in Britain, on a par with Cumbria's Langdale and Scotland's Glencoe. It was here in the 1950s that Joe Brown and Don Whillans, two working-class lads from Manchester with others from the Rock and Ice Mountaineering Club, made a statement that was to change forever the face of British rock climbing. Between them they pushed the boundaries of possibility into a bold new era. Above the northern flanks of the pass stands the impressive great open-book corner of Dinas Cromlech (meaning 'fortress of the stone burial chamber') and two of the routes they climbed here – Cenotaph Corner and Cemetery Gates – caused a sensation, setting a new order of difficulty for the day.

Above Llyn Peris, at the end of the valley, are the remnants of slate quarries so extensive they seem to have taken away a substantial portion of the flanks of the mountain Elidir Fawr. It is recorded that in one year alone, 1791, the Dinorwig Slate Company exported from the port at Caernarfon some two and a half million slates. Today, these abandoned quarries contain a number of rock climbing areas and a home for the huge Dinorwig Pumped Storage scheme, which uses off-peak electricity to pump water from Llyn Peris back up the mountain to be released during the day to drive turbines to generate electricity during times of peak demand.

Llanberis, by Llyn Padarn, with its cafés, galleries, climbing shops, castle and museum, is an established holiday centre and has long been the heartbeat of the Welsh rock climbing community. Two little railways run from here, one along the

mynyddig mwyaf garw ac eiconig. Dyma un o leoliadau dringo enwocaf Prydain yn draddodiadol, yn gyfwerth a Langdale Cumbria a Glencoe yn yr Alban. Yma yn y 1950au y gwnaeth Joe Brown a Don Whillans, dau fachgen dosbarth gweithiol o Fanceinion, ynghyd ag eraill o'r Clwb Mynydda Creigiau ac Iâ, ddatganiad a newidiodd y byd dringo ym Mhrydain am byth. Rhyngont fe lwyddont i herio ffiniau posibiliad i sefydlu cyfnod newydd cyffrous. Uwchlaw ystlysau gogleddol y bwlch saif cornel llyfr agored aruthrol drawiadol Dinas Cromlech, ac fe achosodd dau o'r llwybrau y buont yn dringo yma dipyn o gyffro – 'Cenotaph Corner' a 'Cemetery Gates' – gan osod lefel newydd o her yn y cyfnod hwnnw.

Uwchlaw Llyn Peris ar flaen y dyffryn mae gweddillion chwarel lechi sydd mor helaeth fel yr ymddengys eu bod wedi mynd â chyfran sylweddol o ochrau mynydd Elidir Fawr. Cofnodir i Gwmni Llechi Dinorwig allforio dwy filiwn a hanner o lechi o borthladd Caernarfon o fewn un flwyddyn yn 1791. Heddiw, mae'r chwareli anghyfannedd hyn yn cynnwys nifer o ardaloedd dringo ac yn gartref i gynllun Cronni Dŵr Dinorwig, yn defnyddio trydan allfrig i bwmpio dŵr o Lyn Peris i fyny'r mynydd i'w ryddhau yn ystod y dydd er mwyn gyrru'r tyrbinau a chreu trydan yn ystod adegau galw brig.

Mae Llanberis, ger Llyn Padarn, gyda'i gaffis, orielau, siopau dringo, castell ac amgueddfa, yn ganolfan wyliau enwog ac wedi bod yn ganolog i gymuned dringo Cymru ers amser maith. Mae dwy reilffordd fechan yn rhedeg oddi yma, un ar hyd glannau hardd Llyn Padarn a'r llall yw lein rac a phiniwn enwog Rheilffordd yr Wyddfa, yn dringo o Lanberis yr holl ffordd i begwn yr Wyddfa. Mae'r ail wedi bod yn dilyn ei daith aruthrol ers 1896. Bydd y rhai sy'n dewis dringo'r mynydd dan eu

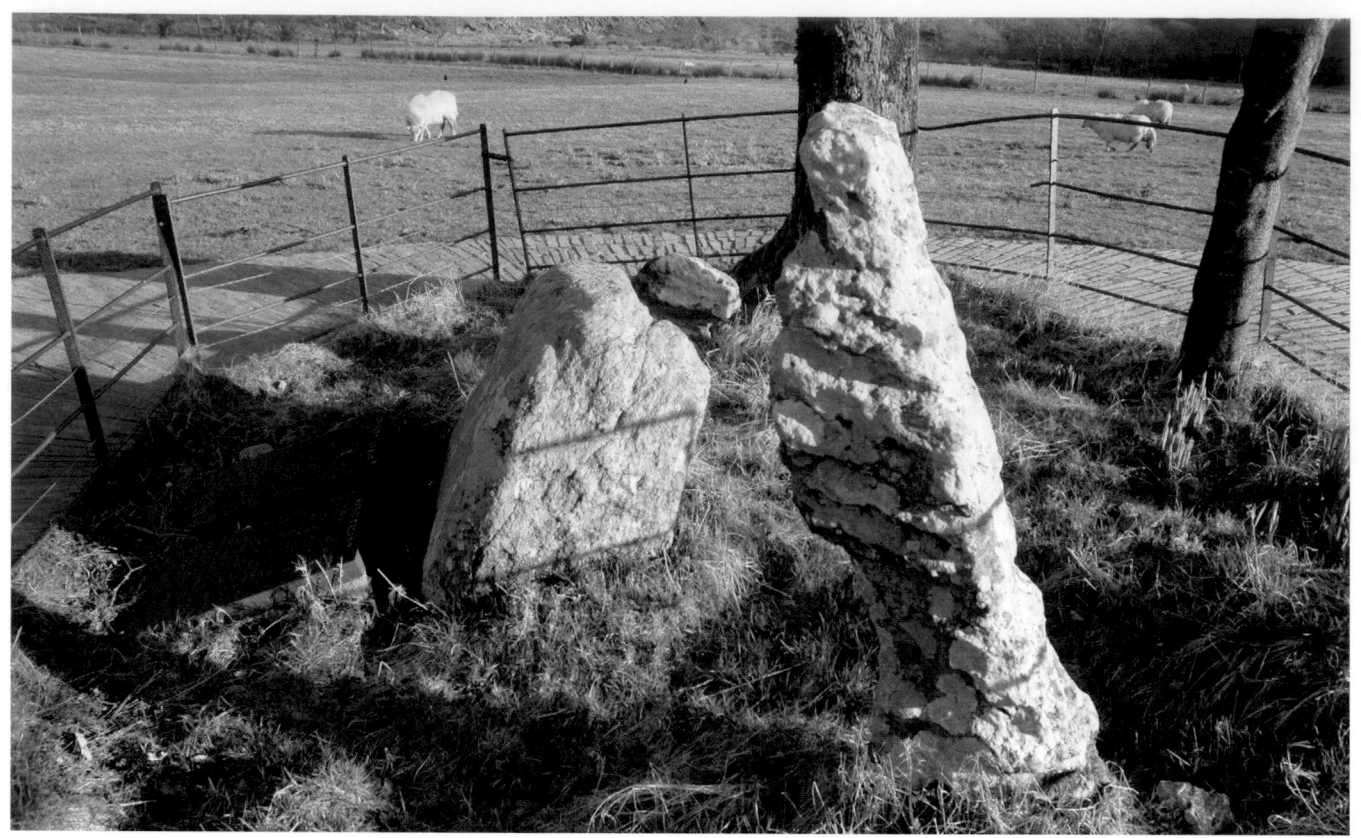

shores of scenic Llyn Padarn and the other, the famous rack-and-pinion Snowdon Mountain Railway, climbing from Llanberis all the way to the summit of Snowdon. The latter has been making its spectacular journey since 1896. Those who prefer to scale the mountain under their own steam will find that some of the most popular paths up Snowdon rise from this northern aspect. From Pen-y-Pass the PYG (Pen-y-Gwryd) track can be followed, or the challenging Crib Goch ridge traversed. From Llanberis the busiest route of all up the mountain makes a similar journey to that of the Mountain Railway.

At the southern tip of the Snowdon massif, at the junction of the A498 with the A4085, the little village of Beddgelert nestles amid the mountains. In many ways, its stone inns, cafés and shops make it one of the neatest and most picturesque little towns in the whole of Snowdonia. Nearby, two famous walking routes lead to the summit of Snowdon: the Snowdon Ranger Path and the Watkin Path. Beddgelert will soon be re-visited by the Welsh Highland Railway which, at the time of writing, runs from Caernarfon to nearby Rhyd Ddu; in the near future it will be extended all the way to Porthmadog.

Copper mining was once important here, and the charming walk from Beddgelert through the Pass of Aberglaslyn reveals many former workings. The name of the town, meaning 'Grave of Gelert', comes from a legendary tale of a brave hound, Gelert. To the east of Beddgelert are Cnicht, known as the Welsh Matterhorn because of its distinct shape when seen from the road to Porthmadog, and the Moelwyns, beyond which lies Blaenau Ffestiniog, once the centre of Snowdonia's huge slate industry. However, looking down to Beddgelert from the west, it is the bulky form of Moel Hebog, resembling a great upturned

pwysau eu hun yn gweld fod y rhan fwyaf o'r llwybrau mwyaf poblogaidd i fyny'r Wyddfa yn dringo o'r wyneb gogleddol hwn. O Ben-y-Pass, gellir dilyn Llwybr Pen y Gwryd, neu fynd am her croesi'r Grib Goch. O Lanberis, dilyna'r llwybr prysuraf oll i fyny'r mynydd drywydd tebyg i Reilffordd yr Wyddfa.

Ar ben deheuol casgliad Yr Wyddfa, wrth gyffordd yr A498 a'r A4085, mae pentref bach Beddgelert yn swatio ymysg y mynyddoedd. Gyda'i dafarndai, caffis a siopau o garreg, dyma un o drefi bach taclusaf a harddaf Eryri. Gerllaw, mae dau lwybr enwog yn arwain at begwn yr Wyddfa: Llwybr Llyn Cwellyn a Llwybr Watkin. Bydd Rheilffordd Fynydd Cymru yn ailymweld â Beddgelert yn fuan, sydd ar hyn o bryd yn teithio o Gaernarfon i Ryd Ddu gerllaw; yn y dyfodol agos bydd yn cael ei ymestyn yr holl ffordd i Borthmadog.

Bu mwyngloddio copr yn ddiwydiant pwysig yma ar un adeg, ac mae'r llwybr braf o Feddgelert trwy Fwlch Aberglaslyn yn datgelu dipyn o hanes y gweithfeydd. Daw enw'r dref o hanes chwedlonol yr hegli ddewr, Gelert. I'r dwyrain o Feddgelert mae'r Cnicht, tebyg i Fatterhorn Cymru diolch i'w siâp penodol o'i weld o'r ffordd i Borthmadog, a'r Moelwynion, gyda Blaenau Ffestiniog tu hwnt, unwaith yn ganolfan i ddiwydiant llechi enfawr Eryri. Fodd bynnag, gan edrych lawr at Feddgelert o'r gorllewin, siâp swmpus Moel Hebog, sy'n ymdebygu i gorff llong ben i waered rhyw 2,566 troedfedd neu 782 metr o uchder, sy'n dylanwadu fwyaf ar y dref.

Wrth fynd heibio clogwyni dolerit Tremadog, lleoliad dringo poblogaidd, mae'r A498 yn parhau i Borthmadog a'i sarn care-gog hir. Er yn weddol fychan, mae'r creigiau yn Nhremadog yn boblogaidd iawn ymysg dringwyr, yn newid braf o ddringo creigiau mynyddig uchel. Yn y dyddiau cynnar, roedd dringwyr

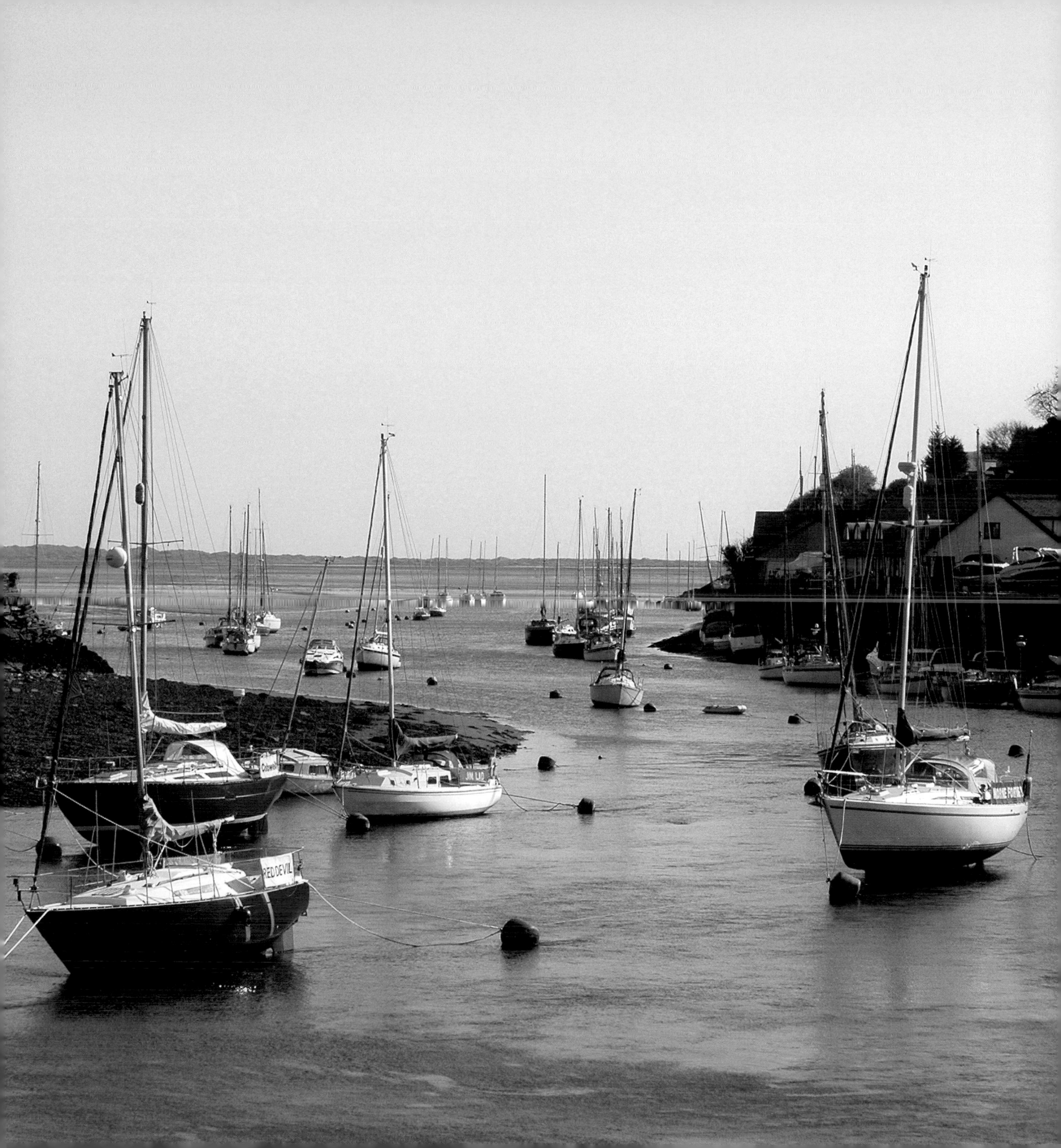

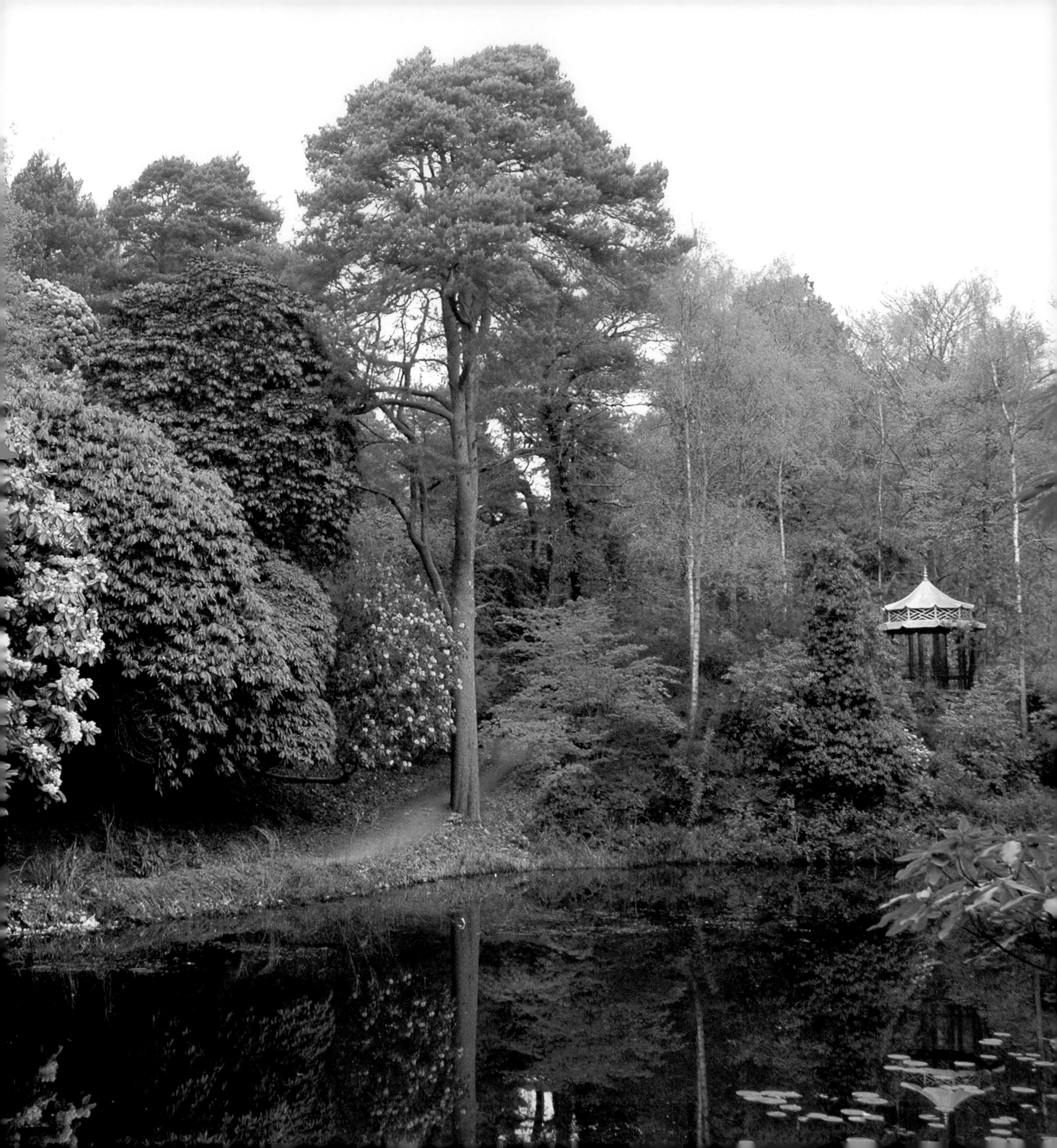

hull some 782 metres high, that casts the most influence on the town.

Passing the dolerite cliffs of Tremadog, a favourite rock climbing venue, the A498 continues to Porthmadog and its long stone causeway. Although relatively petite, the rocks at Tremadog are extremely popular with climbers, offering an alternative to the high mountain crags. In the early days, climbers used to stay in an old hay barn here, opposite a little garage. I stayed there on numerous occasions and, despite my severe hay fever, it was worth it for the very small price charged! Once I took my old BSA motorcycle to pieces there in an attempt to stop the clutch slipping; alarmingly, I just couldn't get it back together properly. With some skill, since I didn't have the special tools required, the man at the garage took it all to pieces again and reassembled it. It worked perfectly. The charge for his trouble? 'Nothing, just have a care!' Today, there is a campsite and a café run by the legendary Welsh mountaineer Eric Jones, famous for his soloing exploits.

Porthmadog is a remarkable harbour town, situated on the Glaslyn estuary and rich in maritime history. It is another excellent base for touring the surrounding area. In times gone by, it was a vital shipping port serving the international slate trade, with the slate brought down from Blaenau Ffestiniog. Today, it has a number of craft shops, a famous music shop and restaurants. It is the start of the 22-km (13-mile) narrow-gauge railway to Blaenau Ffestiniog.

Nearby, Portmeirion is located in a wonderful position overlooking the sands of Traeth Bach. This unique and famous Italianate village was built by the architect Sir Clough Williams-Ellis. During the punitive inheritance tax days of the 1960s, he used materials from stately homes that were being demolished: a classic example of recycling. The village is small-scale but, like a diorama, gives an impression of size. It became famous as the set for the mesmerising television series *The Prisoner*,

yn arfer aros mewn hen feudy yma, gyferbyn i garej fechan. Fe arhosais yno ar sawl achlysur ac, er gwaethaf fy nghlwy'r gwair difrifol, roedd yn werth y boen am y pris rhad! Ar un achlysur fe dynnais fy hen feic modur BSA yn ddarnau wrth geisio stopio'r cydiwr rhag llithro, ond allwn i yn fy myw a'i roi at ei gilydd eto wedyn. Gyda chryn dipyn o allu, gan nad oedd gen i'r offer arbennig oedd angen, fe dynnodd y dyn yn y garej y beic yn ddarnau eto a'i ailadeiladu. Roedd yn gweithio'n berffaith. A'i bris am y gwaith? 'Dim, dim ond i ti gymryd gofal!' Heddiw, mae yno wersyll a chaffi dan ofal y mynyddwr aruthrol o Gymro, sy'n enwog am ei anturiaethau unigol, Eric Jones.

Mae Porthmadog yn dref harbwr hynod, ar Aber y Glaslyn a gyda hanes morwrol helaeth. Mae'n ganolfan arbennig arall ar gyfer teithio'r ardal. Bu'n borthladd hanfodol ar gyfer y diwydiant llechi rhyngwladol, gan gludo'r llechi i lawr o Flaenau Ffestiniog. Heddiw, mae yno nifer o siopau crefftau, siop gerddoriaeth enwog a bwytai. Dyma ddechrau'r lein fach 22 cilomedr (13 milltir) i Flaenau Ffestiniog.

Gerllaw mae Portmeirion, pentref Eidalaidd enwog ac unigryw a adeiladwyd gan y pensaer Syr Clough Williams-Ellis, mewn lleoliad arbennig yn edrych dros dywod Traeth Bach. Yn ystod dyddiau treth etifeddu llym y 1960au, defnyddiodd ddeunyddiau o blastai oedd yn cael eu dymchwel mewn esiampl heb ei ail o ailgylchu. Mae'r pentref wedi ei greu ar raddfa lai, tebyg i ddiorama, gan roi argraff o faint mawr mewn lle bach. Daeth yn enwog fel set y gyfres deledu hudolus *The Prisoner*, gyda Patrick McGoohan ('Number 6'). Mae yno erddi gwych a choedwig isdrofannol, gyda milltiroedd o draethau tywodlyd islaw. Mae'n werth talu'r pris mynediad rhesymol.

Yn symud tua'r de ar hyd arfordir Bae Ceredigion, trwy doll sarn fechan Pont Briwet, mae ardal nodweddiadol arall o Barc Eryri yn ein croesawu: y Rhinogydd. Saif y gadwyn hon o fryniau uchel rhwng ffordd yr arfordir yr A496, sy'n pasio trwy Harlech a Llanbedr i'r Bermo, a'r A470 yn teithio tua'r de o starring Patrick McGoohan as 'Number 6'. It includes superb gardens and subtropical woodlands, set above miles of sandy beaches. The small entrance fee is well worth paying.

Moving south down the coastline of Cardigan Bay, across the little toll causeway of Pont Briwet, another distinct area of the Park opens up: the Rhinogs. This range of high hills stands between the A496 coast road, which passes through Harlech and Llanbedr to Barmouth, and the A470, south from Blaenau Ffestiniog to Dolgellau. The mountains of Snowdonia are to the north and Cardigan Bay to the west, over the Llyn Peninsula.

Harlech was one of the most important castles in Wales. It was completed in 1290 as an integral part of Edward I's 'iron ring' of fortresses, designed to contain and suppress the Welsh in their wild mountain stronghold. After a prolonged siege, the castle was taken for the Welsh by the freedom fighter Owain Glyndwr in 1404. It became his home and headquarters, from where he established a Welsh parliament and created a free Welsh nation. This all lasted for four short years until in 1408, following another long siege of the castle, the English under Henry V ended Glyndwr's hopes for a free, independent Wales. Although sometimes accredited to a later period of the castle's bloody history, the stirring song 'Men of Harlech', the unofficial Welsh national anthem, is generally thought to relate to this particular epoch-making period of history:

> Thou who noble Cambria wrongest,
> Know that freedom's cause is strongest,
> Freedom's courage lasts the longest,
>   Ending but with death!

> Freedom countless hosts can scatter,
> Freedom stoutest mail can shatter,
> Freedom thickest walls can batter,
>   Fate is in her breath.

Flaenau Ffestiniog i Ddolgellau. Gan edrych tua'r gogledd ar fynyddoedd Eryri ac i'r gorllewin dros Fae Ceredigion i Benrhyn Llŷn, mae hon yn rhanbarth aruthrol.

Harlech oedd un o gestyll pwysicaf Cymru. Fe'i cwblhawyd yn 1290 fel rhan ganolog o 'gadwyn haearn' Edward I o gaerau, wedi eu cynllunio i ymatal a darostwng y Cymry yn eu cadarnle mynyddig. Wedi gwarchae hir, fe gipiodd y Cymry y castell dan arweiniad Owain Glyndŵr yn 1404. Fe'i gwnaeth yn gartref a phencadlys, gan sefydlu senedd a chreu cenedl rydd Gymreig. Dim ond pedair blynedd y parhaodd hyn, tan 1408, gyda Harri V yn rhoi diwedd ar obeithion Glyndŵr am Gymru rydd, annibynnol yn dilyn gwarchae hir arall ar y castell. Er y'i priodolir ar adegau i gyfnod hwyrach yn hanes gwaedlyd y castell, credir fod y gân gynhyrfus 'Rhyfelgyrch Gwŷr Harlech', anthem genedlaethol answyddogol Cymru, yn cyfeirio at y cyfnod arbennig hwn o hanes.

> Ni chaiff gelyn ladd ac ymlid
> Harlech! Harlech! Cwyd i'w herlid;
> Y mae Rhoddwr mawr ein Rhyddid,
>   Yn rhoi nerth i ni.

> Wele Gymru a'i byddinoedd,
> Yn ymdywallt o'r mynyddoedd!
> Rhuthrant fel rhaeadrau dyfroedd,
>   Llamant fel y lli!

> Llwyddiant i'n lluyddion!
> Rwystro bâr yr estron!
> Gwybod yn ei galon gaiff,
> Fel bratha cleddyf Brython;

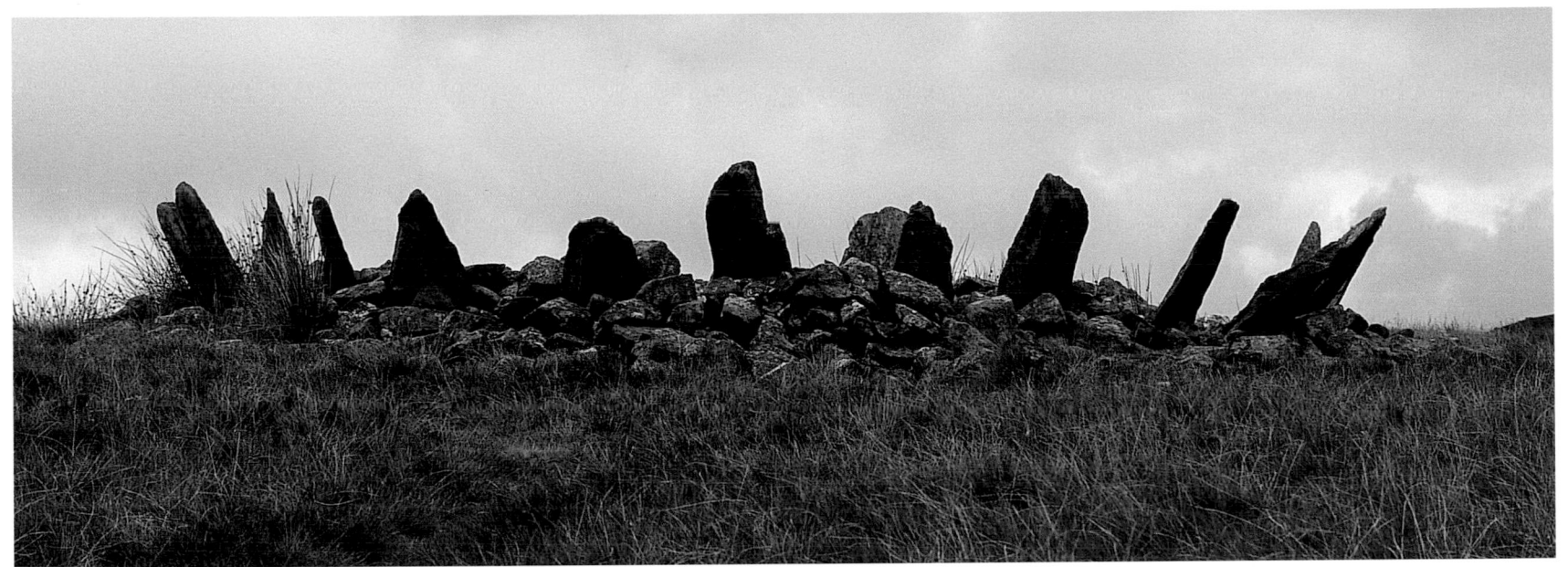

See, they now are flying!
Dead are heap'd with dying!
Over might hath triumph'd right,
Our land to foes denying;

Upon their soil we never sought them,
Love of conquest hither brought them,
But this lesson we have taught them:
Cambria ne'er can yield!

Y cledd yn erbyn cledd a chwery,
Dur yn erbyn dur a dery,
Wele faner Gwalia'i fyny,
Rhyddid aiff a hi!

(John Ceiriog Hughes, *Fersiwn Ceiriog*)

(John Oxenford, translation of Welsh lyrics by Talhaiarn,
The Songs of Wales, ed. Brinley Richards, 1873)

The Rhinogs form a well-positioned line of mountains, stretching some 20 kilometres north to south with the highest peaks in the southern half of the range. The dominant rock here is hard Cambrian grit and, as with the Yorkshire gritstone edges, the heather-strewn rocky mountain slopes and terraces are full of hidden holes, boulders half-buried in the peat, shallow gorges, boulder-strewn terraces and crags and hidden lakes. It's a distinctively wild and interesting landscape, one well worth exploring, though beware: should you lose the path, the walking becomes both difficult and strenuous. The Roman Steps, which probably pre-date the Roman period of occupation, rise from Cwm Bychan above Llanbedr to cross the spine of the massif and provide a convenient access point for an ascent of Rhinog Fawr (720 metres).

One of the most distinctive Bronze Age sites in Britain, thought to be a burial mound, is the remote 'crown of thorns' formation of Bryn Cader Faner, found on Talsarnau Moor above the Traeth Bach sands opposite Portmeirion. This area is particularly well endowed with the remnants of prehistory. When my son William was nine, after much cajoling he walked to this site with considerable indifference. However, on reaching the monument, he was transformed! So inspired was he by this

Crea'r Rhinogydd linell dda o fynyddoedd, yn ymestyn tua 20 cilomedr o'r gogledd i'r de gyda'r copâu uchaf yn hanner deheuol y gadwyn. Y brif graig yw graean caled Cambria ac, fel gyda charreg grut Swydd Efrog, mae llethrau a therasau creigiog gyda gorchudd o rug sy'n llawn tyllau cudd, clogfeini wedi claddu yn y mawn, ceunentydd bas, terasau'n frith o glogfeini a chlegyrau a llynnoedd cudd. Mae'n dirwedd nodweddiadol wyllt a diddorol, ac un sy'n werth ei archwilio, er rhaid cymryd gofal: os byddwch yn colli'r llwybr, mae'r cerdded yn dod yn anodd a chaled. Mae'r Grisiau Rhufeinig, sydd fwy na thebyg yn hŷn na chyfnod y Rhufeiniaid, yn codi o Gwm Bychan uwchlaw Llanbedr i groesi meingefn y masiff a chreu mynediad hwylus i ddechrau dringo Rhiniog Fawr (720 metr).

Un o safleoedd Oes yr Efydd mwyaf nodweddiadol Prydain, a gredir i fod yn domen gladdu, yw siâp 'coron drain' unig Bryn Cader Faner, ar waun Talsarnau uwchben Traeth Bach gyferbyn i Bortmeirion. Mae'r ardal yn doreithiog o olion cynhanes. Pan oedd fy mab William yn naw oed, wedi cryn berswâd fe gerddodd i'r safle yn gwbl ddi-hid. Ond, ar gyrraedd yr heneb, newidiodd yn llwyr! Roedd wedi ei ysbrydoli cymaint gan y trefniant trawiadol o gerrig yn y lleoliad diarffordd hwn yn edrych tua mynyddoedd Eryri fel na stopiodd siarad trwy gydol awr a hanner y daith yn ôl – hanesion am longau gofod, marchogion arfog a brwydro gyda Robin Hood! Ychydig yn bellach i lawr yr arfordir yn Nyffryn Ardudwy, tu ôl i'r ysgol leol, saif dwy siambr gladdu Neolithig grymus gyda dau faen hir yn cefnogi maen capan enfawr. Gelwir y cewri carreg hyn yn Gromlechi (dolmens yn Iwerddon; quoits yng Nghernyw).

RIGHT: The two Dyffryn
Ardudwy burial chambers are
thought to be from the Neolithic
Age, and rise from an extensive
spread of stones. The 'western
chamber', seen here, is a classic
example of the portal dolmen
group of burial mounds, found
in Wales and Ireland. The site
is just beside the A496, above
Barmouth, at the southern end of
the village of Dyffryn Ardudwy.
A short path (two minutes' walk)
leads to their field just behind
the school.

DDE: Credir fod dwy Siambr
Gladdu Dyffryn Ardudwy yn
dyddio o'r Oes Neolithig, gan godi
o ymlediad helaeth o gerrig. Mae'r
'siambr orllewinol' a welir yma
yn enghraifft glasurol o'r grŵp
o gromlechi porth o siambrau
claddu a welir yng Nghymru ac
Iwerddon. Mae'r safle gerllaw'r
A496, uwchben y Bermo, ar ben
deheuol pentref Dyffryn Ardudwy.
Mae llwybr byr (dau funud o
gerdded) yn arwain at eu cae
ychydig tu hwnt i'r ysgol.

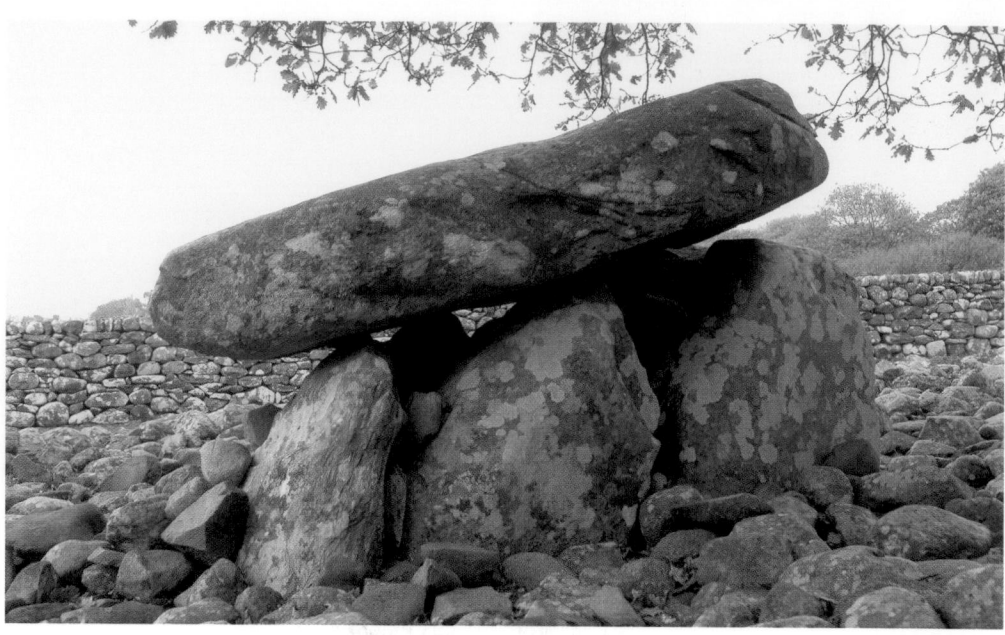

striking arrangement of stones in its remote setting looking across to the mountains of Snowdonia that for the duration of the one and half hours' walk back he never stopped talking – tales of spaceships, knights in armour and fighting with Robin Hood! A little further down the coastal road at Dyffryn Ardudwy, just behind the local school, stand two powerful Neolithic burial chambers with three standing stones supporting a huge balanced capstone. These classic stone megaliths are known as cromlechs in Wales (dolmens in Ireland; quoits in Cornwall).

Barmouth is another lovely coastal resort with clear sparkling seas, pristine sands and a variety of cafés. On the other side of the Barmouth estuary, across the wooden Penmaenpool Bridge (toll), south of Dolgellau, rises the magnificent mountain of Cadair Idris, one of the most powerful massifs in Wales. However, before we move to this final, most southerly, segment of the Park, I will first travel east from the Rhinogs to visit two other important mountain areas. The Arenigs rise to the north of Lake Bala (Llyn Tegid) and the Arans to the south. The area comprising the Arenigs is huge: there are four distinct groups of mountains rising to the highest point, Arenig Fawr, which stands at 854 metres. The Arans form a long shoulder, with Aran Fawddwy the highest summit at 905 metres. They mark a definite boundary between the rugged lands to the north and west and the intricate green valleys of mid-Wales to the east and south. On Drws Bach, a plaque on the top commemorates Mike Aspain, killed by lightning while on duty with the RAF Mountain Rescue, a sobering reminder that mountains give and also take.

Finally, the A487 running south from Dolgellau to Machynlleth and the A493 coastal road between the Barmouth and Aberdovey estuaries enclose the last and most southerly area to be mentioned here. Most of the space is dominated by the great Cadair Idris group of mountains. Surrounded by high steep

Mae'r Bermo yn gyrchfan arfordirol arall hyfryd gyda dyfroedd disglair, tywod glan ac amrywiaeth o gaffis. Ar ochr arall Aber Mawddach, ar draws tollbont bren Penmaen-pwl i'r de o Ddolgellau, coda mynydd aruthrol Cadair Idris, un o greigiau grymusaf Cymru. Fodd bynnag, cyn i ni symud at yr adran olaf fwyaf deheuol o'r Parc, byddaf yn teithio'n gyntaf i'r dwyrain o'r Rhinogydd i ymweld â dwy ardal arall bwysig. Mae'r mynyddoedd Arenig yn codi i'r gogledd o Lyn Tegid a'r ddau Aran i'r de. Mae'r ardal yn enfawr: ceir pedwar grŵp penodol o fynyddoedd yn codi i'r pwynt uchaf, Arenig Fawr a saif yn 854 metr o uchder. Mae mynyddoedd Aran yn creu ysgwydd hir, gydag Aran Fawddwy'r pegwn uchaf ar 905 metr. Maent yn nodi ffin bendant rhwng y tir garw i'r gogledd a'r gorllewin a chymoedd glas niferus y canolbarth i'r dwyrain a'r de. Ar Ddrws Bach, ceir llechen i gofio Mike Aspain, a laddwyd gan fellten tra ar ddyletswydd gyda'r tîm Achub Mynydd. Atgof difrifol fod mynyddoedd yn cymryd yn ogystal â rhoi.

Yn olaf, mae'r A487 tua'r de o Ddolgellau i Fachynlleth a ffordd arfordirol yr A493 rhwng y Bermo ac Aberdyfi yn amgáu'r ardal olaf a mwyaf deheuol i'w grybwyll yma. Mae rhan fwyaf o'r lle wedi ei lenwi â grŵp arbennig mynyddoedd Cadair Idris. Wedi ei amgylchynu gan glogwyni serth sy'n diffinio llwyfandir y pegwn ceir cymoedd dwfn yn torri i mewn i'r creigiau a gyda safle aruchel yn edrych dros y wlad i'r gogledd a'r de, dyma un o ranbarthau ucheldir enwocaf Cymru. Fe'i dringir amlaf o Gwm Tal-y-llyn i'r de ar hyd llwybr Minffordd sy'n dechrau ym Mharc Dol Idris, gan godi trwy goed trofannol, yn cynnwys coed sequoia, i olygfa arbennig Cwm Cau, cyn mynd ymlaen at begwn y mynydd ar uchder o 852 metr.

Wrth droed de orllewinol Cadair Idris, tua'r arfordir ger y Tywyn, mae'r cwm gwastad gyda chlogwyn uchel Craig yr Aderyn yn sefyll rhyw 7 cilomedr o'r môr. Yn anhygoel, mae'r graig hon yn gartref i gytref fawr o filidowcars – yr unig gytref fewndirol o'r fath o adar y môr ym Mhrydain. Er mwyn bwydo'r

RIGHT: This glorious steam road-roller was left standing on the road to Barmouth one hot summer's day.

DDE: Gadawyd yr injan ffordd wych hon yn sefyll ar y ffordd i'r Bermo ar un diwrnod poeth o haf.

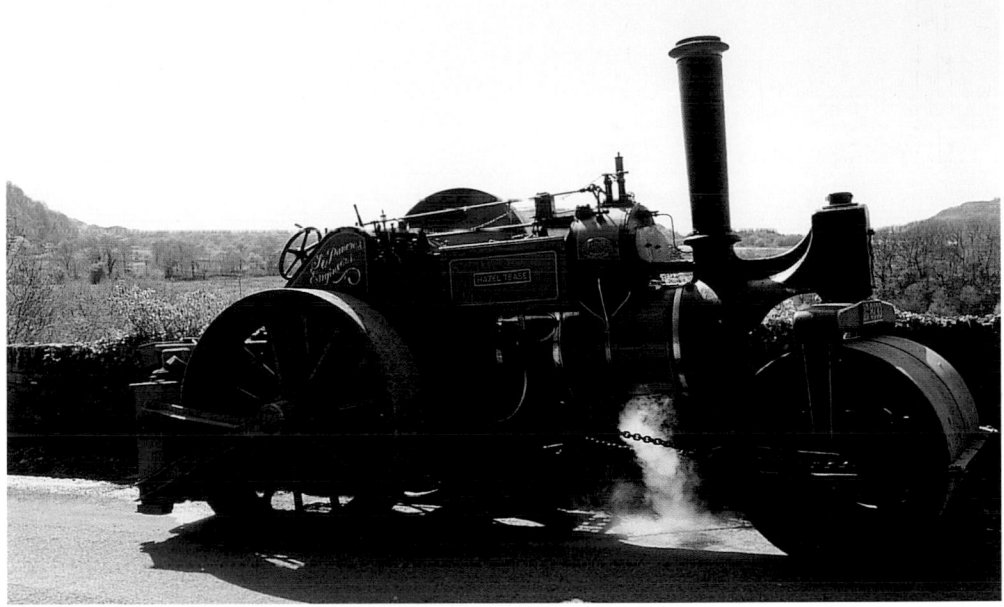

cliffs which define the summit plateau, deep cwms which cut into the massif and a commanding position over the surrounding countryside both north and south, this is one of the most revered upland regions in Wales. It is most popularly climbed from the Tal-y-llyn Valley to the south by the Minffordd Path which starts in the Dolidris Park, rising through exotic trees, including sequoias, to the stunning Cwm Cau, before continuing to the summit at an altitude of 852 metres.

At the south-western toe of the Cadair Idris massif, gaining the coast near Tywyn , runs a flat-bottomed valley with the high cliff of Craig yr Aderyn ('Bird's Rock') standing some 7 kilometres from the sea. Spectacularly, this cliff is home to a large nesting colony of cormorants – the only such inland colony of seabirds in Britain. During the nesting season, March to August, to feed their chicks the parents fly a 14-kilometre round trip to the coast and back many times during the day. One explanation of this unusual behaviour is that the birds originally took residence on the rock when this valley was flooded and joined to the sea; by the time the waters receded they regarded the rock as their natural home, and stayed.

The golden ever-shifting sands of the Dovey estuary and the wonderful clear light reflecting from its silver strands of water underline the final boundary of this national park. The fishing town of Aberdovey (the name means the mouth of the River Dyfi) is the last, very much unspoiled, traditional resort. Neat houses, moored fishing boats, lifeboat station and Roman road tell the tale of its popularity over the last two thousand years.

Throughout the length and breadth of this stunning national park there is so much of beauty, such magnificent mountains and such a rich history of man's involvement with the ever-changing landscape that it is hard to draw this brief description to a close. Perhaps I'll just say that many a Welshman, crossing the border home to Wales, bursts into song with the delight and wonder of it.

cywion yn ystod y tymor nythu o Fawrth i Awst, bydd y rhieni yn hedfan taith 14 cilomedr i'r arfordir ac yn ôl sawl gwaith y dydd. Un eglurhad o'r ymddygiad rhyfedd hwn yw bod yr adar wedi dod i aros ar y graig pan oedd y cwm ddŵr Glyndŵr ac wedi ymuno â'r môr; erbyn i'r dyfroedd gilio, roedd y graig yn gartref naturiol iddynt ac fe arhosont.

Mae tywod euraidd moryd y Dyfi a'r golau clir arbennig yn adlewyrchu o'i edefyn arian o ddŵr yn creu ffin derfynol y parc cenedlaethol hwn. Tref bysgota Aberdyfi yw'r gyrchfan draddodiadol, ddilychwin olaf. Mae'r tai twt, cychod pysgota, y bad achub a'r ffordd Rufeinig yn dyst i'w boblogrwydd yn ystod y ddwy fil o flynyddoedd diweddaraf.

Ar hyd a lled y parc cenedlaethol aruthrol hwn mae yna gymaint o harddwch, mynyddoedd mor odidog a hanes mor gyfoethog o waith dyn mewn tirwedd sy'n newid o hyd fel ei bod yn anodd dod â'r disgrifiad cryno hwn i glo. Efallai y byddai'n well i mi gadw at ddweud y bydd sawl Cymro, wrth groesi'r ffin yn ôl i Gymru, yn teimlo'r gân yn ei galon wrth weld ei hyfrydwch a rhyfeddod.

OVERLEAF: At the southern limit of Snowdonia National Park, fishing boats bob in the rough seas sweeping in to the Aberdovey estuary from Cardigan Bay and the Irish Sea. Important since Roman times, Aberdovey remains a working fishing port while at the same time serving as a popular, traditional and largely unspoilt seaside resort.

TROSODD: Ar ffin ddeheuol Parc Cenedlaethol Eryri, mae cychod pysgota yn siglo yn y moroedd garw sy'n chwythu i mewn i Aberdyfi o Fae Ceredigion a Môr Iwerddon. Yn fan pwysig ers oes y Rhufeiniaid, mae Aberdyfi yn dal i fod yn borthladd pysgota gweithredol tra ar yr un pryd yn gyrchfan glan môr poblogaidd, traddodiadol a digyffwrdd gan bennaf.

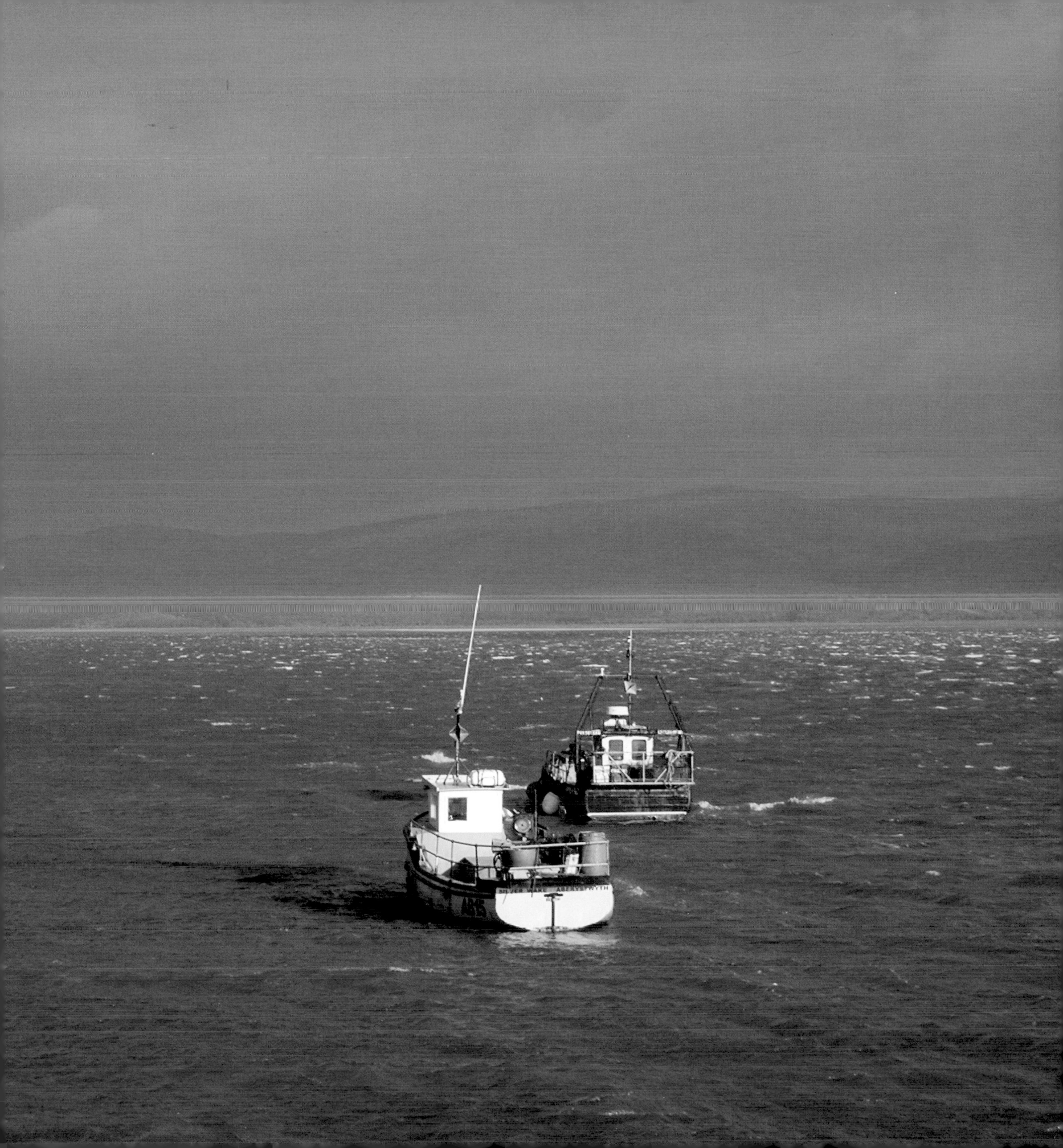

spring

On the heights, the Snowdon Mountain Railway chugs into life, watched carefully by the raven, already with young, hopeful of any scraps discarded beside the summit café. Snows may still be lingering on the highest tops and ridges, but the rare and delicate alpine Snowdon Lily bursts into flower. Down below is an excitement of anticipation as flowers, blossom and young green leaves replace the starkness of winter. Butterflies flit among the fragrance, the hill sheep are with lamb, and birds are incubating eggs. Sunshine brings the climbers back to the favourite crags of Tremadog, Llanberis and the Ogwen Valley.

gwanwyn

Yn yr uchelfannau, daw Rheilffordd y Mynydd yn fyw, dan lygaid gwarchodol y gigfran, eisoes yn chwilio am dameidiau wedi eu gadael gerllaw caffi'r pegwn i fwydo ei chywion. Efallai bod eira'n dal i lechu ar y pegynau a'r cribau uchaf, ond mae Lili brin a chain yr Wyddfa yn blodeuo. Islaw mae cyffro'r aros wrth i flodau a dail gwyrdd ifanc gymryd lle llymder y gaeaf. Mae gloÿnnod byw yn gwibio ymysg y persawr, defaid y mynydd yn drwm â'u hŵyn, ac adar yn gori wyau. Daw'r haul a'r dringwyr yn ôl i hoff glegyr Tremadog, Llanberis a Dyffryn Ogwen.

RIGHT: Sheep and lambs graze beneath the north face of the glaciated basin of Cadair Idris (Chair of Idris). The mountain reaches a height of 893m (2,927ft) and this view looks directly into Cwm y Gadair (the difference in spelling indicates the changed sound in Welsh when a c is preceded by y), and up to the summit point itself – Penygadair. Idris is described variously as a mythical giant and a real figure of Celtic origin.

DDE: Defaid ac ŵyn pori islaw wyneb gogleddol basn rhewlifol Cadair Idris. Mae'r mynydd yn cyrraedd uchder o 893m (2,927 troedfedd) ac mae'r olygfa hon yn edrych yn syth i mewn i Gwm y Gadair, ac i fyny i'r pegwn ei hun – Pen y Gadair. Disgrifir Idris gan rai fel cawr mytholegol a gan eraill fel cymeriad go iawn o dras Geltaidd.

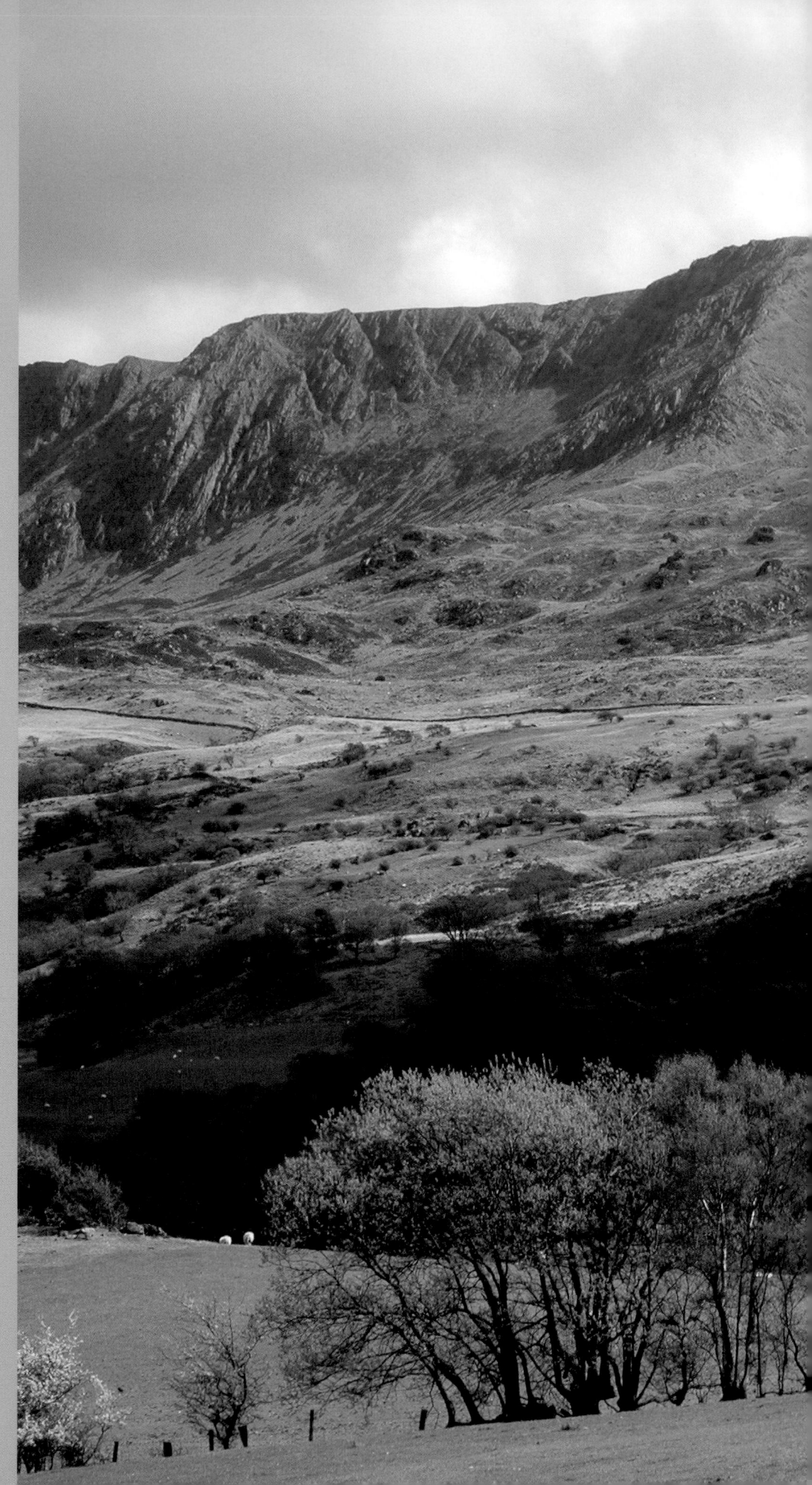

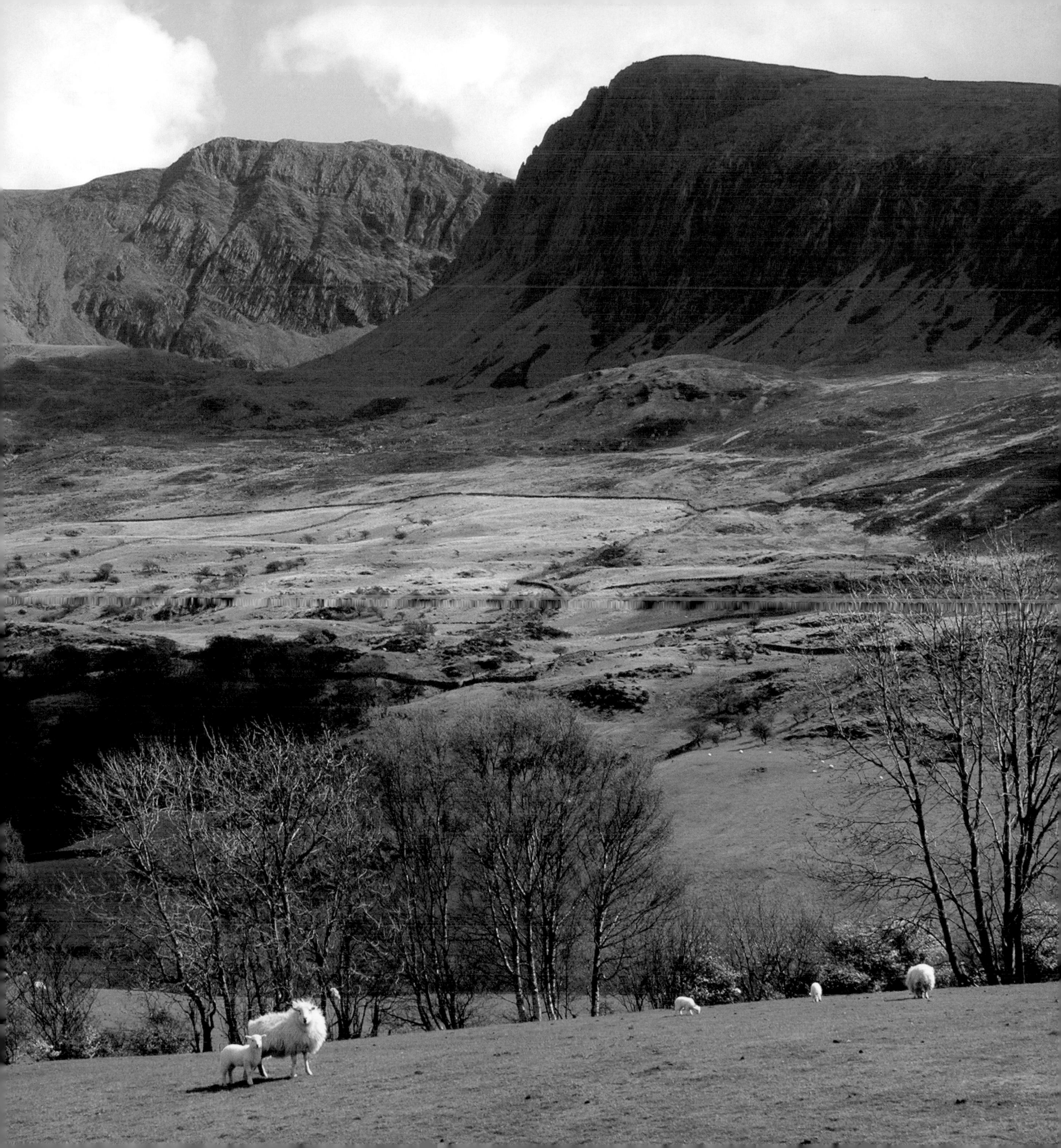

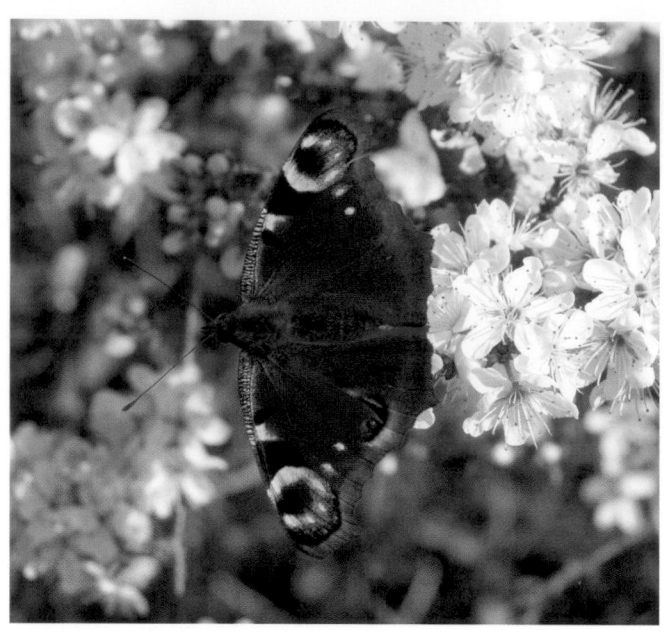

LEFT: On the spring blossom in the Nantmor Valley, a Peacock Butterfly basks in the sunshine.

BELOW: Lambs with their mothers in the quiet Nantmor Valley.

OPPOSITE: High above Nantgwynant this fine viewpoint beside the A498 looks over the National Park sign directly into Cwm Dyli, on the eastern side of the Snowdon massif.

CHWITH: Iâr Fach Lygadog yn ymdrochi yn yr heulwen ar flodau'r gwanwyn yn Nyffryn Nantmor.

ISOD: Ŵyn gyda'u mamau yn nhawelwch Dyffryn Nantmor.

GYFERBYN: Yn uchel uwchlaw Nant Gwynant, mae'r pwynt golygfa arbennig hwn gerllaw'r A498 yn edrych dros arwydd y Parc Cenedlaethol yn syth i Gwm Dyli, ar ochr orllewinol criw'r Wyddfa.

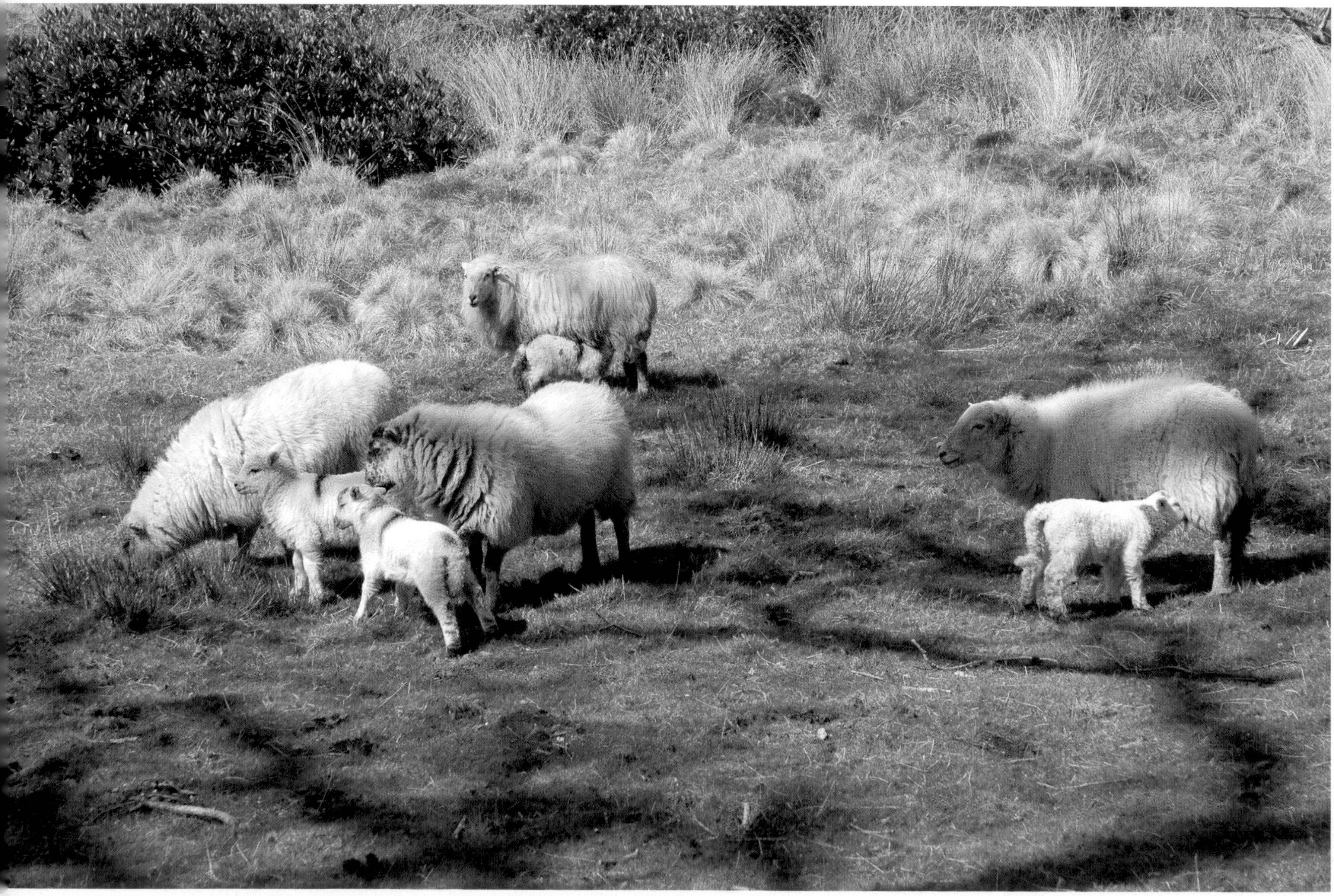

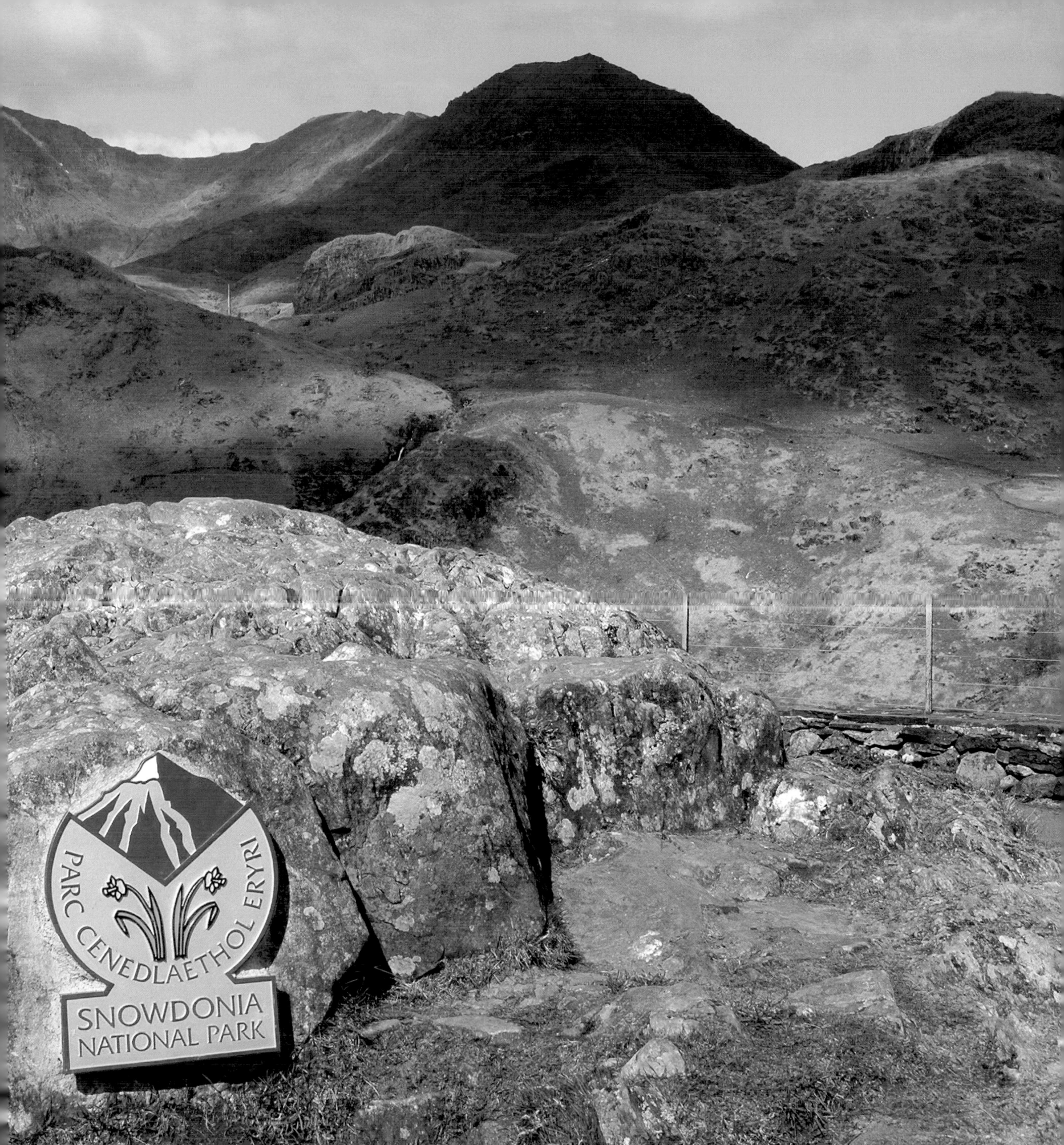

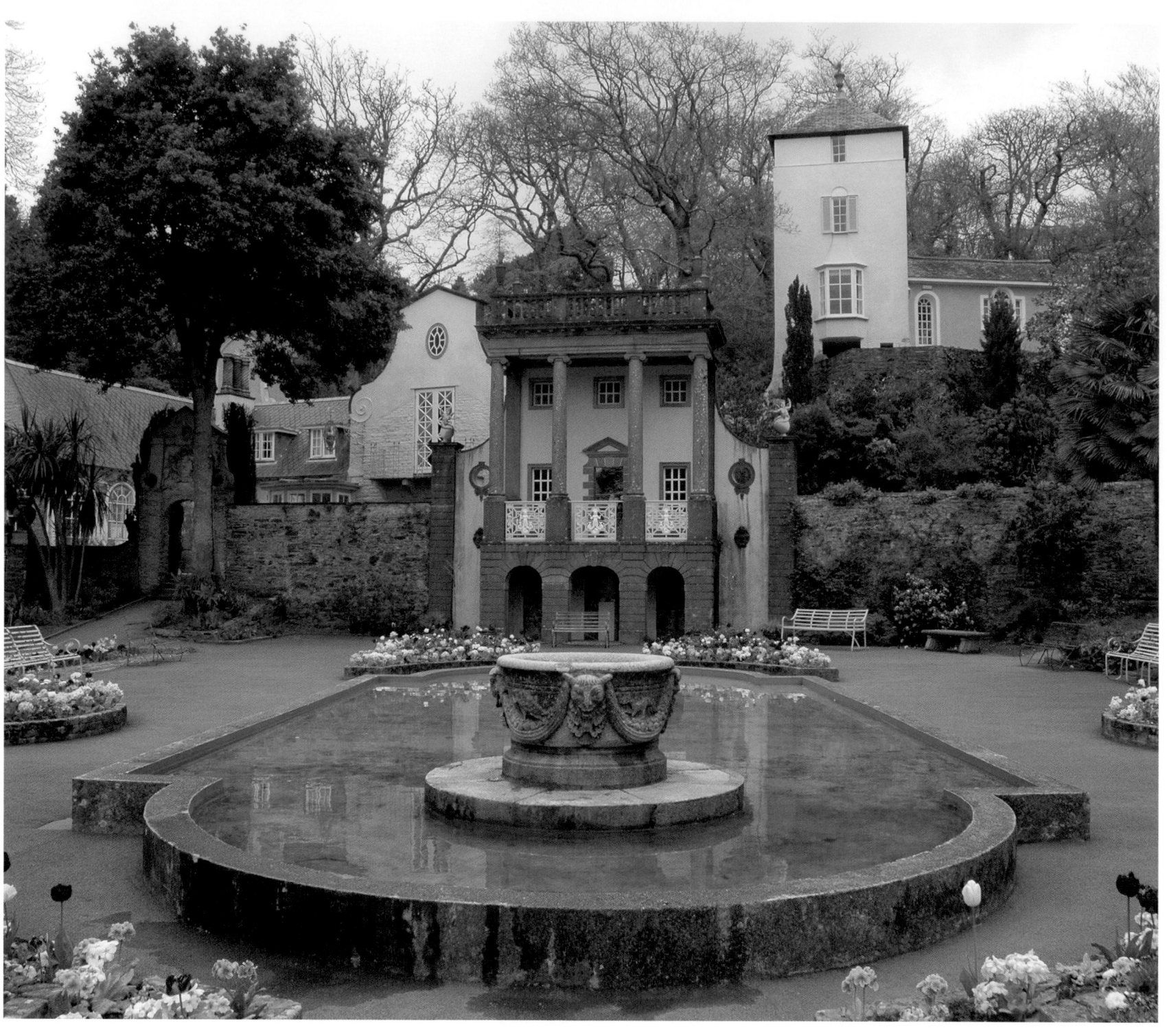

THESE PAGES: Portmeirion was built by the architect Clough Williams-Ellis between 1926 and 1976, with the intention of creating a village with a Mediterranean feel. On the steep hillside of Penrhyn above a natural little inlet off the estuary of Traeth Bach sands, he created a magical and compelling world, an environment intriguing in scale and detail. Very unusually, it is simultaneously both vibrant and relaxing, with self-catering accommodation in the village, a seaside hotel, and a brass band often playing on the bandstand. It has been enjoyed by many famous creative personalities over the years: George Bernard Shaw, H. G. Wells, Bertrand Russell – and Noel Coward, who wrote 'Blithe Spirit' while staying here for two weeks in 1941.

Y TUDALENNAU HYN: Adeiladwyd Portmeirion gan y pensaer Clough Williams-Ellis rhwng 1926 a 1976, gyda'r bwriad o greu pentref â naws Môr y Canoldir. Ar lechwedd serth Penrhyn uwchlaw cilfach naturiol fechan oddi ar aber Traeth Bach, fe greodd fyd hudolus a swynol, amgylchedd sy'n gyfareddol o ran maint a manylion. Yn anarferol iawn, mae'n llwyddo i fod yn fywiog a gorffwysol, gyda llety hunan-ddarpar yn y pentref, gwesty glan môr, a band pres yn aml yn chwarae ar y bandstand. Mae nifer o gymeriadau creadigol enwog wedi mwynhau'r lle ar hyd y blynyddoedd. George Bernard Shaw, H. G. Wells, Bertrand Russell – a Noel Coward, a ysgrifennodd 'Blithe Spirit' wrth aros yma am bythefnos yn 1941.

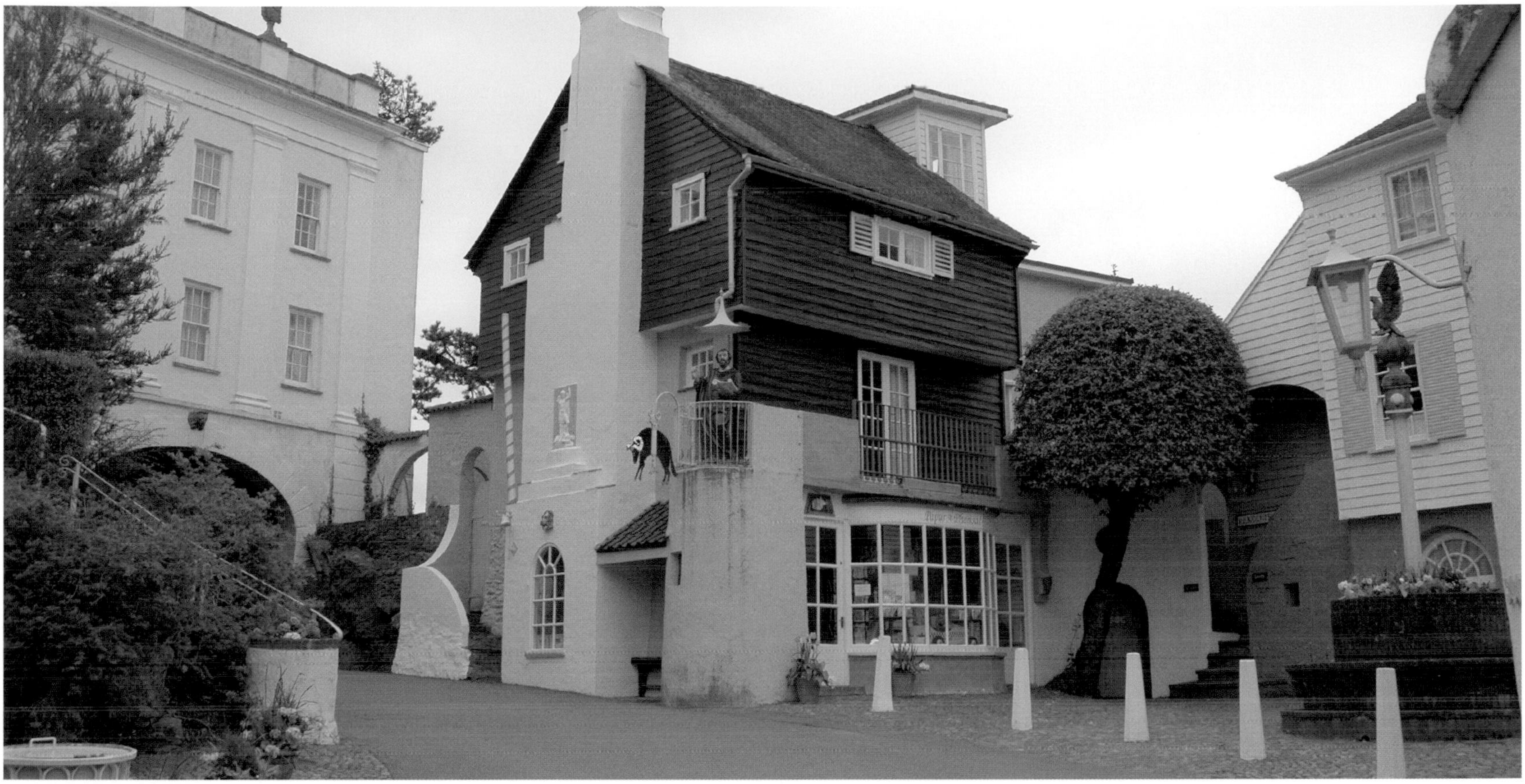

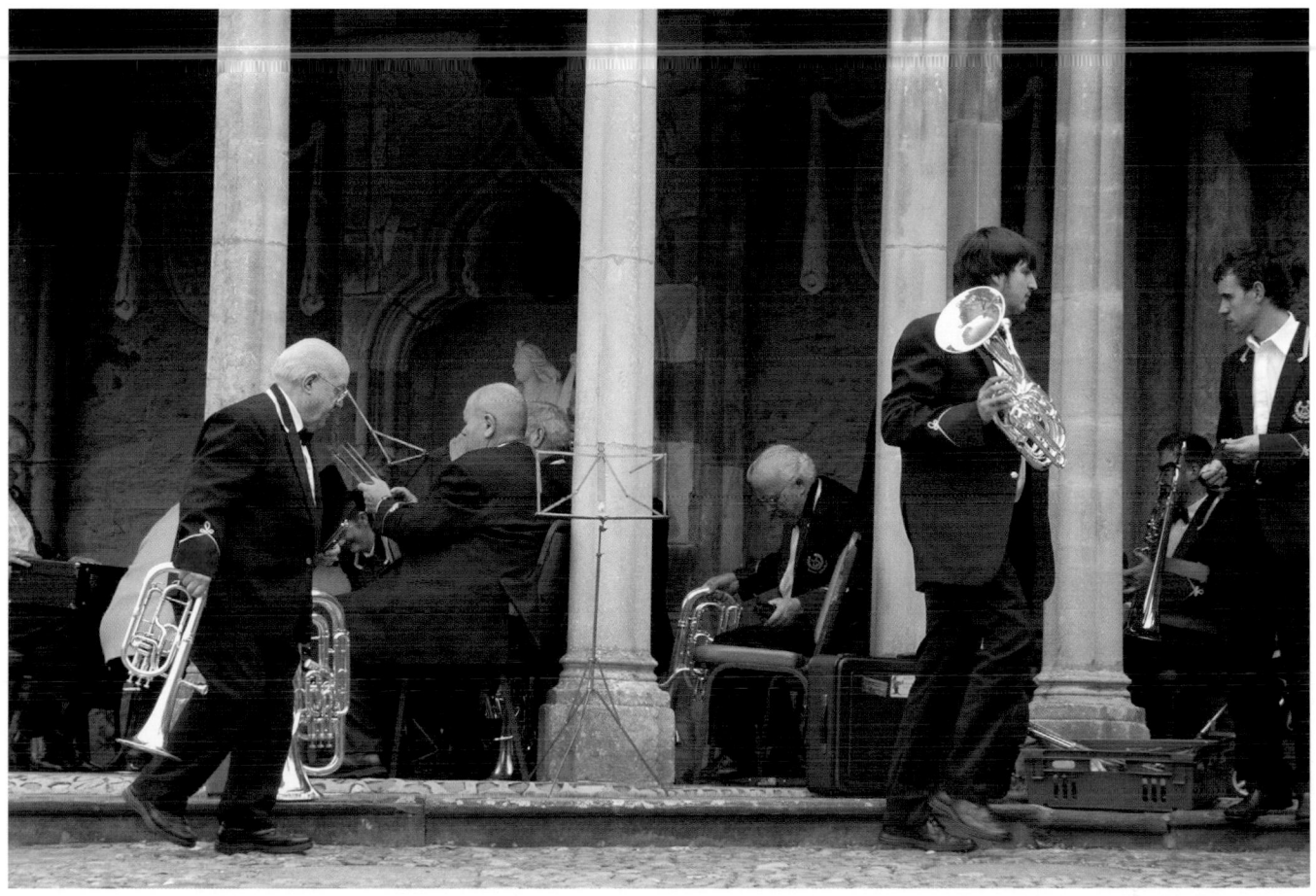

OVERLEAF: *Llyn Padarn with Dolbadarn Castle and Llanberis Pass beyond. Thick cloud obscures Snowdon to the right and Glyder Fawr to the left.*

TROSODD: *Llyn Padarn gyda Chastell Dolbadarn a Bwlch Llanberis tu hwnt. Mae cymylau trwchus yn cuddio'r Wyddfa tua'r dde a Glyder Fawr i'r chwith.*

37

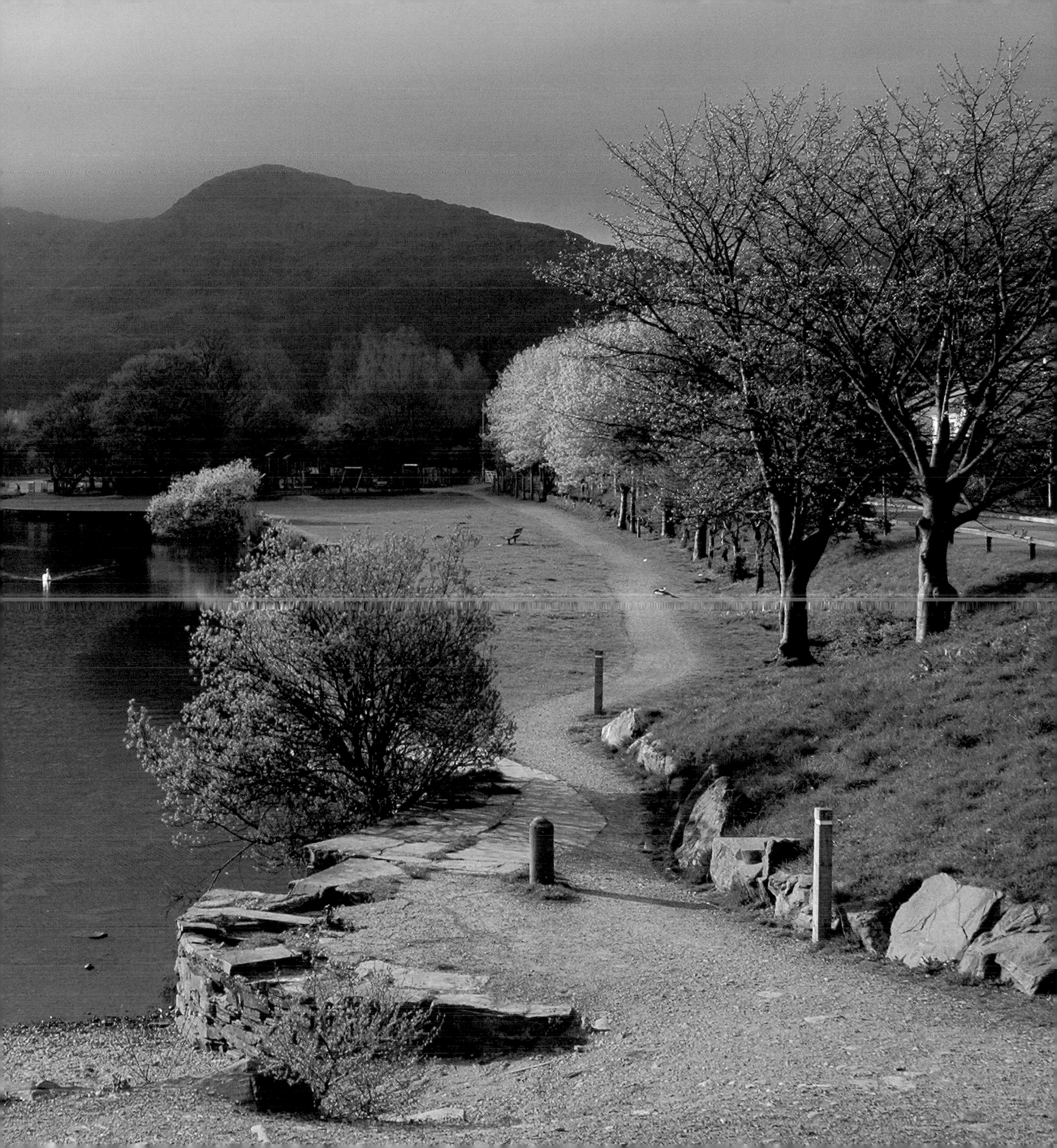

BELOW: Looking from Porthmadog's causeway over the flats of Traeth Mawr to the mountains: Snowdon left and Cnicht right.

OPPOSITE: The 22-km (13-mile) Ffestiniog Railway runs along the Porthmadog causeway wall. As of summer 2009, Porthmadog is the starting point for two 2ft-gauge steam railways: as well as the Ffestiniog, the newly restored Welsh Highland Railway now runs 40 km (25 miles) to Caernarfon. Once they both carried slate to be exported from the harbour; today, they carry holiday-makers and steam enthusiasts.

ISOD: Edrych o sarn Porthmadog dros wastadoedd Traeth Mawr tua'r mynyddoedd: yr Wyddfa ar y chwith a Cnicht ar y dde.

GYFERBYN: Rheilffordd 22 cilomedr (13 milltir) o hyd Ffestiniog yn llwybro ar hyd wal sarn Porthmadog. O haf 2009 ymlaen, Porthmadog fydd y man cychwyn ar gyfer dwy reilffordd ager 2 droedfedd o led: yn ogystal â Ffestiniog, mae Rheilffordd y Mynydd ar ei newydd wedd nawr yn teithio'r 40 cilomedr (25 milltir) i Gaernarfon. Ar un adeg roedd y ddwy lein yn cludo llechi i'w hallforio o'r harbwr; heddiw, maent yn cludo ymwelwyr a selogion rheilffyrdd ager.

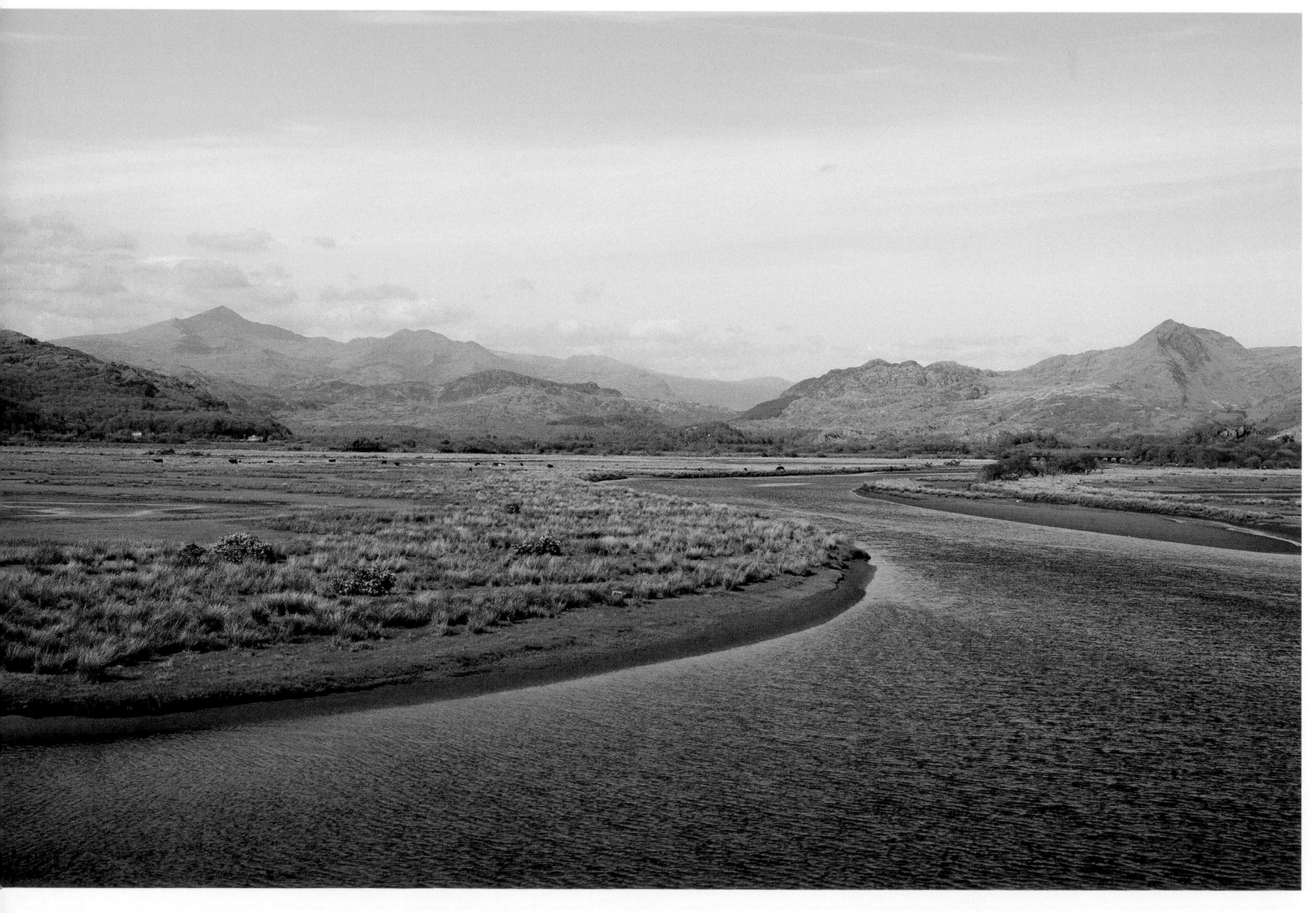

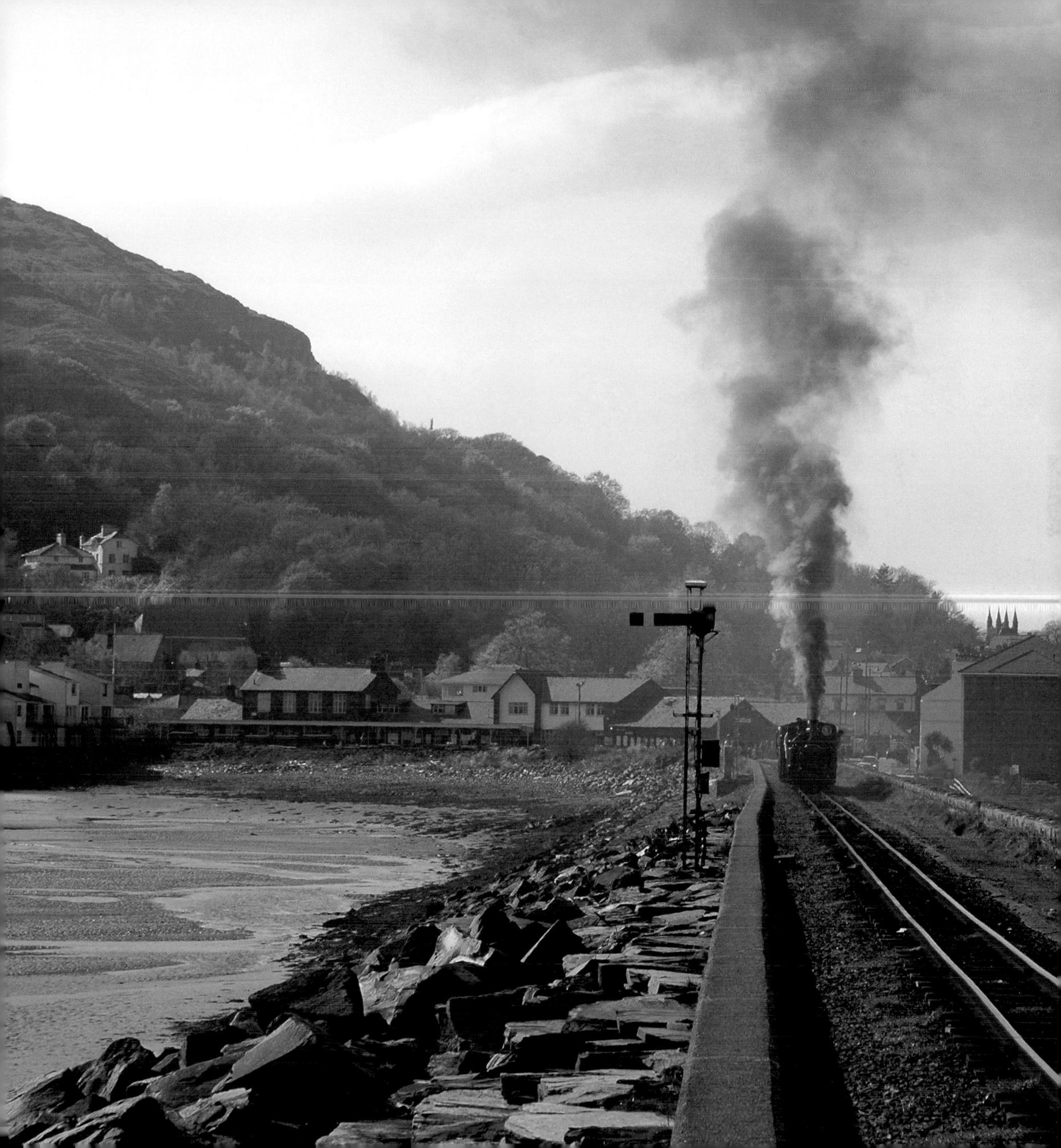

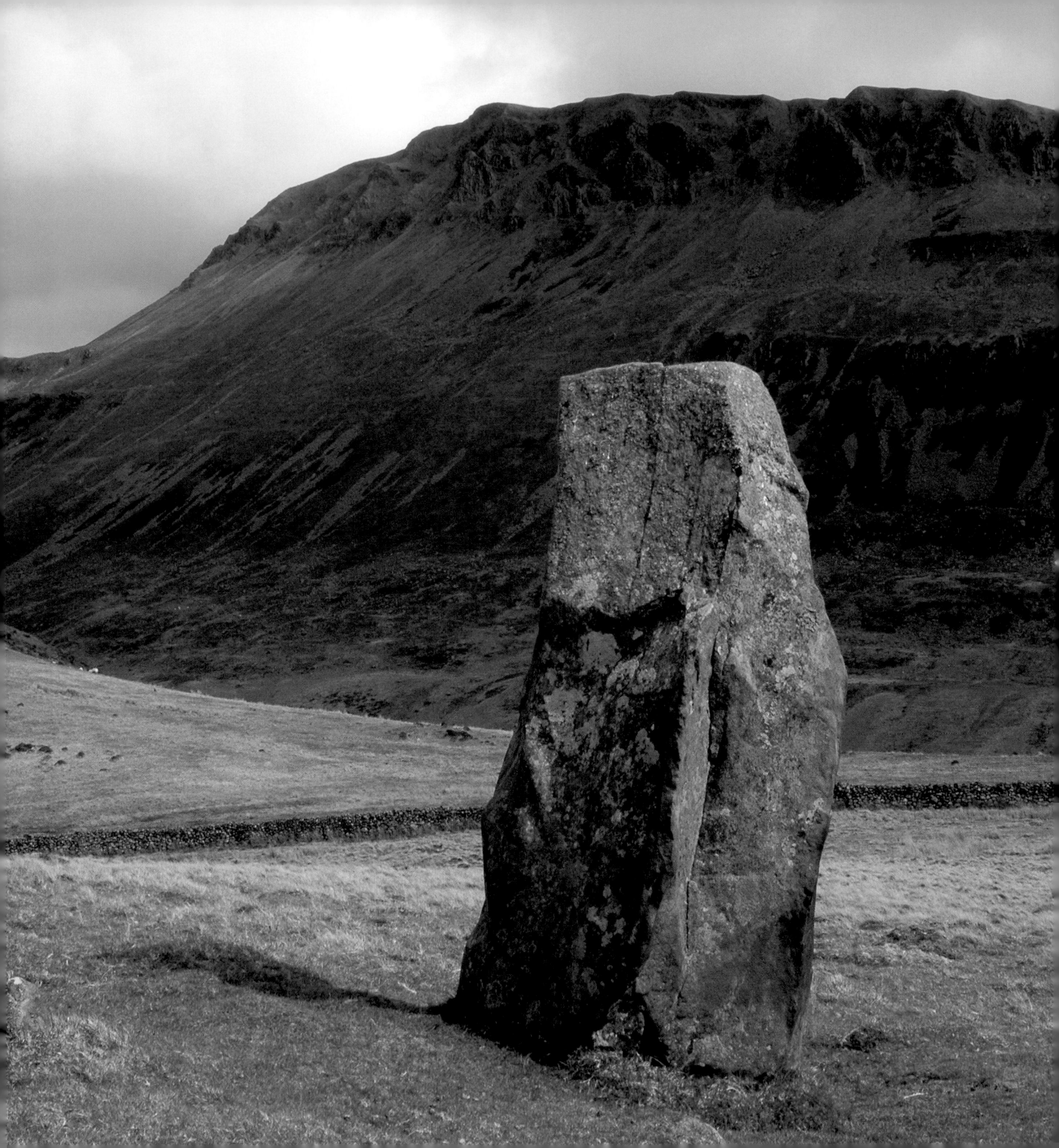

OPPOSITE: On the high ground above Barmouth estuary are many standing stones and relics of prehistory. This stone is near Llynnau Cregennen. The cliffs of Craig-las, effectively forming the western terminus of the Cadair Idris massif, are seen beyond.

BELOW: Standing stones at Llanbedr, in a field just west of the village, are presumed to be the final remnants of a stone circle of Bronze Age origin.

RIGHT: Rising from Cwm Bychan, the Roman Steps are a fascinating relic of history, making a high crossing of the Rhinogs. In some form, they probably pre-dated Roman times.

GYFERBYN: Ar dir uchel uwchlaw'r Bermo, mae nifer o feini hir a chreiriau cynhanesyddol. Mae'r garreg hon ger Llynnau Cregennen. Gwelir clogwyni Craig Las, sy'n creu terfynfa orllewinol criw Cadair Idris, tu hwnt.

ISOD: Meini hir yn Llanbedr, mewn cae i'r gorllewin o'r pentref, a gredir i fod yn weddillion cylch cerrig o'r Oes Efydd.

DDE: Yn codi o Gwm Bychan, mae'r grisiau Rhufeinig yn grair hynod o hanes, yn croesi uchelfannau'r Rhinogydd. Mae'n debyg eu bod yn dyddio ar ryw ffurf o oes cyn y Rhufeiniaid.

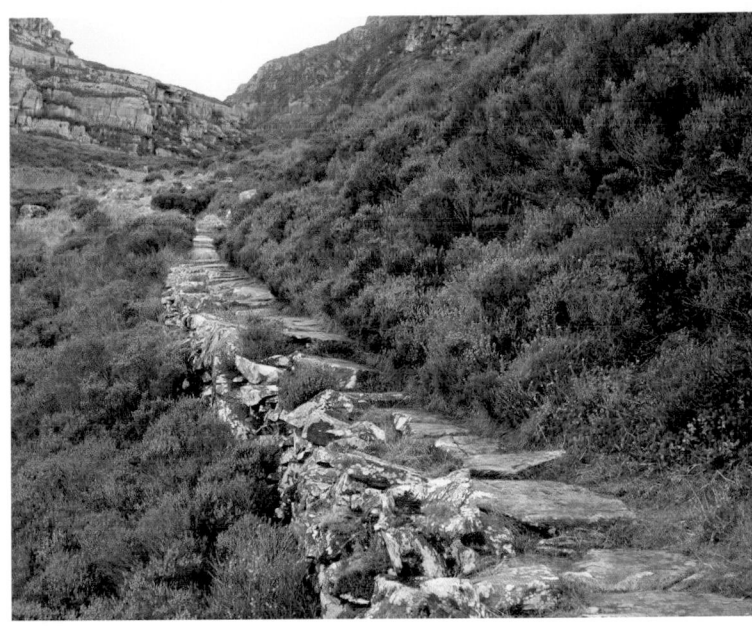

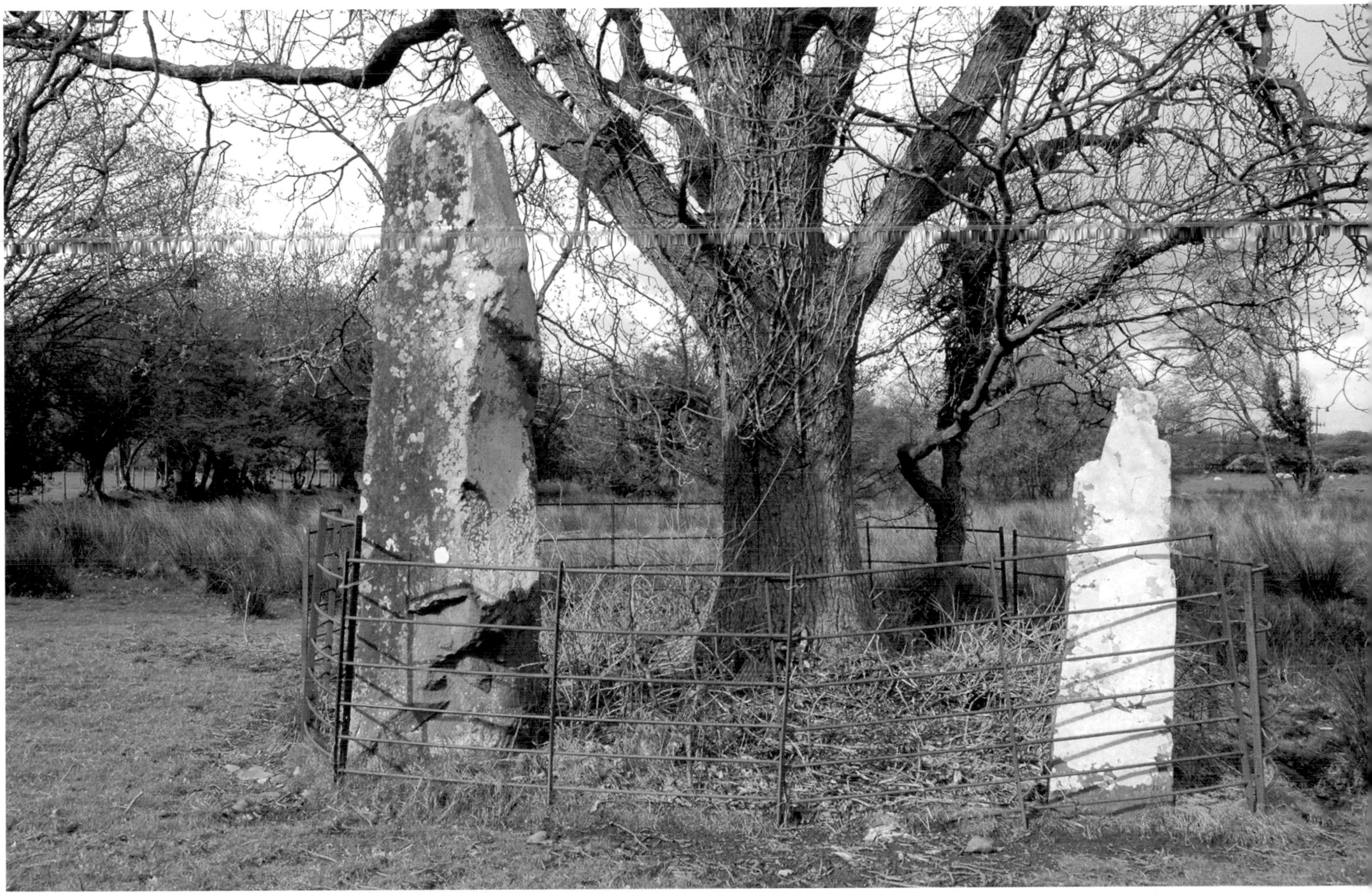

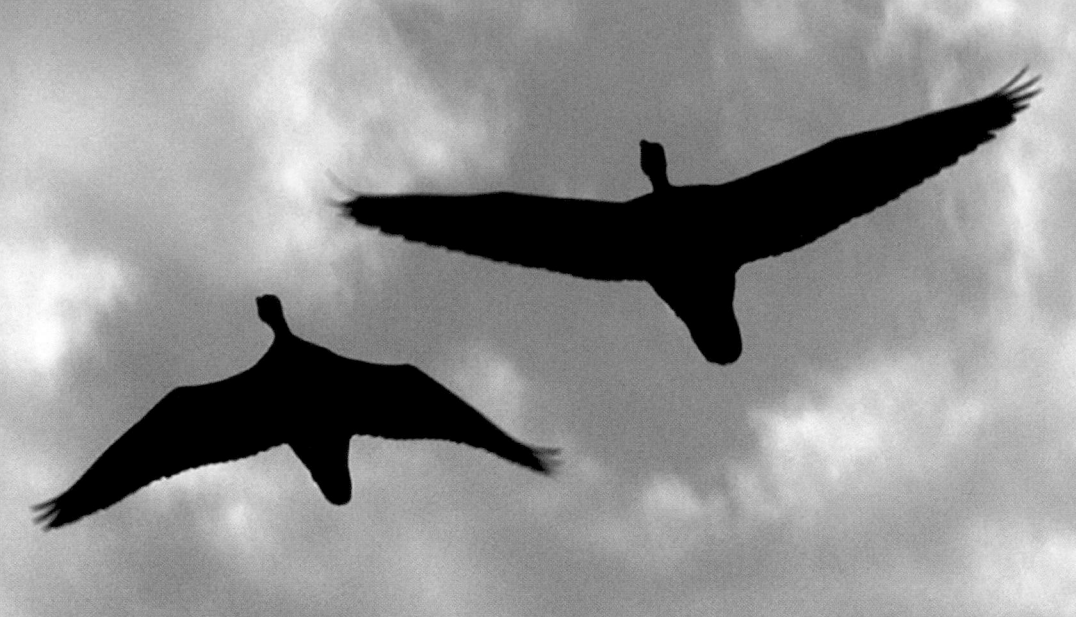

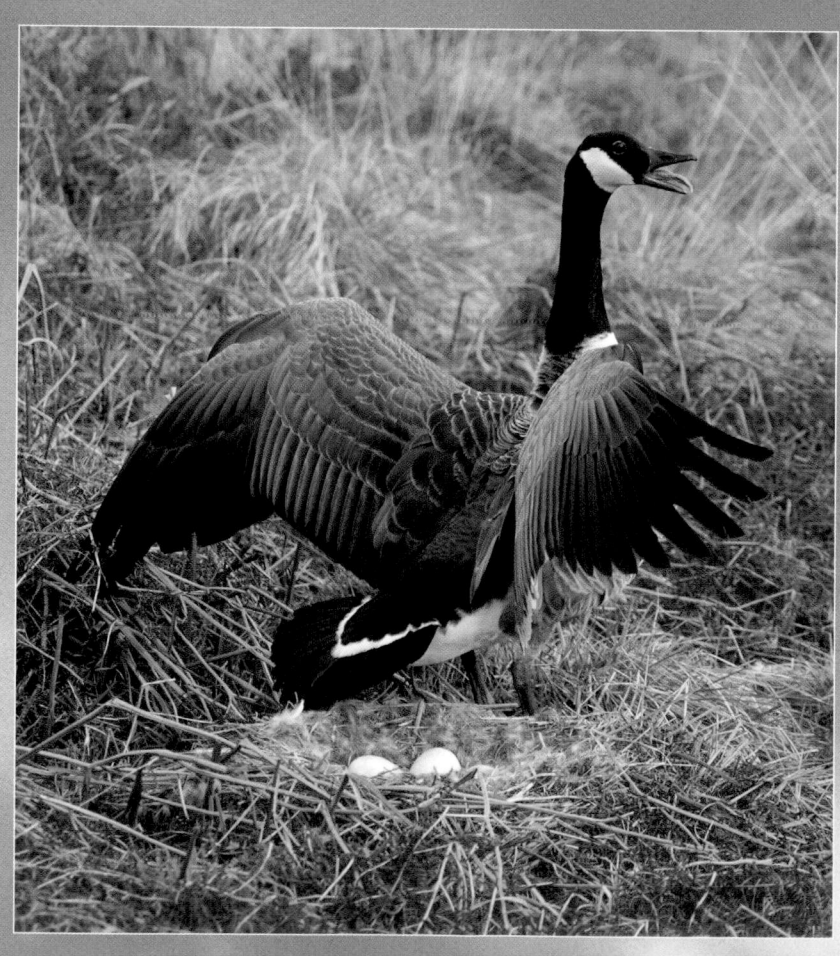

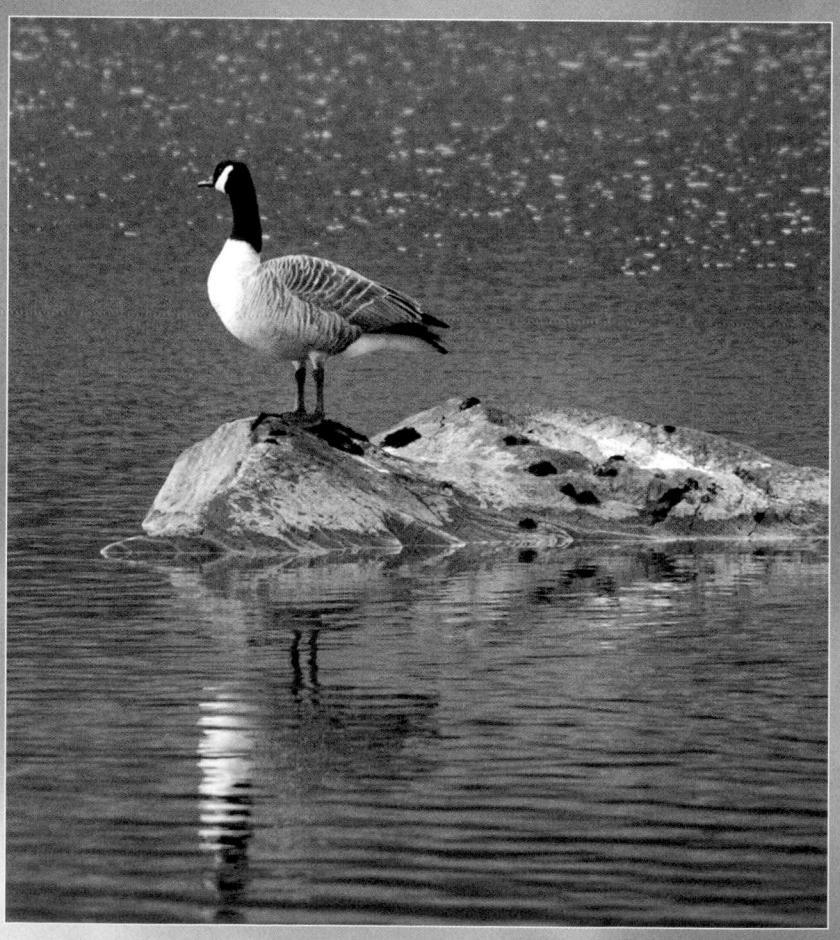

OPPOSITE: Canada Geese fly overhead.

OPPOSITE LEFT: The gander struts a warning pose by nest and eggs.

OPPOSITE RIGHT: A Canada Goose keeps lookout on a protruding boulder.

BELOW: Bird Rock (Craig yr Aderyn) is reputedly the only inland cormorant nesting site in Britain.

GYFERBYN: Gwyddau Canada yn hedfan uwchben.

GYFERBYN CHWITH: Y clacwydd yn gwarchod yn rhybuddiol ger y nyth a'r wyau.

GYFERBYN DDE: Gŵydd Canada yn gwylio o glogfaen grog.

ISOD: Mae'n debyg mai Craig yr Aderyn yw'r unig safle mewndirol ble mae bilidowcars yn nythu ym Mhrydain.

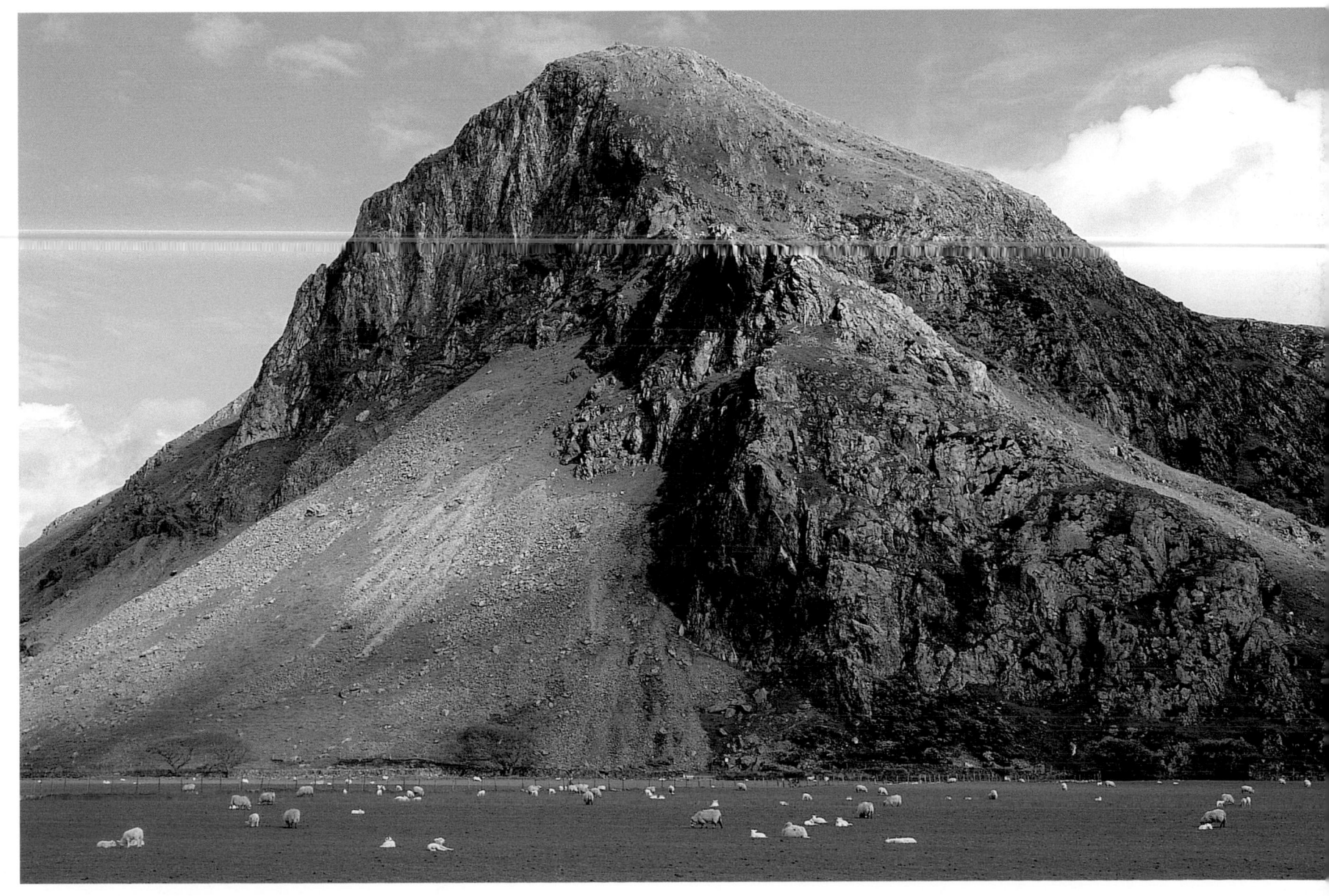

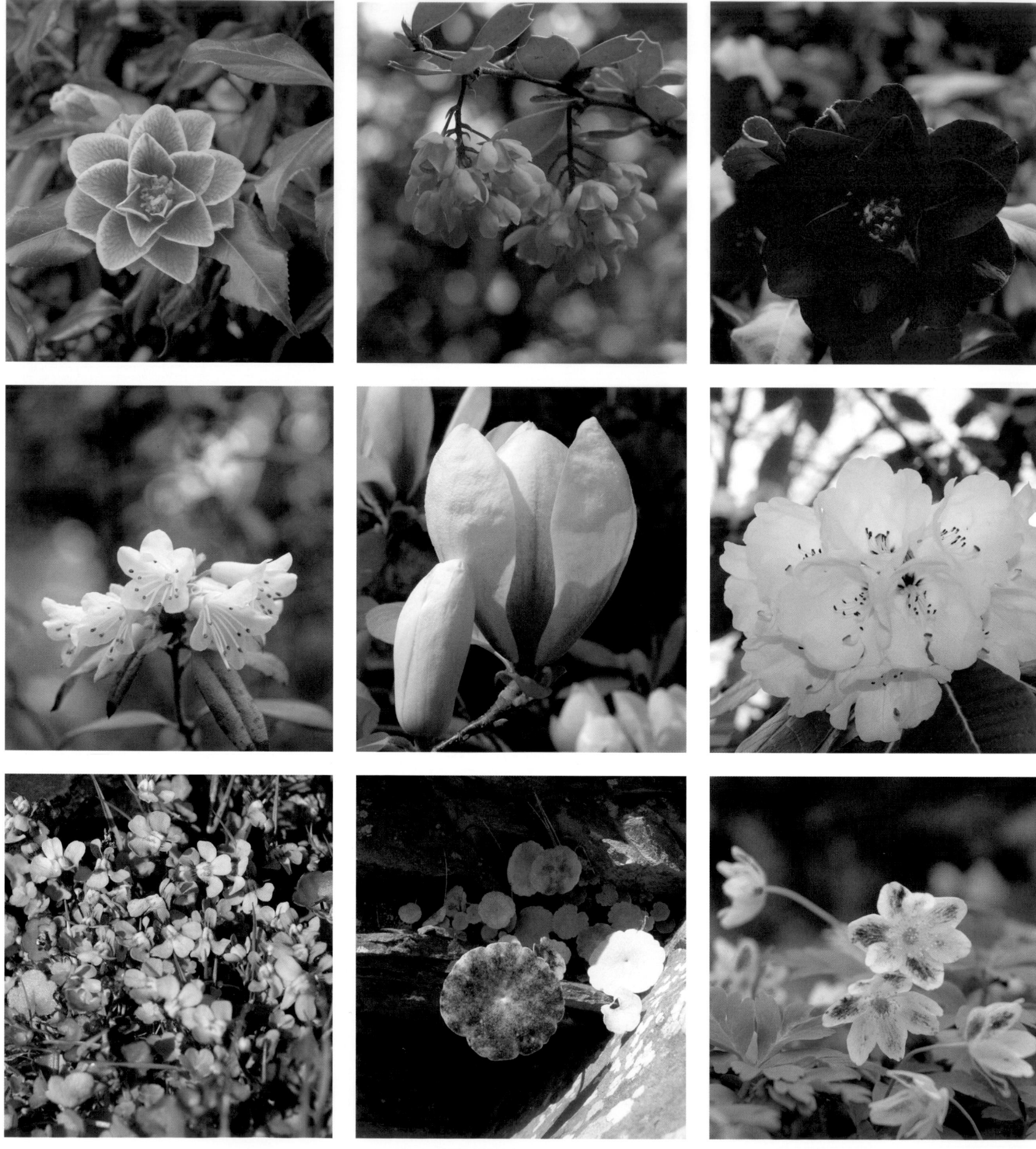

Spring is a wonderfully colourful time throughout Snowdonia. Blossom and flowers appear in profusion both in the wild and in the many fine gardens spread throughout the region, notably Portmeirion.

OPPOSITE.
Top and centre rows: Blossoms and flowers in Portmeirion garden.
Bottom row, left to right: Toadflax, Pennywort and Wood Sorrel.

RIGHT: Apple blossom near Carreg Hylldrem.

BELOW RIGHT: Bluebells and celandine in the woods near Tan-lan.

Mae'r gwanwyn yn amser hynod o liwgar ledled Eryri. Mae myrdd o flodau'n ymddangos yn y gwyllt ac yn y nifer o erddi braf ar draws y rhanbarth, yn arbennig felly Portmeirion.

GYFERBYN:
Rhes uchaf a chanol: Blodau yng ngardd Portmeirion.
Rhes isaf, chwith i dde: Llin y Llyffant, Bogail y Forwyn a Brith y Coed.

DDE: Blodau afallen ger Carreg Hylldrem.

ISOD DDE: Clychau'r gog a dilwydd felen yn y coed ger Tan-lan.

OVERLEAF: A bird's eye view looking to the rail and footbridge crossing the mouth of the estuary to Barmouth.

TROSODD: Trem o'r awyr yn edrych tua'r bont rheilffordd a throed dros yr aber i'r Bermo.

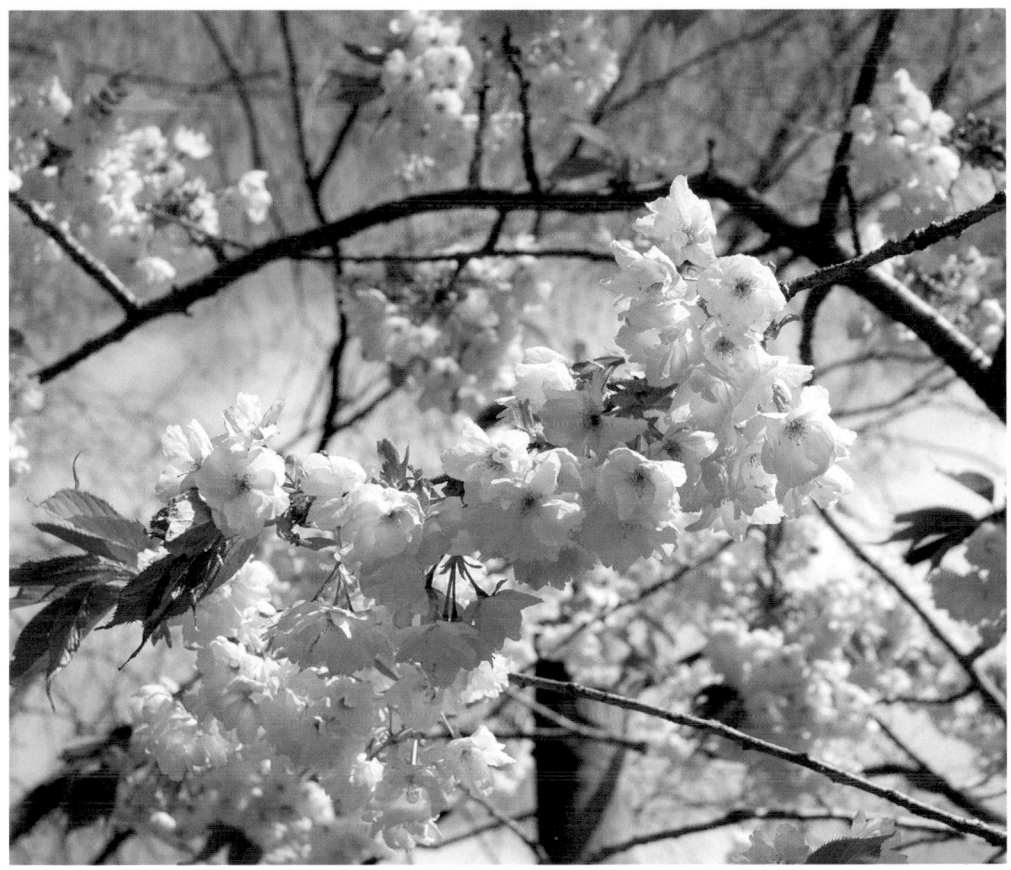

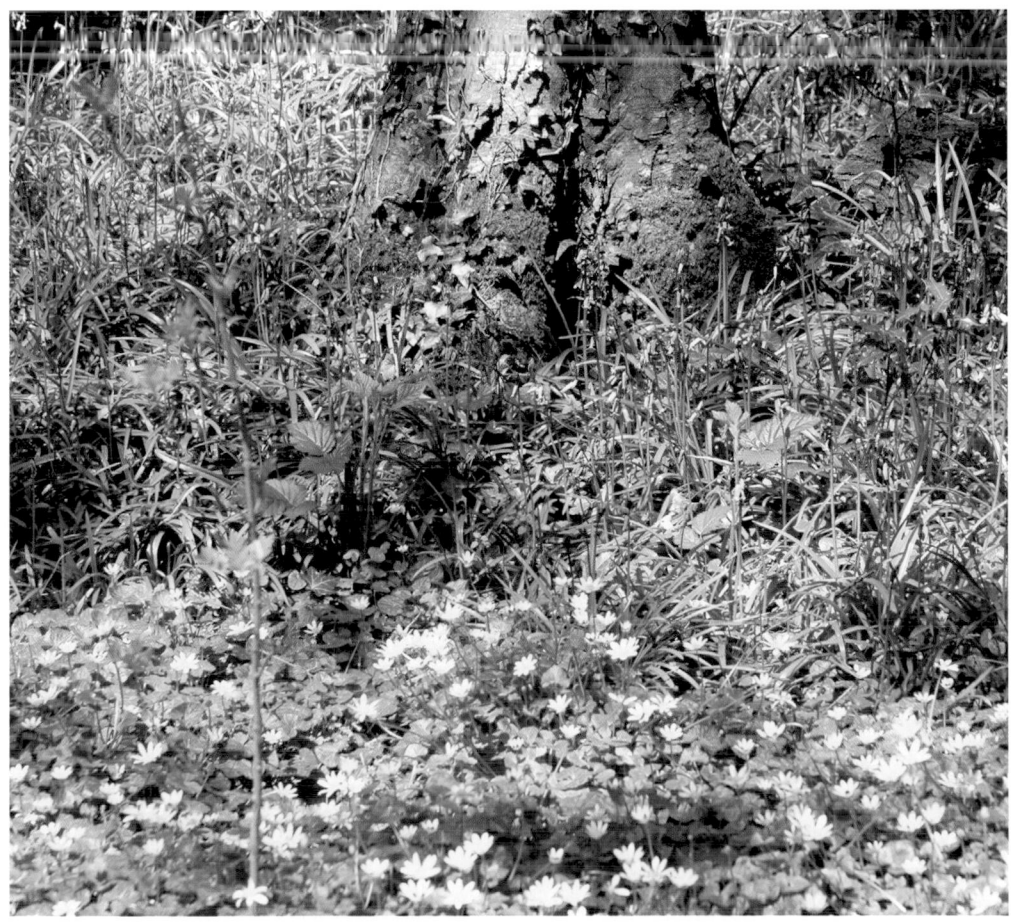

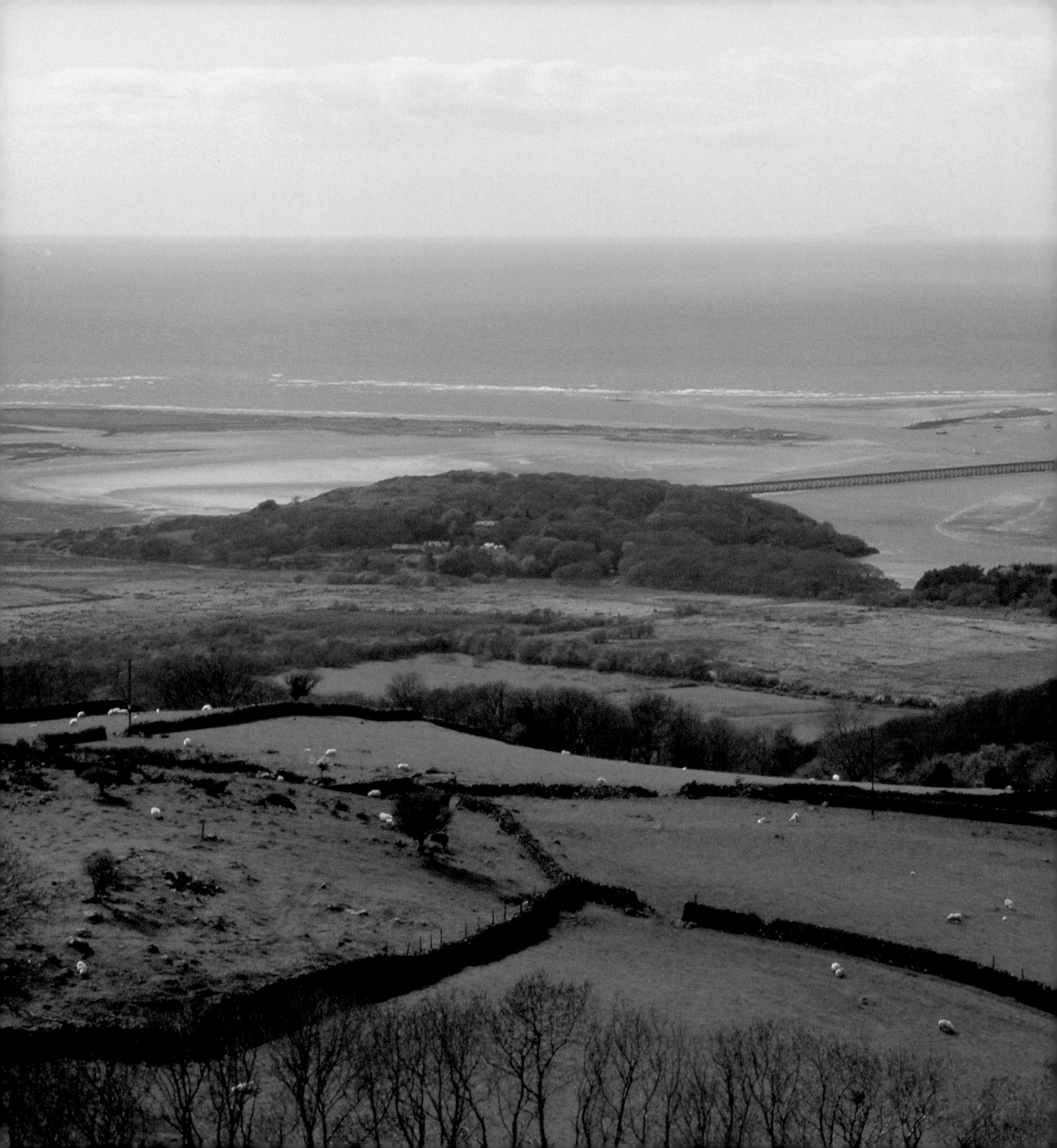

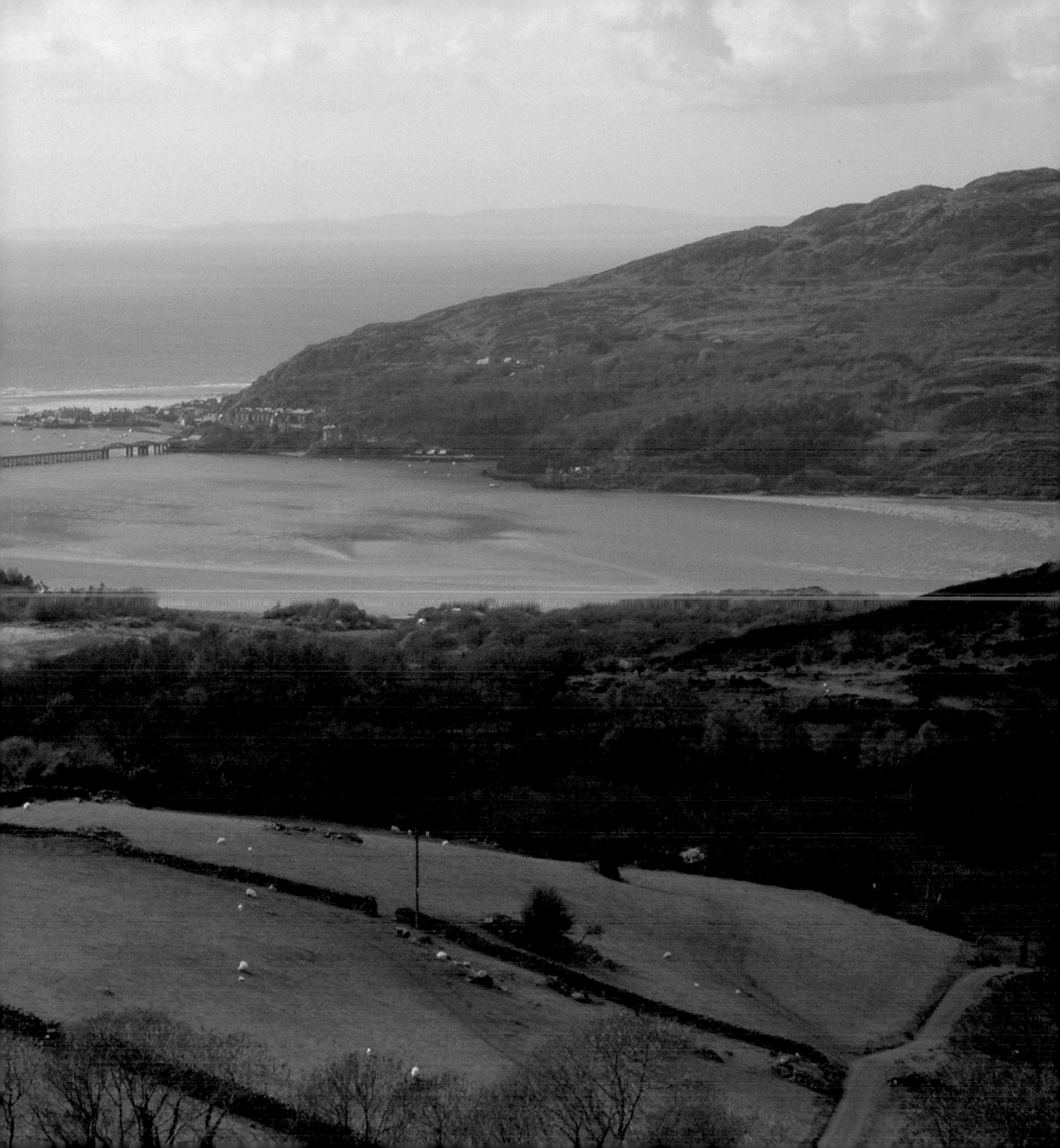

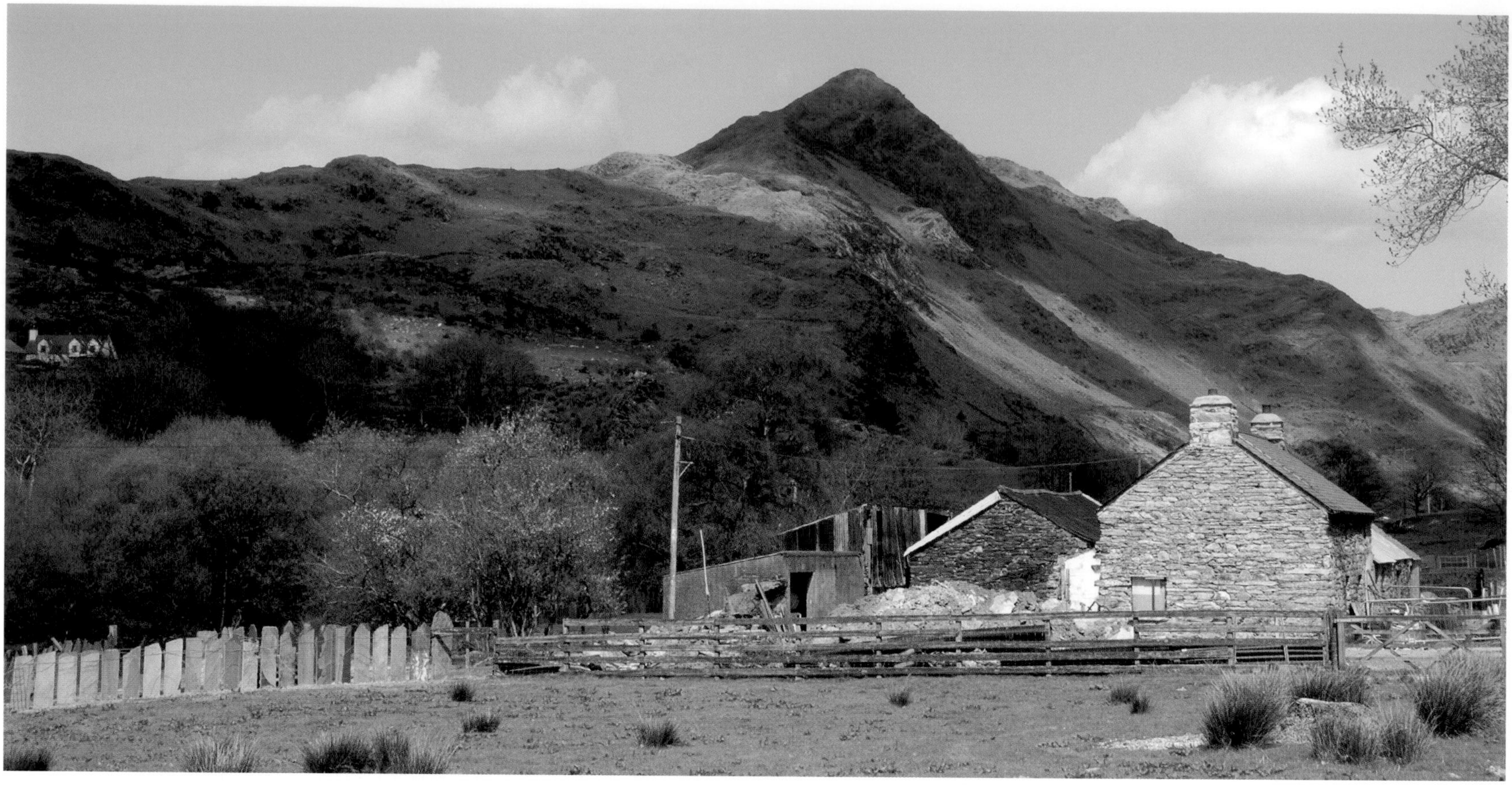

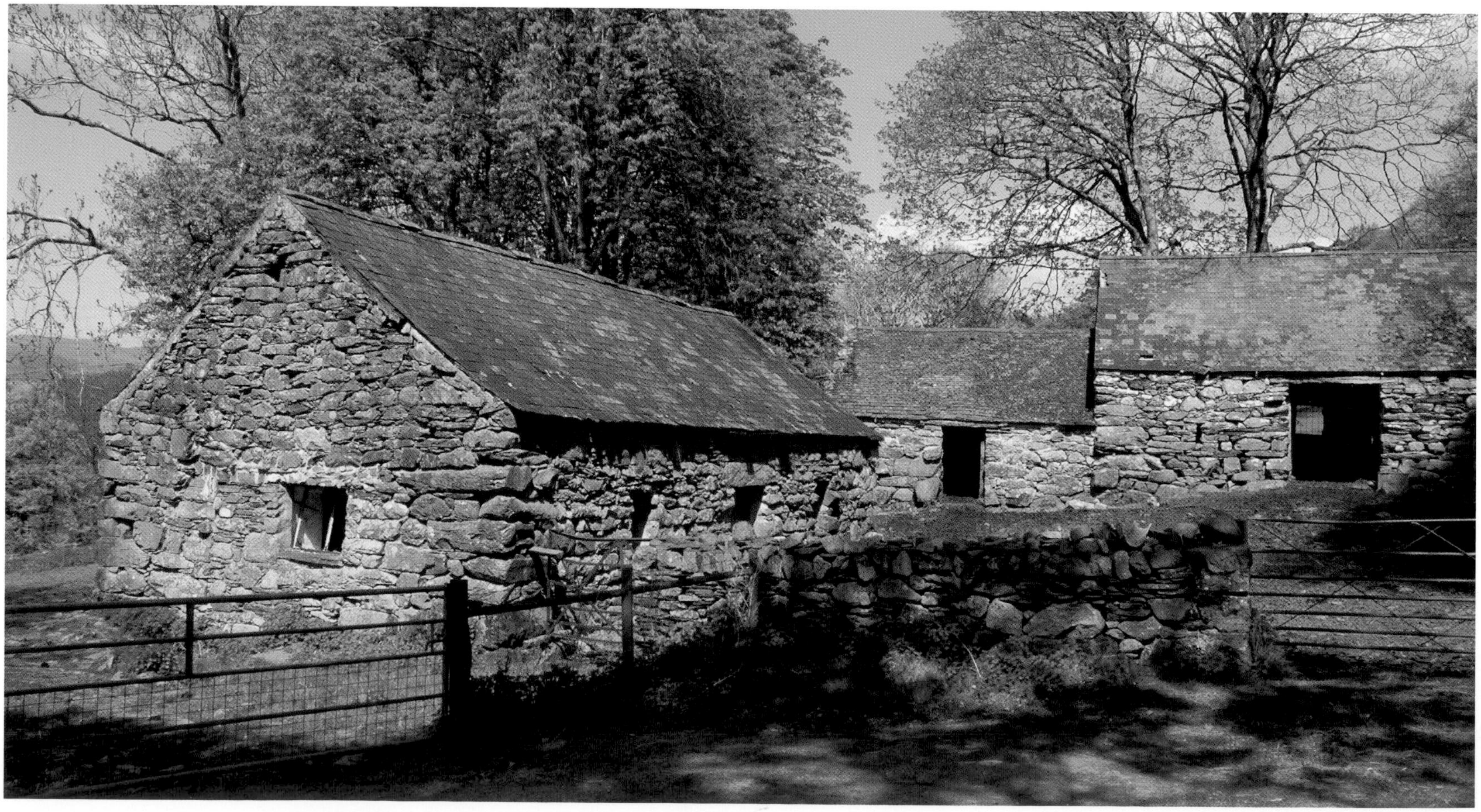

OPPOSITE, TOP: The distinctive pyramidal form of Cnicht, the 'Welsh Matterhorn', rises above the village of Croesor.

OPPOSITE, BELOW: Farm buildings by the road near Tan-lan.

BELOW: Tan-y-Clogwyn cottage near Carreg Hylldrem.

GYFERBYN, UCHOD: Siâp adnabyddus pyramidaidd Cnicht, 'Matterhorn Cymru', yn codi uwchben pentref Croesor.

GYFERBYN, ISOD: Adeiladau fferm ar y ffordd ger Tan-lan.

ISOD: Bwthyn Tan-y-Clogwyn ger Carreg Hylldrem.

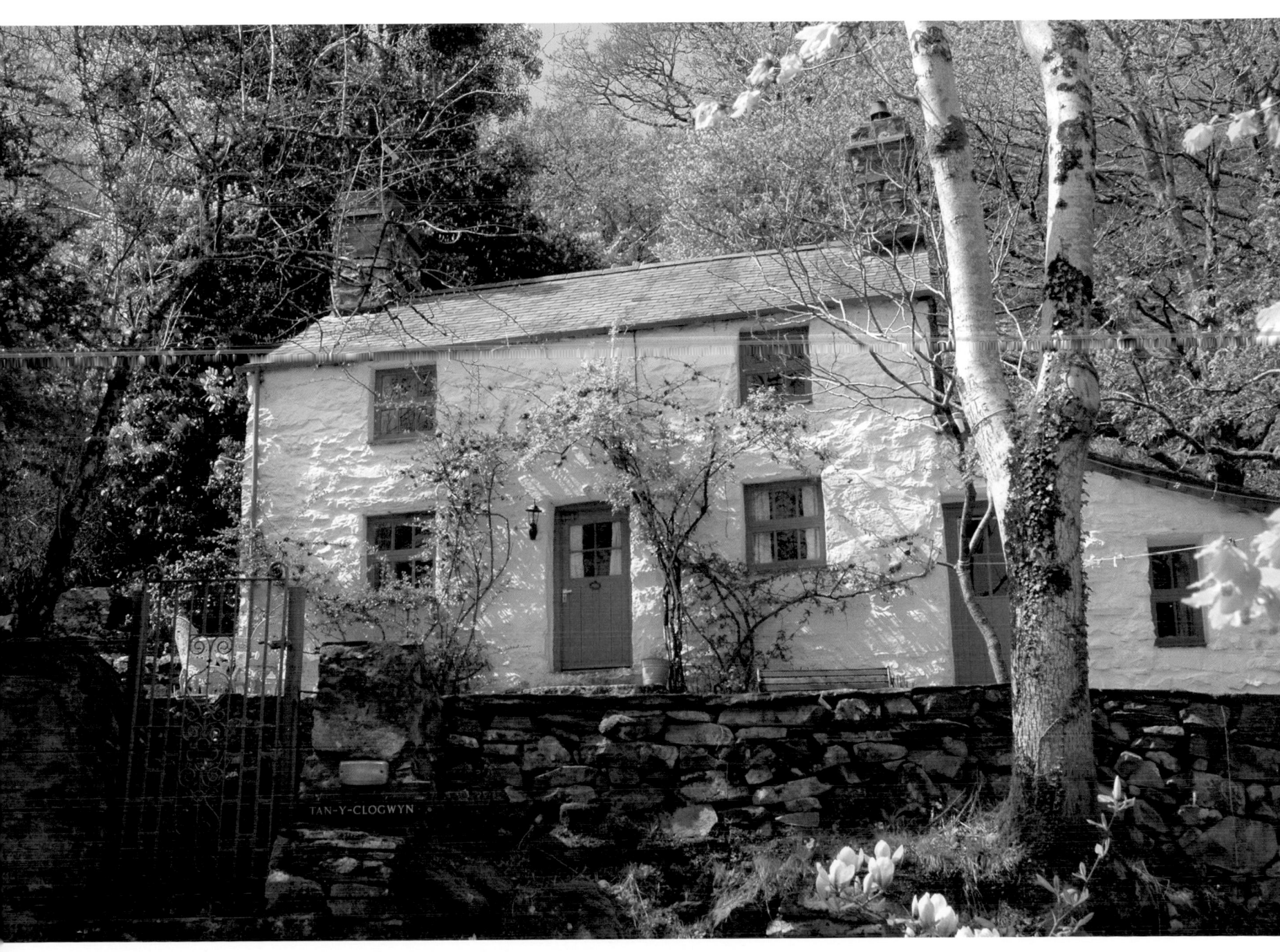

TAN-Y-CLOGWYN

summer

Holiday-makers enjoy the seaside attractions, and inspect the two hundred varieties of shell to be found on the beaches around Shell Island on the Cardigan Bay coast. Before temperatures soar, some enthusiasts tackle the Welsh 3000s challenge: to crest all 15 of Snowdonia's tops over 3,000 feet within twenty-four hours: the record is an incredible 4 hours 20 minutes. Cloudbursts are welcomed by canoeists waiting to run the many challenging rivers which fall from mountain to sea. Around the villages and farms, swallows now fill the skies – they have flown 6,000 miles from South Africa just to be in Wales for the summer.

haf

Daw ymwelwyr i fwynhau'r atyniadau glan môr, ac archwilio'r ddau gan math gwahanol o gregyn ar y traethau ger Mochras ar arfordir Bae Ceredigion. Cyn i'r tymheredd esgyn, bydd rhai selogion yn taclo her 3000 Cymru: i gyrraedd copa pob un o 15 pegwn Eryri sydd dros 3,000 troedfedd o fewn 24 awr. Y record yw 4 awr 20 munud. Caiff torgymylau groeso gan ganŵ-wyr yn aros i redeg y nifer o afonydd heriol sy'n cwympo o'r mynydd i'r môr. Yn agos at bentrefi a ffermydd, mae'r awyr yn llawn gwenoliaid – maent wedi hedfan 6,000 o filltiroedd o Dde'r Affrig i dreulio'r haf yng Nghymru.

RIGHT: Evening gathers down Llanberis Pass.

DDE: Y nos yn cau ar Fwlch Llanberis.

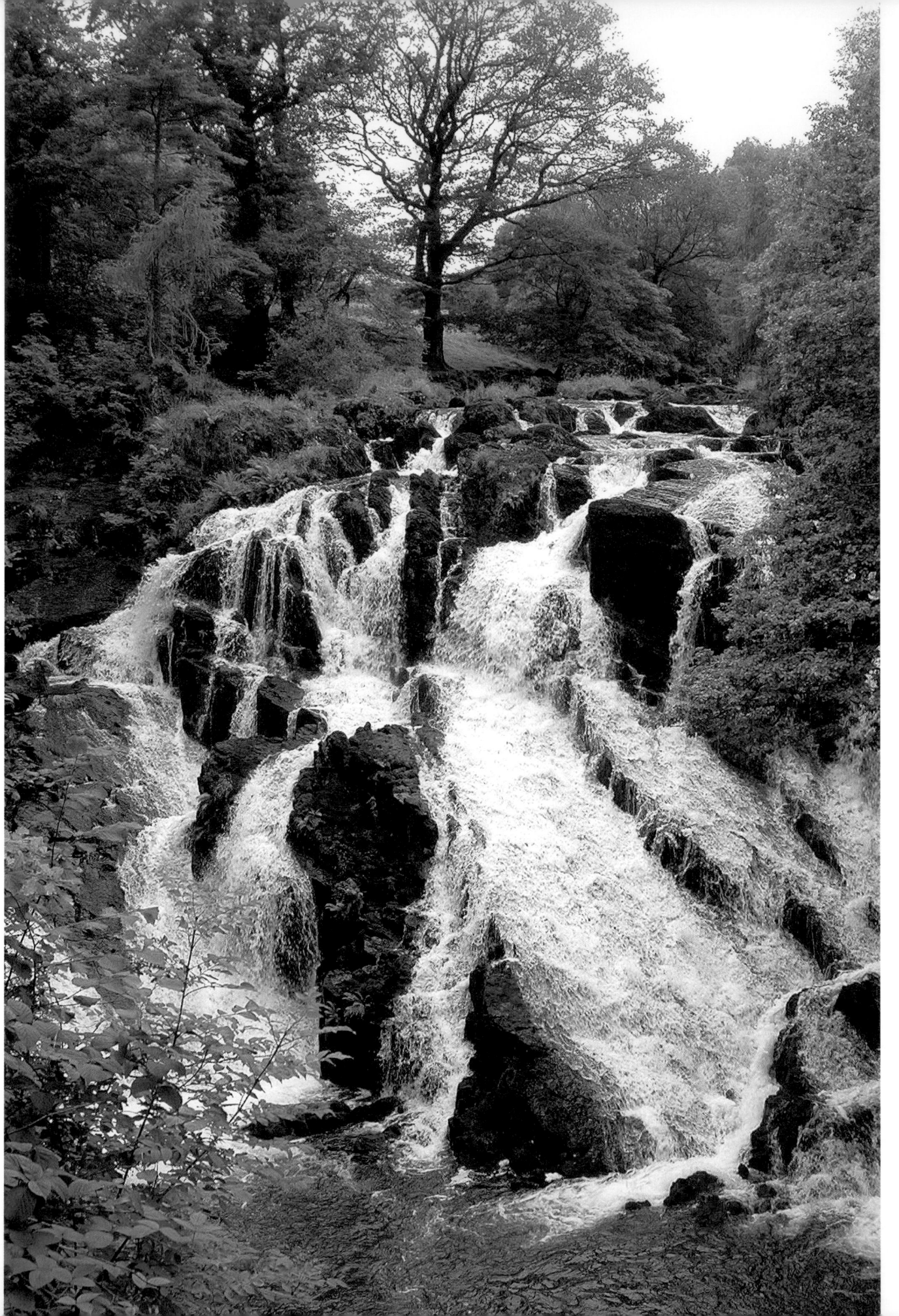

OPPOSITE: Swallow Falls,
Betws-y-Coed.

BELOW: The old toll house
beside Pont Fawr stone-arched
bridge, Llanrwst.

GYFERBYN: Rhaeadr Ewynnog,
Betws-y-Coed.

ISOD: Yr hen dollty ger pont garreg
fwaog Pont Fawr, Llanrwst.

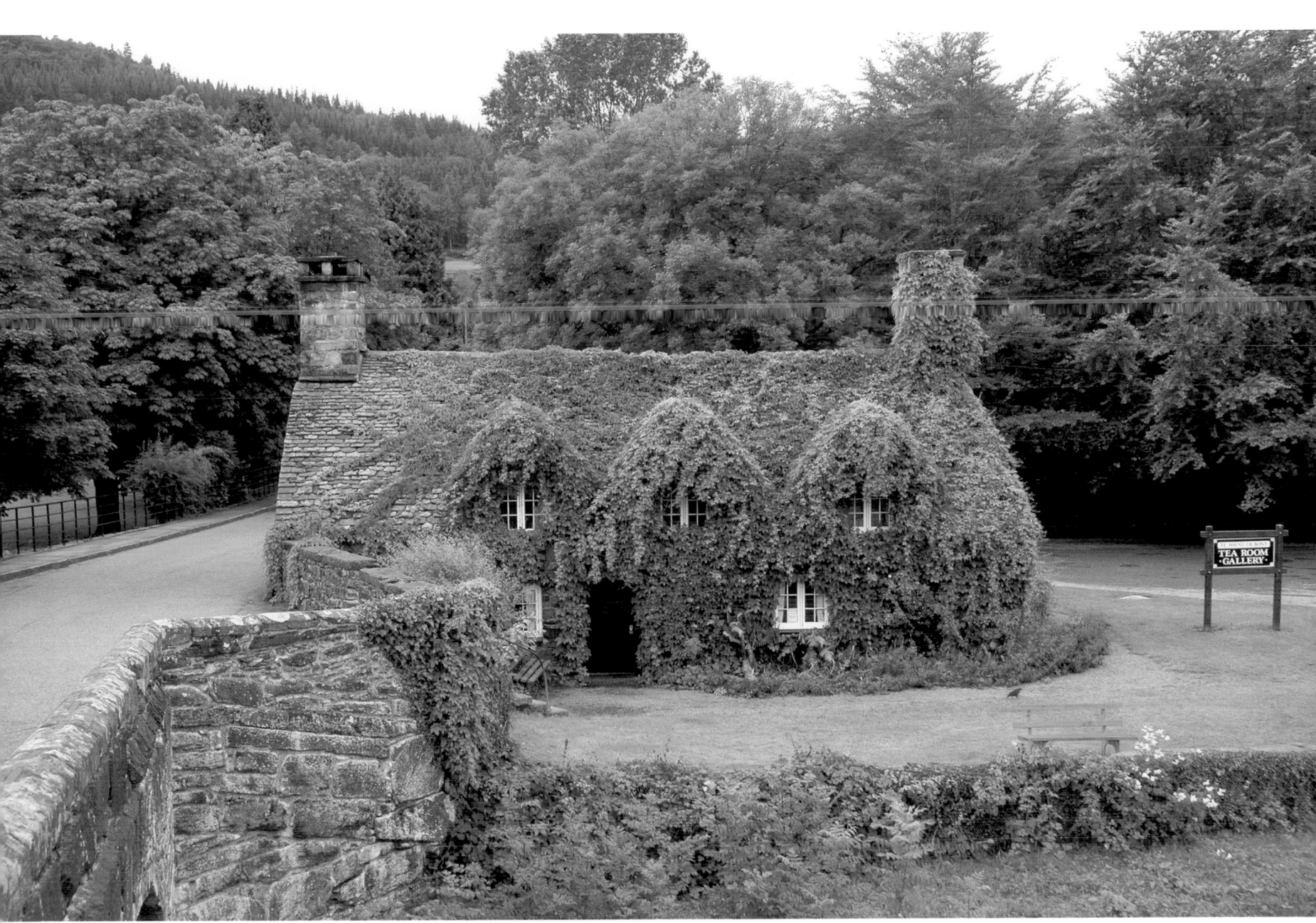

BELOW: Beddgelert bridge, in the middle of the village, spans the Afon Colwyn just upstream of its confluence with the Afon Glaslyn.

ISOD: Mae Pont Beddgelert, yng nghanol y pentref, yn croesi'r Afon Colwyn ychydig i fyny'r afon o'i gydlifiad â'r Afon Glaslyn.

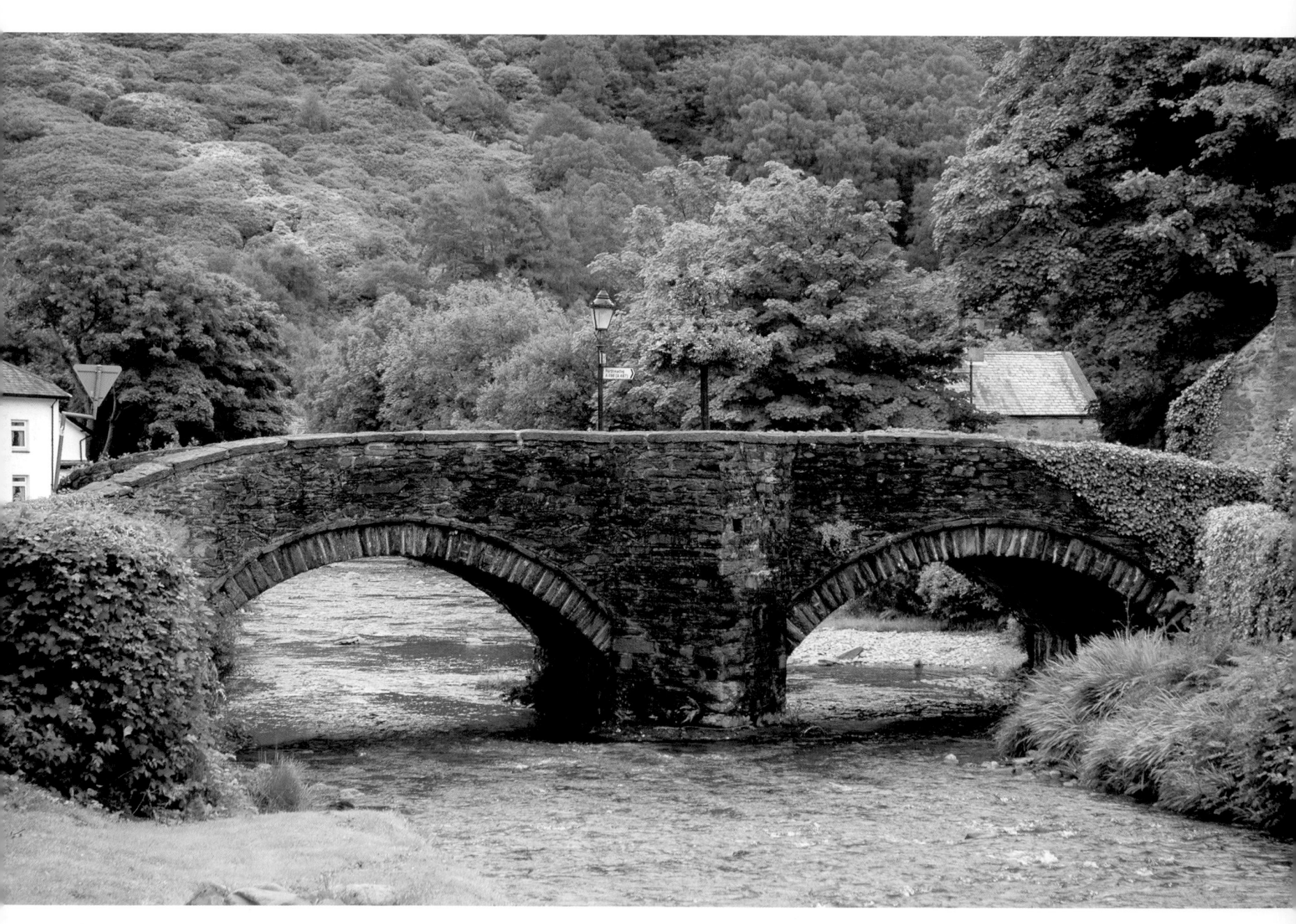

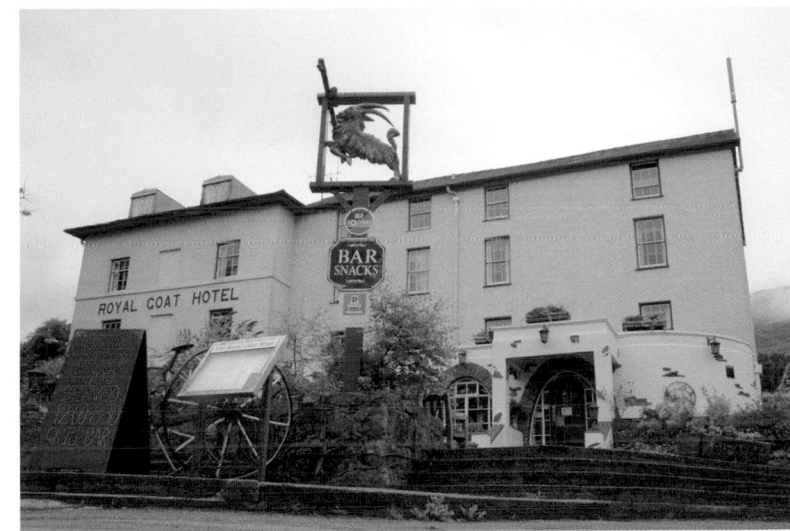

RIGHT: The Royal Goat Hotel in Beddgelert, a 200-year-old listed building, has a spectacular pictorial sign outside.

BELOW: The view downstream from the road bridge.

DDE: Gwesty'r Royal Goat ym Meddgelert, adeilad rhestredig 200 mlwydd oed, gydag arwydd darluniadol arbennig y tu allan.

ISOD: Yr olygfa i lawr yr afon o'r bont.

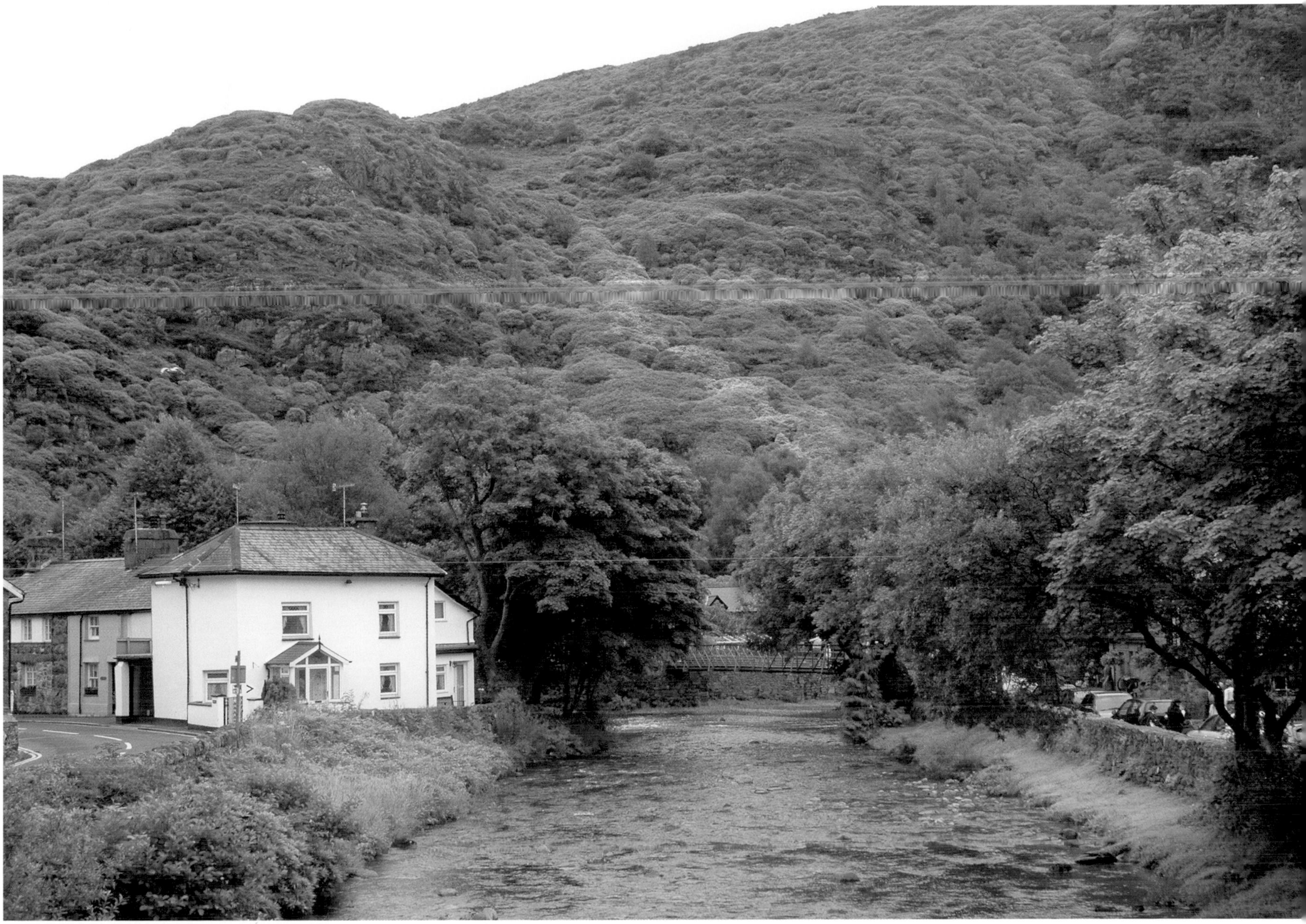

BELOW:
Top left: A white water lily
floats in Llyn Dinas.
Top right: An orchid beside
Porthmadog marsh.
Bottom left: Yellow ragwort
beside Porthmadog marsh.
Bottom right: Purple knapweed
near Porthmadog.

ISOD:
Chwith uchaf: Lili'r dŵr gwyn
yn arnofio yn Llyn Dinas.
Dde uchaf: Tegeirian gerllaw
cors Porthmadog.
Chwith isaf: Garnedd felen gerllaw
cors Porthmadog.
Dde isaf: Blodyn pengaled
porffor ger Porthmadog.

OPPOSITE: Over the Ogwen
Valley, Nant Ffrancon, to Y Garn
and distant Snowdon, from the
heights of Pen yr Ole Wen at the
western end of the Carneddau.

OVERLEAF: Looking north along
Barmouth Bay. The hills in the
middle ground are Snowdon on
the right, with the Nantlle Ridge
to the left. In the distance on the
far left is the Llyn Peninsula.

GYFERBYN: Dros Ddyffryn Ogwen,
Nant Ffrancon, i'r Garn a'r Wyddfa
yn y pellter, o uchelfannau Pen yr
Ole Wen ar ben gorllewinol y
Carneddau.

TROSODD: Edrych i'r gogledd ar
hyd Bae'r Bermo. Y bryniau yn
y tir canol yw'r Wyddfa ar y dde,
gyda Chrib Nantlle i'r chwith.
Yn y pellter ar y chwith mae
Penrhyn Llŷn.

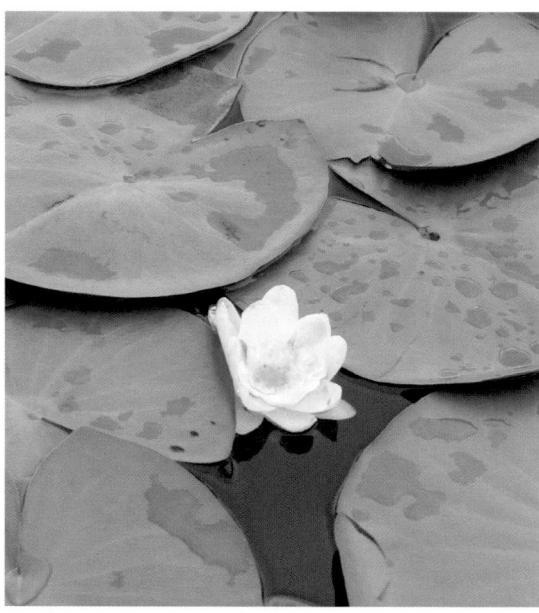

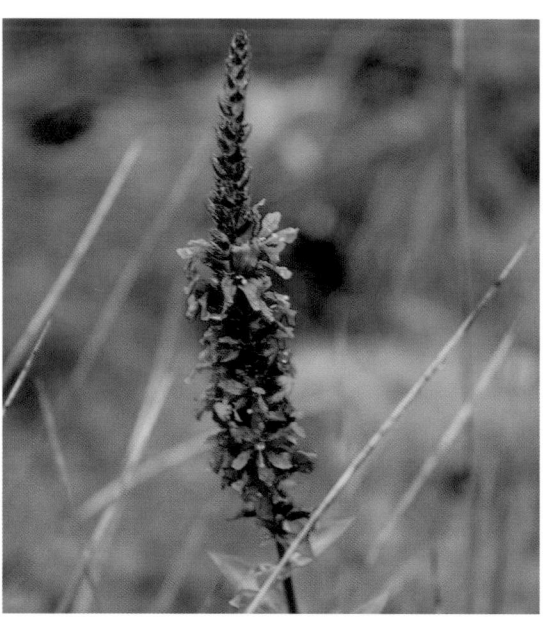

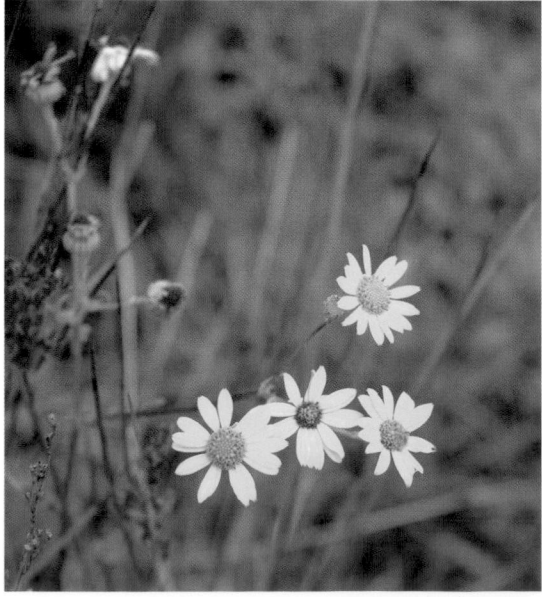

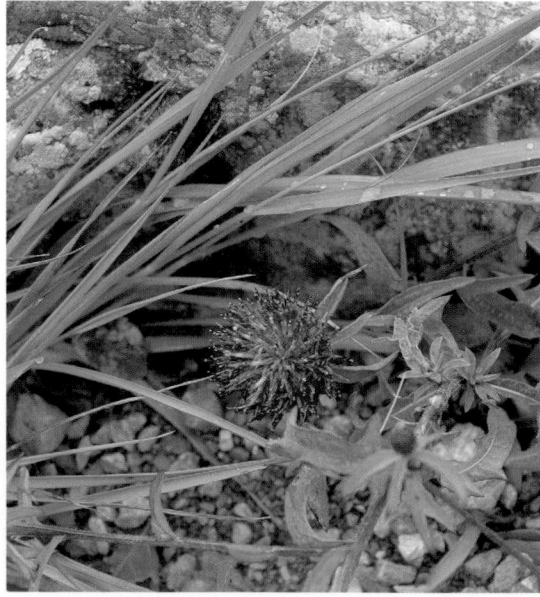

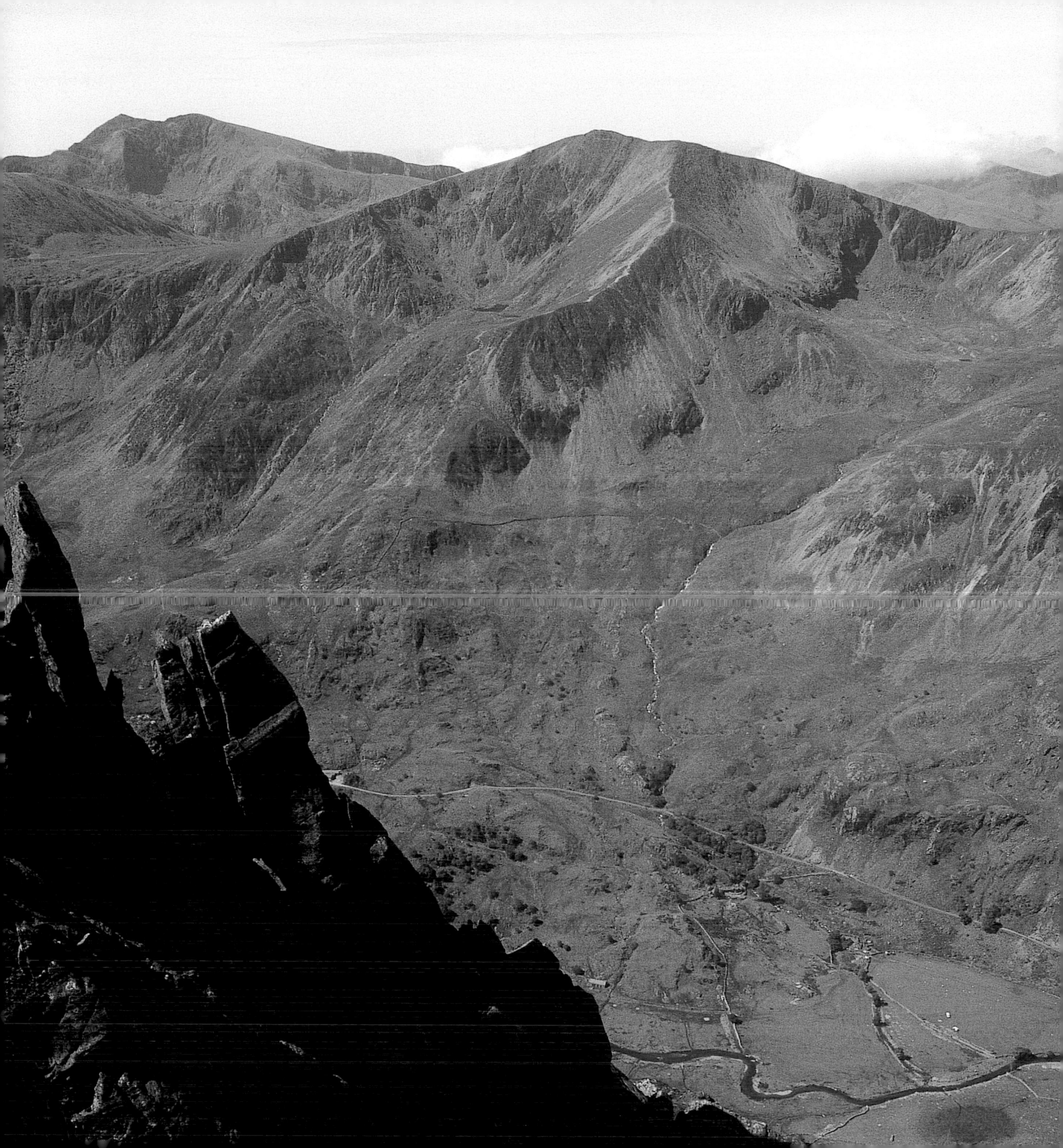

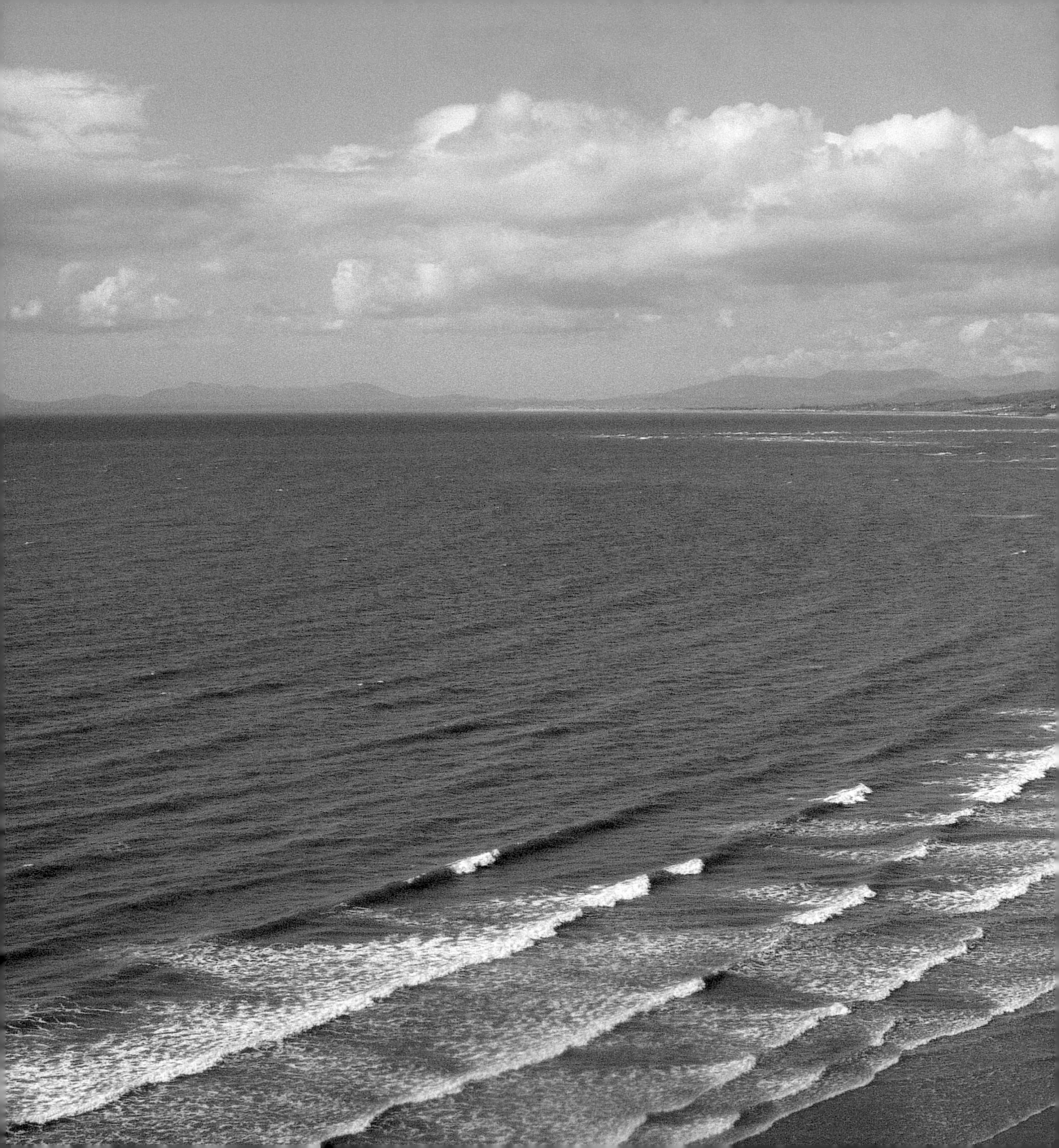

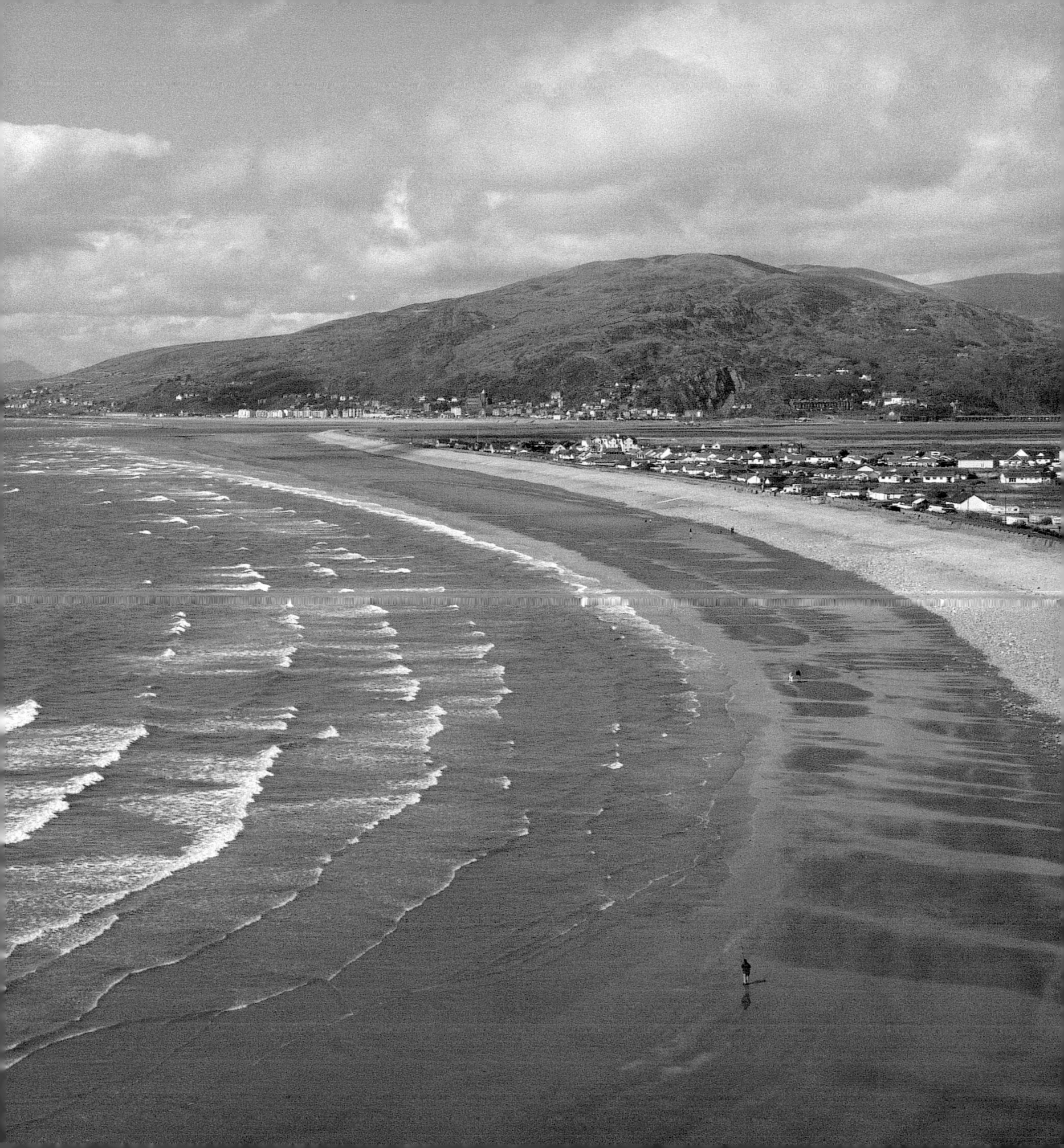

BELOW: Goodbye Laura Evans. Once Croesor was a thriving community which served a huge slate quarrying industry. Traditionally, the schoolchildren marked their year on slate standing stones, all of which stand beside the road which runs through the heart of the village. The school and the community have gone; the stones remain to provide a poignant record.

ISOD: Ffarwel i Laura Evans. Ar un adeg roedd Croesor yn gymuned ffyniannus yn gwasanaethu'r diwydiant llechi enfawr. Yn draddodiadol, byddai'r plant ysgol yn cofnodi eu blwyddyn ar feini llechi ar hyd ochr y ffordd trwy galon y pentref. Mae'r ysgol a chymuned wedi mynd; saif y cerrig yn gofnod ingol.

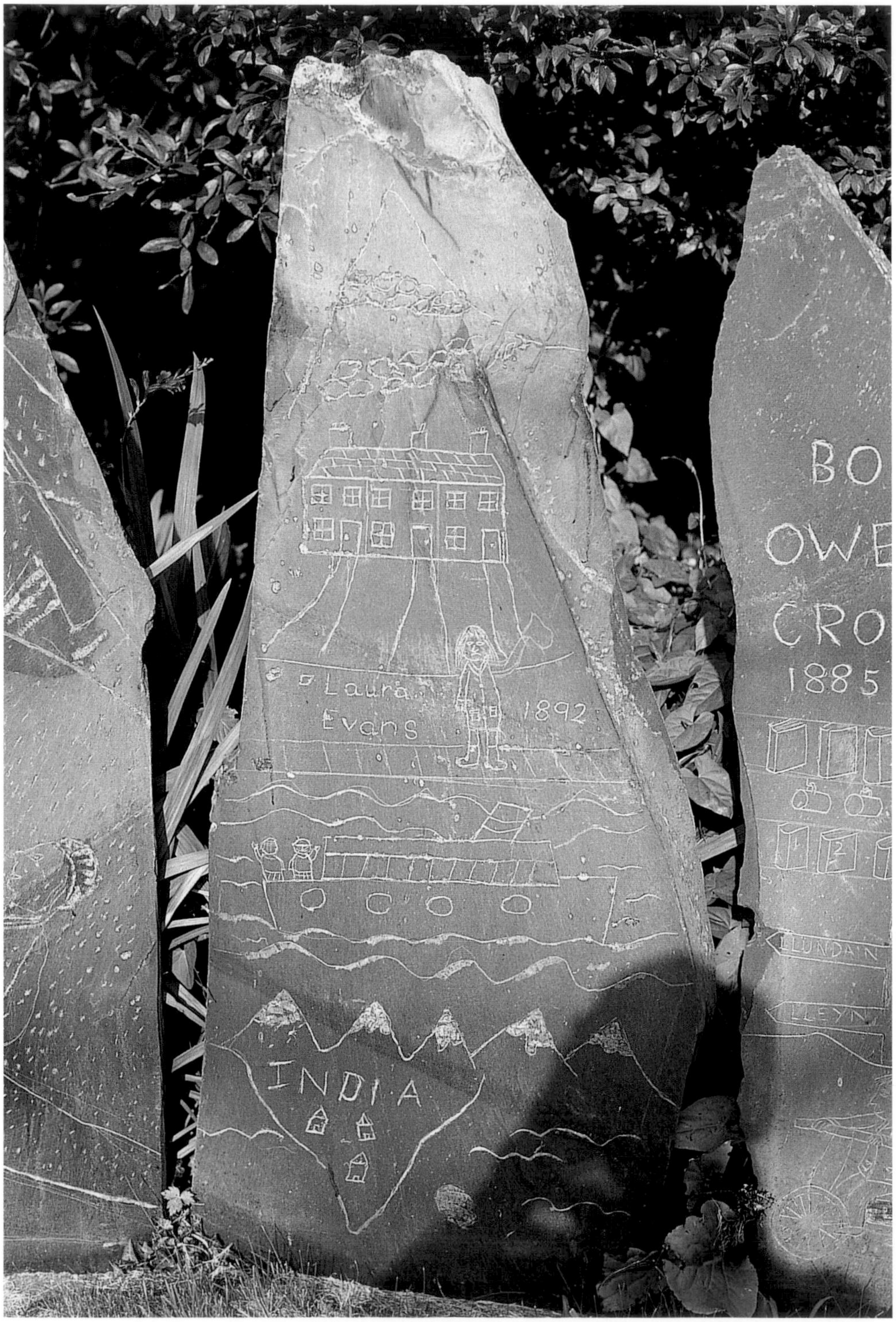

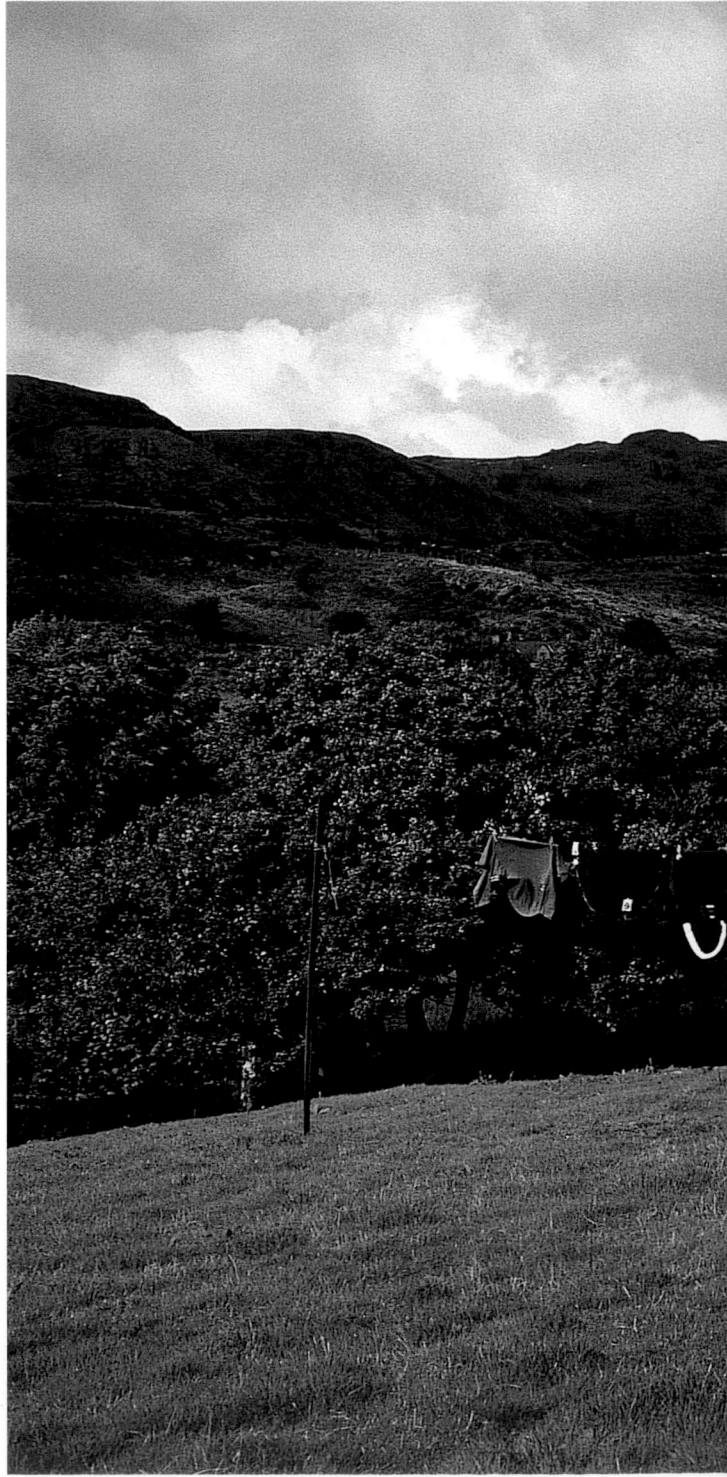

BELOW: A line of washing flutters in the wind beneath the watchful eye of Cnicht.

ISOD: Dillad yn sychu ar y lein yn y gwynt islaw llygad warchodol Cnicht.

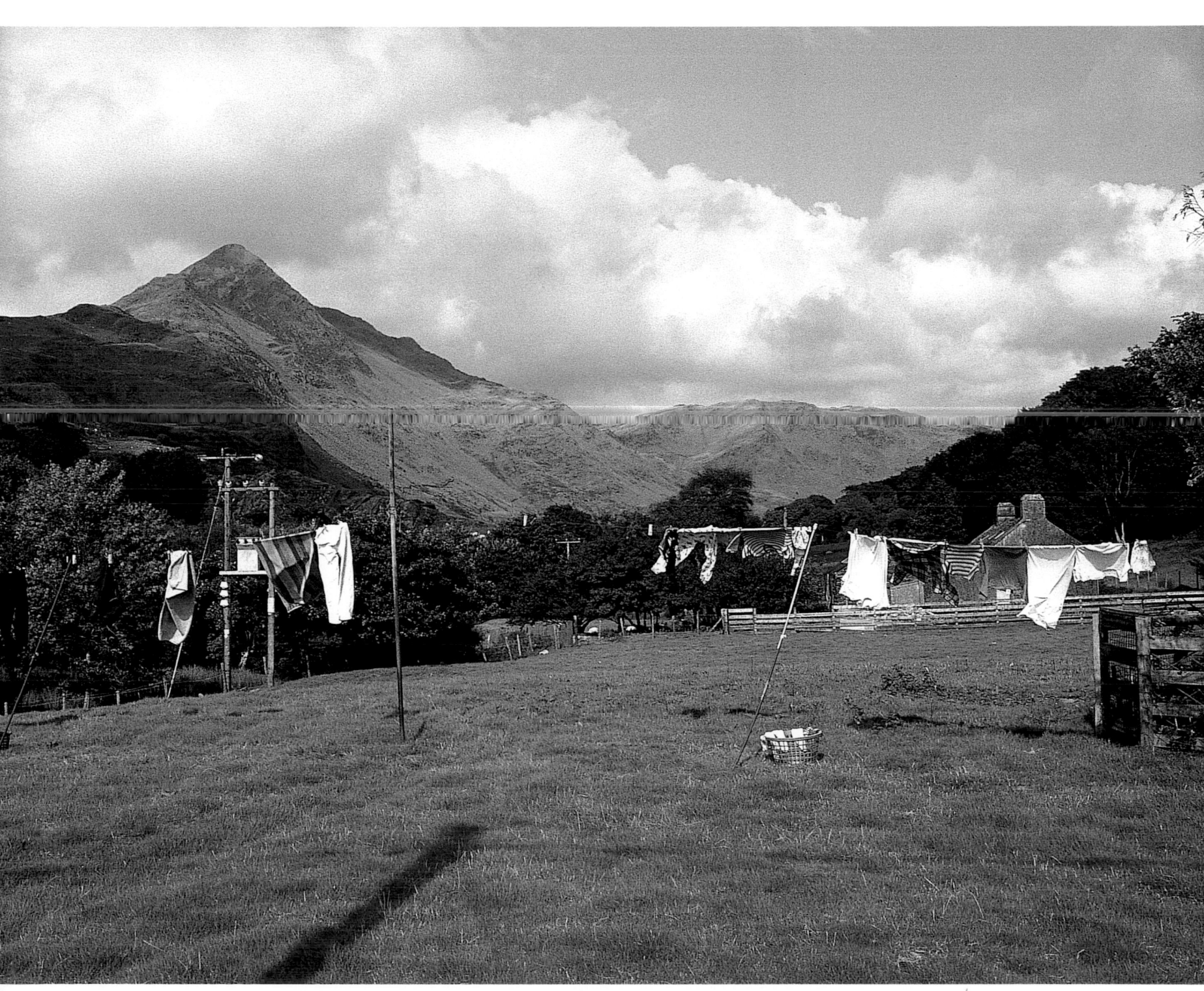

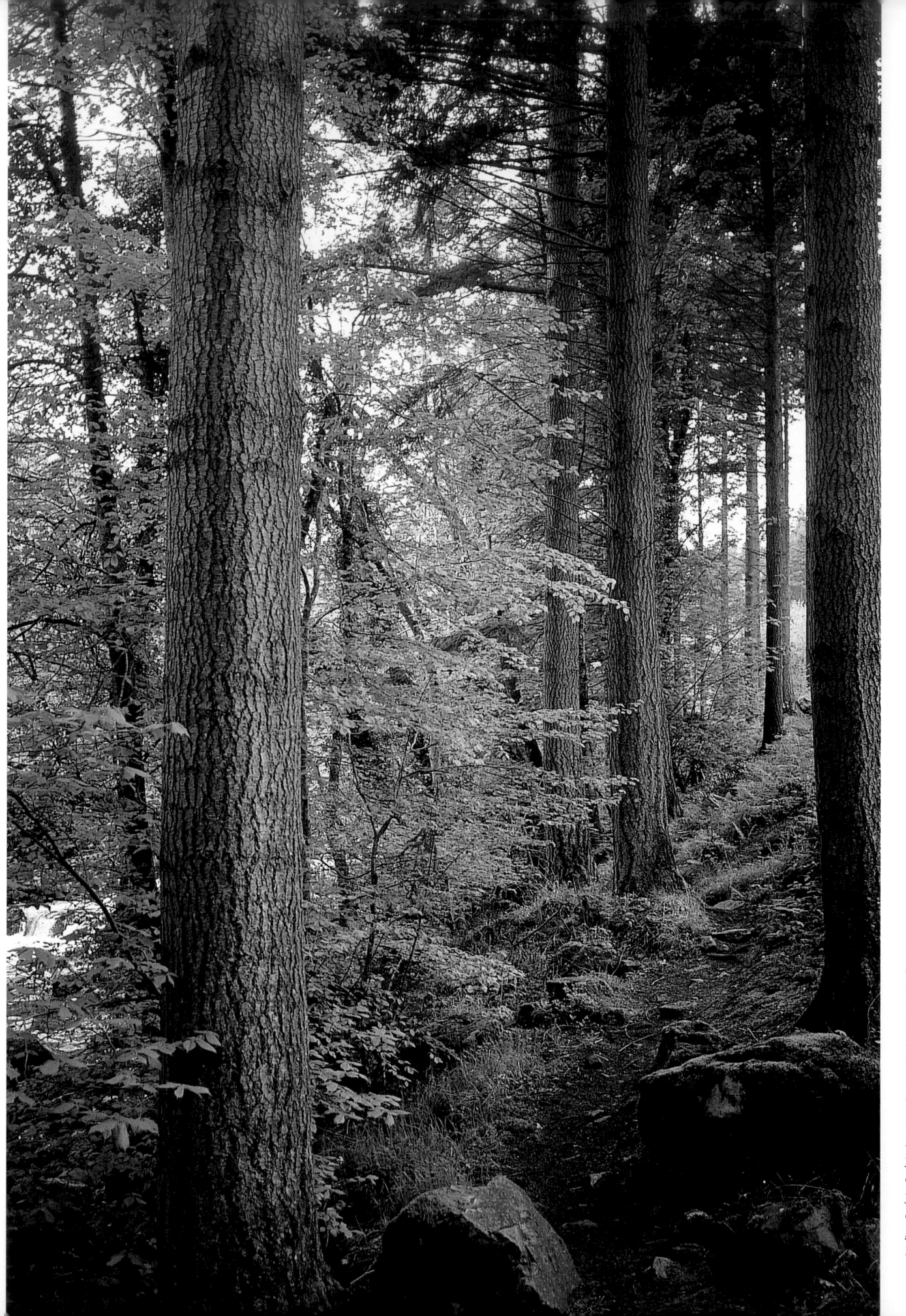

LEFT: Woods by the Afon Llugwy
above Betws-y-Coed provide
delightful walking, with a return
to town often being made over
the Miners' Bridge. Betws, with a
large variety of accommodation,
is a justifiably popular resort on
the fringe of Snowdonia's
mountains.

CHWITH: Mae'r coed ger Afon
Llugwy uwchben Betws-y-Coed
yn le hyfryd i gerdded, gan
ddychwelyd i'r pentref dros Bont
y Mwynwyr. Mae Betws, gyda'i
amrywiaeth helaeth o lety, yn
gyrchfan boblogaidd ar ymylon
mynyddoedd Eryri.

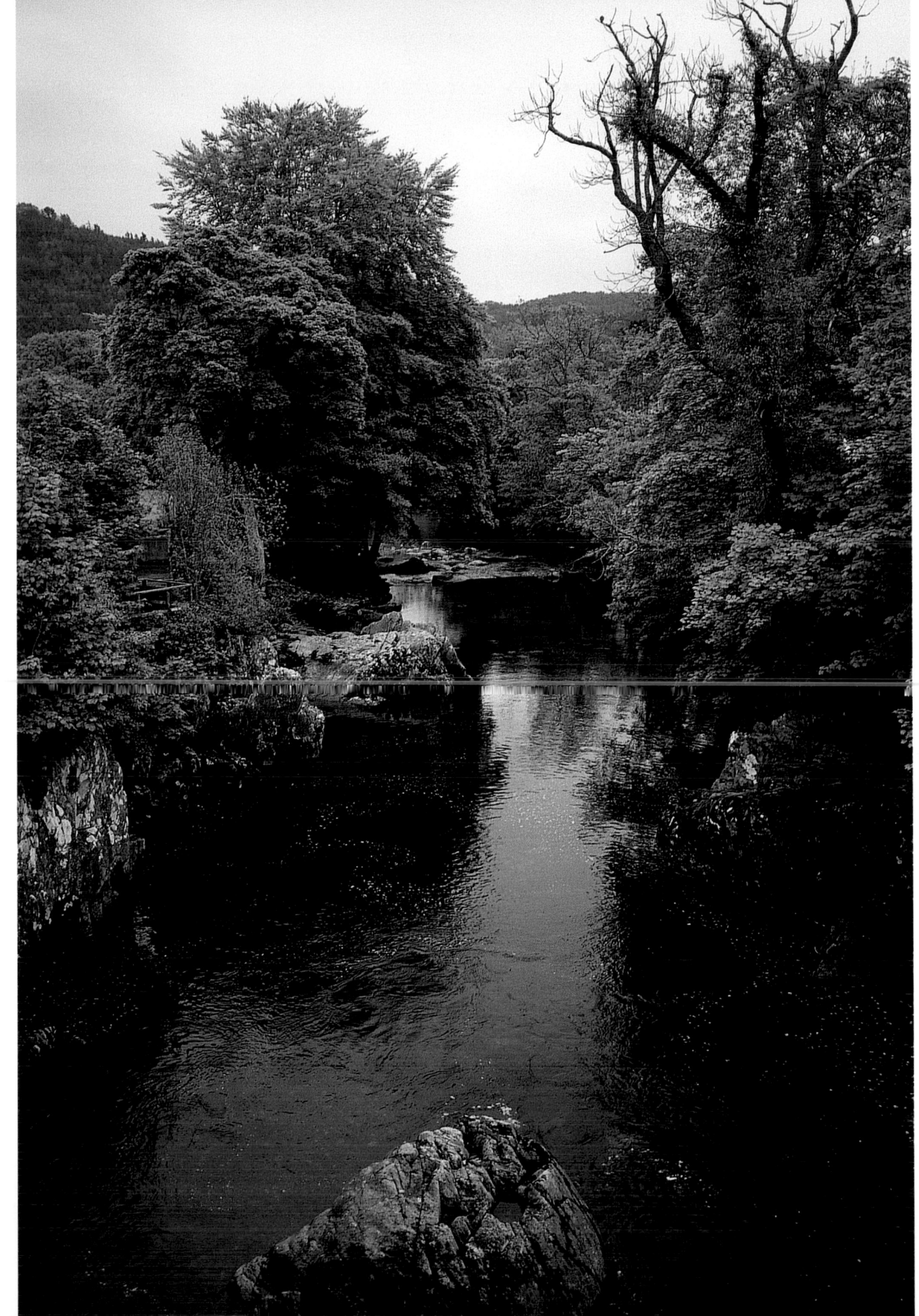

RIGHT: The Afon Llugwy flowing through Betws-y-Coed cuts its course through solid bedrock. With many shades of summer green overhanging its banks, it is the epitome of tranquillity. But this can be soon transformed by rain in the mountains, and it rapidly becomes a raging torrent, tumbling spectacularly over the waterfalls above the stone bridge in the centre of town.

DDE: Wrth lifo trwy Fetws-y-Coed, mae Afon Llugwy wedi naddu ei lwybr trwy greigwely solet. Gyda sawl arlliw o wyrdd yr haf yn crogi dros ei glannau, dyma ymgorfforiad o dangnefedd. Ond gall newid mewn ennyd diolch i law o'r mynyddoedd, gan ddod yn llifeiriant gwyllt, yn rhuthro'n ysblennydd dros y rhaeadrau uwchlaw'r bont garreg yng nghanol y dref.

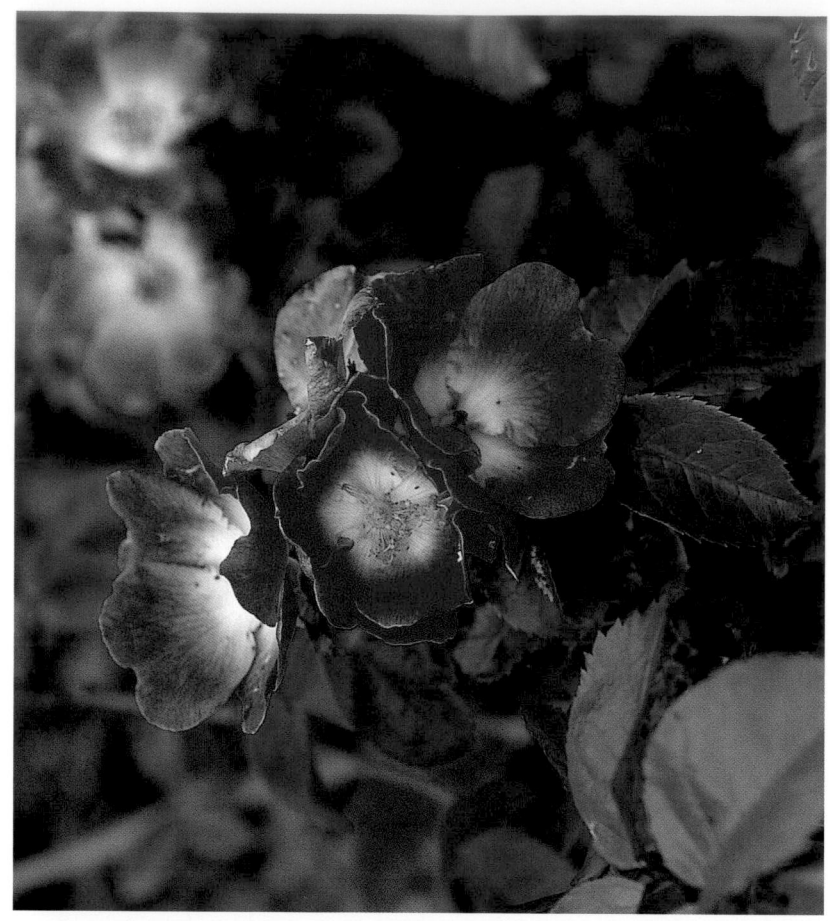

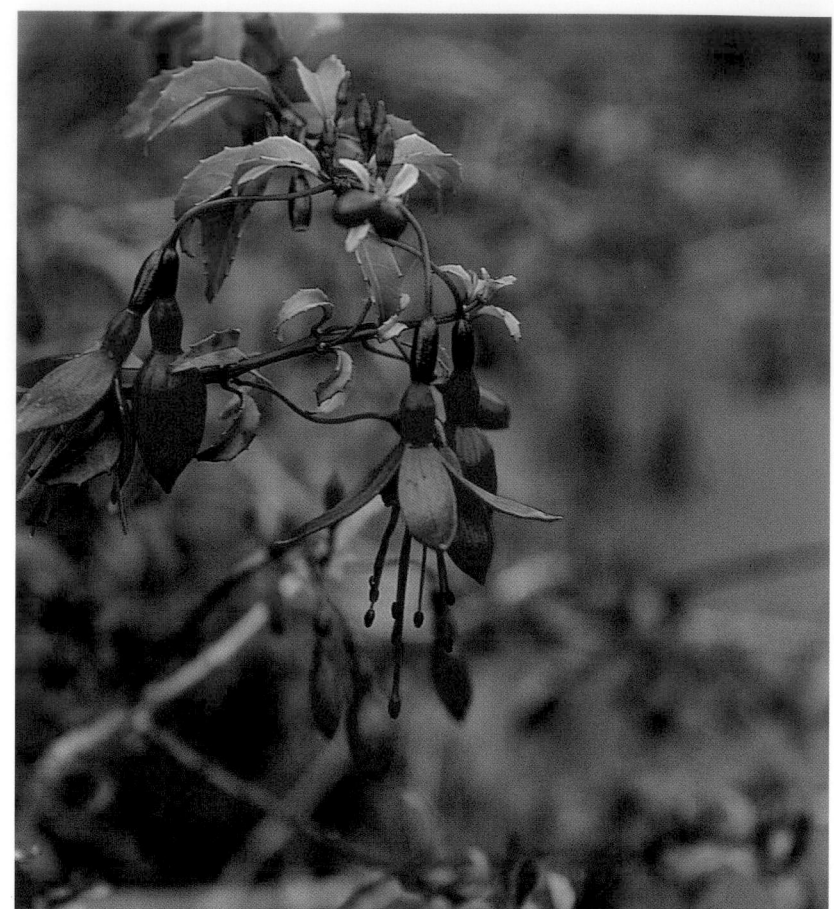

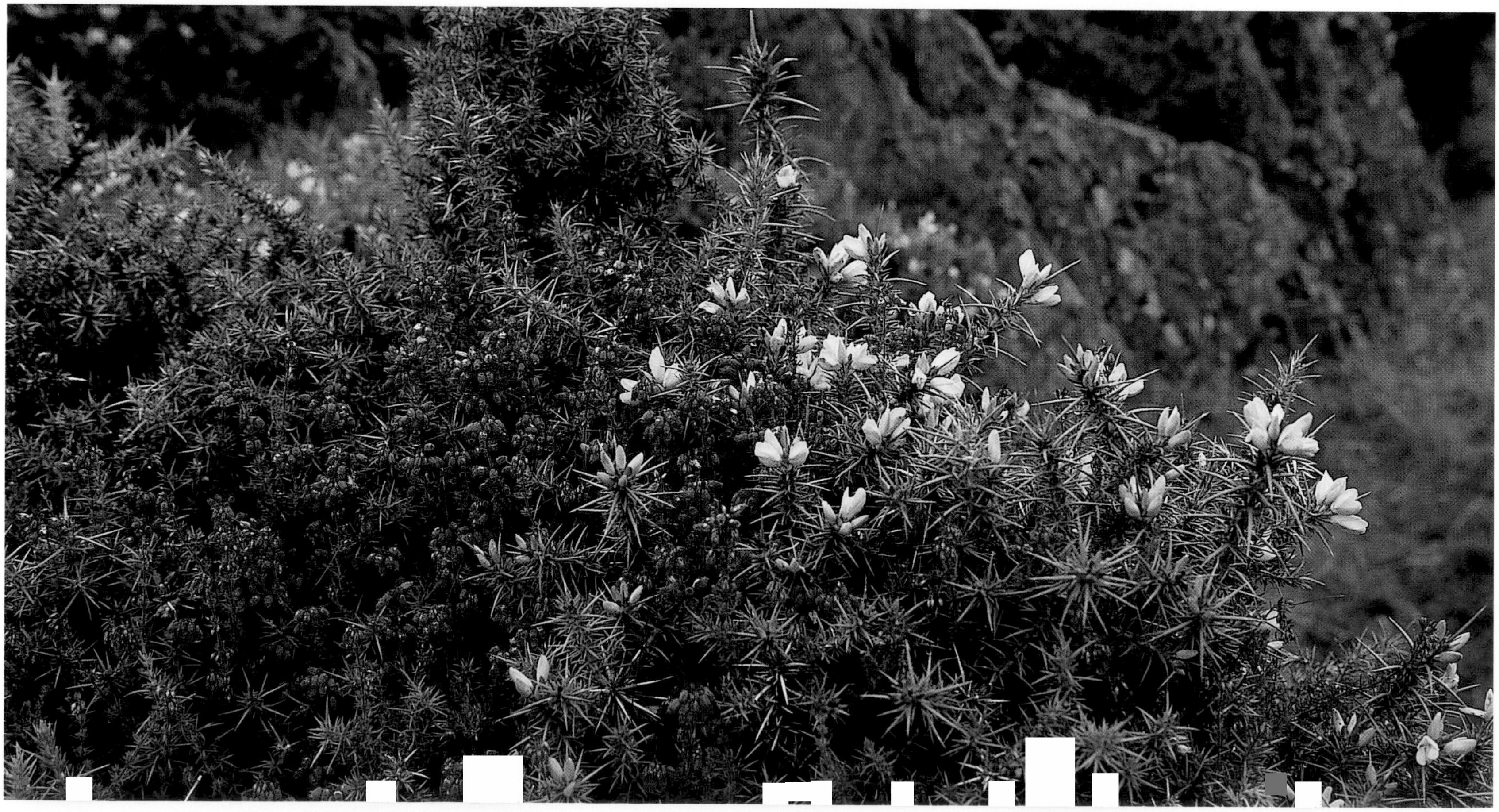

OPPOSITE, TOP: Rose and fuchsia growing wild near the centre of Harlech.

OPPOSITE, BELOW: Bell heather and gorse on the wilds of Talsarnau Moor.

BELOW: Harlech Castle is steeped in the rich and bloody history of Wales. A World Heritage site, it retains much of its striking form and imposing presence.

GYFERBYN, UCHOD: Rhosod a ffiwsia'n tyfu'n wyllt ger canol Harlech.

GYFERBYN, ISOD: Clychgrug ac eithin ar dir gwyllt Waun Talsarnau.

ISOD: Mae Castell Harlech yn llawn hanes bras a gwaedlyd Cymru. Yn safle Treftadaeth y Byd, mae ei siâp a phresenoldeb trawiadol yn dal yn fawreddog.

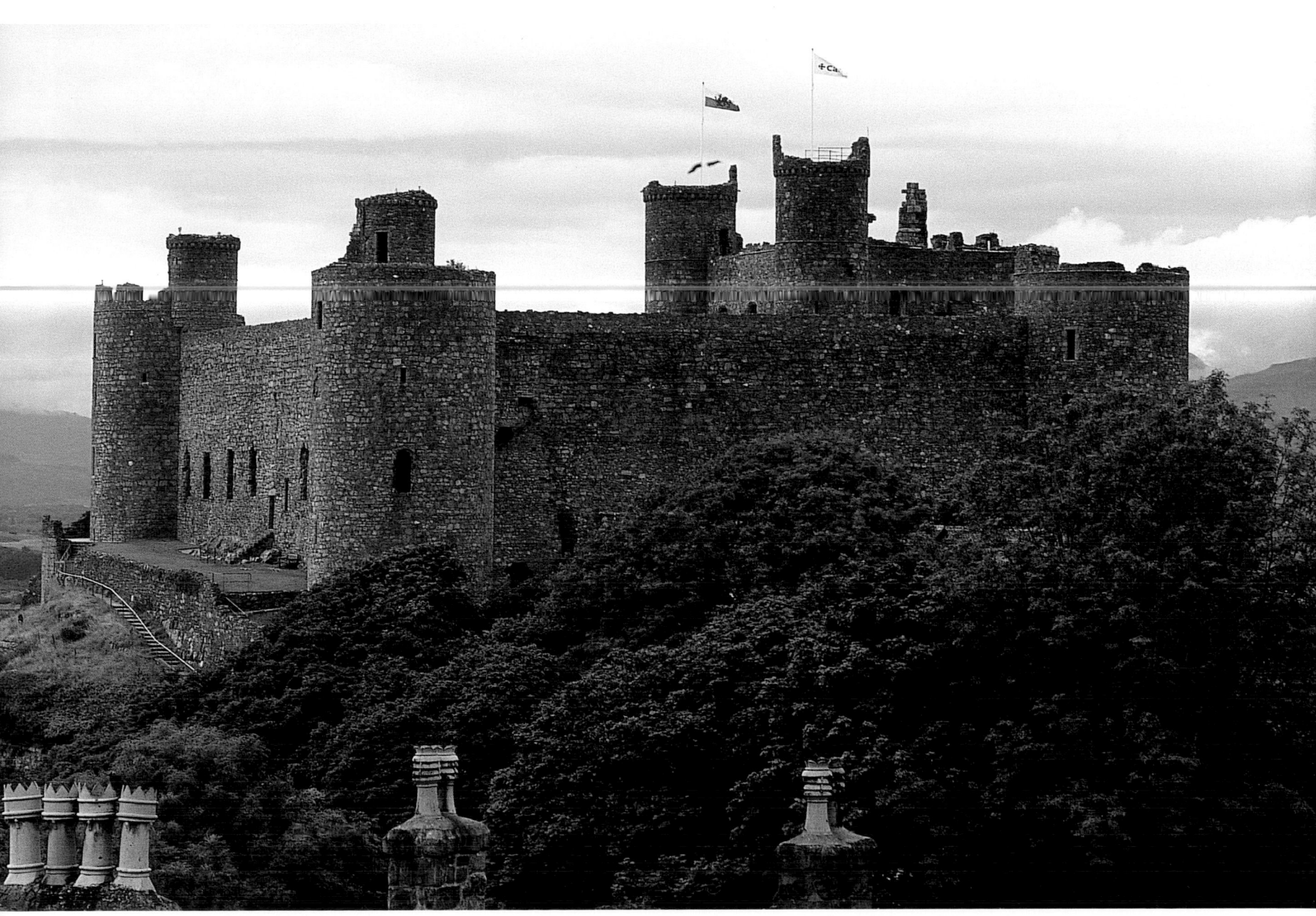

BELOW: Dinas Cromlech ('stone fortress'), Llanberis Pass, is one of the most popular rock climbing cliffs in North Wales. Some of Britain's greatest climbers have made their mark here, including the famed duo of working-class heroes, Joe Brown and Don Whillans.

ISOD: Dinas Cromlech, Bwlch Llanberis, yw un o glogwyni dringo mwyaf poblogaidd Gogledd Cymru. Mae rhai o ddringwyr gorau Prydain wedi gadael eu hôl yma, yn cynnwys y ddau arwr dosbarth gweithiol enwog, Joe Brown a Don Whillans.

BELOW: A bold and accomplished climber on the touchstone route of Right Wall, Dinas Cromlech. This was first free-climbed by the great Pete Livesey in 1975.

ISOD: Dringwr dewr a galluog ar lwybr maen prawf y Wal Dde, Dinas Cromlech. Fe'i dringwyd yn rhydd gyntaf gan yr aruthrol Pete Livesey yn 1975.

BELOW: A climber on Pull My Daisy, Rainbow Slab, Dinorwig Quarries. In the 1980s, the abandoned Llanberis slate quarries took on a new lease of life, with rock climbers intent on ascending the hitherto unclimbed smooth faces of slate.

ISOD: Dringwr ar Pull My Daisy, Rainbow Slab, Chwareli Dinorwig. Yn y 1980au, rhoddwyd bywyd newydd i chwareli llechi Llanberis, gyda dringwyr yn awyddus i ddringo wynebau esmwyth o lechi heb eu dringo.

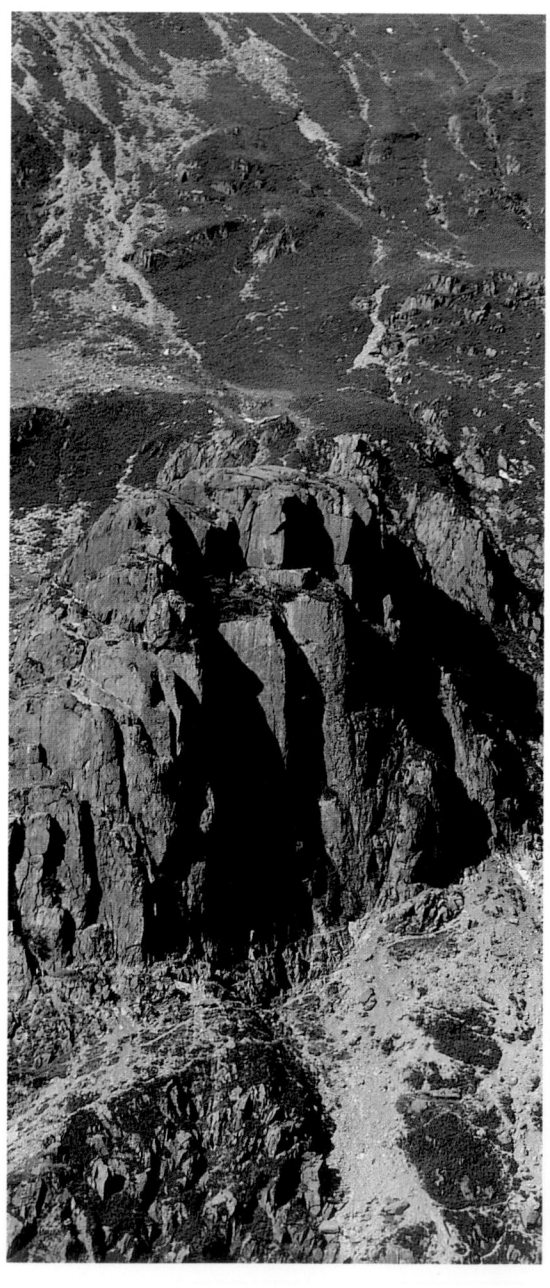

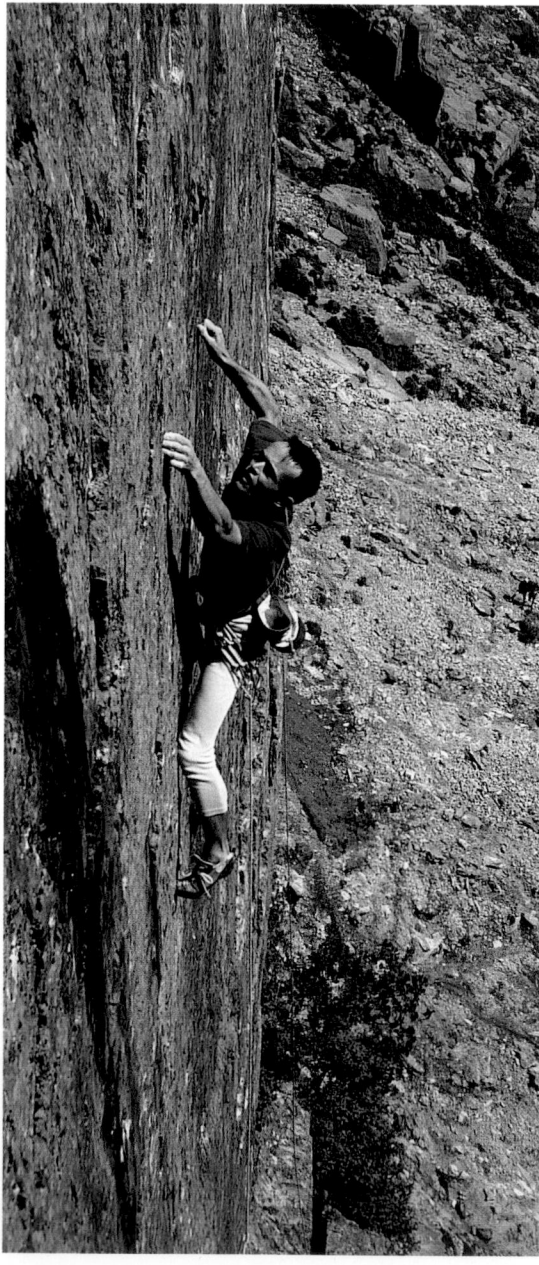

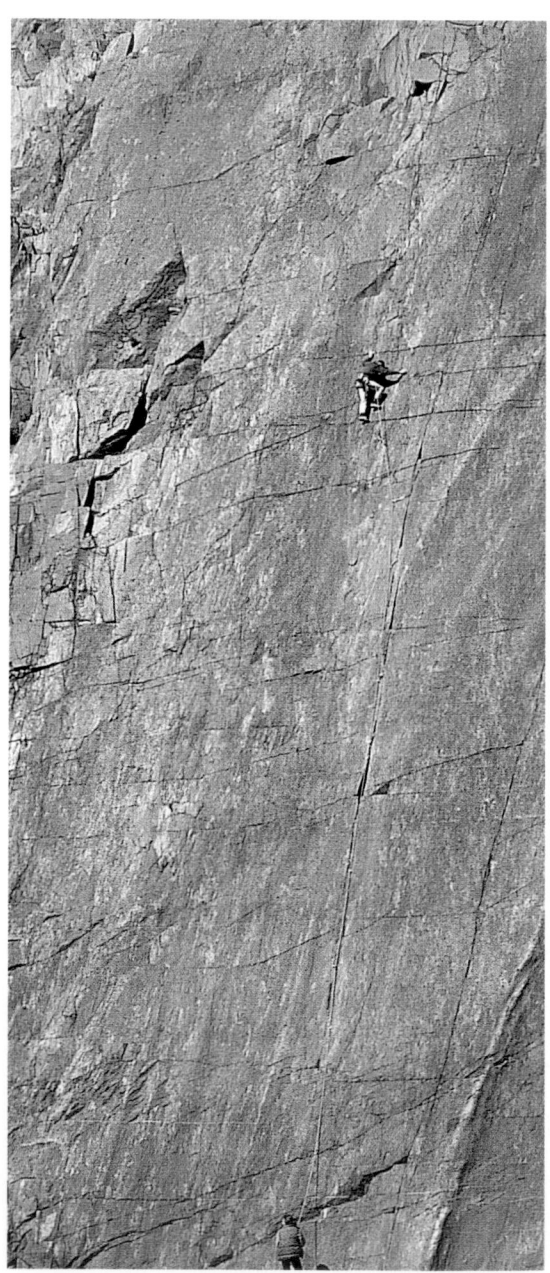

BELOW: The much photographed
Cantilever Slab on Glyder Fach,
estimated to be some 70 tonnes
in weight. The figure is myself,
attempting a handstand,
photographed by Paul Cornforth.

ISOD: Ffotograff poblogaidd
Y Gwyliwr ar Glyder Fach, a
amcangyfrifir i bwyso oddeutu
70 tunnell. Fi sydd yn y llun, yn
ymdrechu i sefyll ar fy nwylo,
llun gan Paul Cornforth.

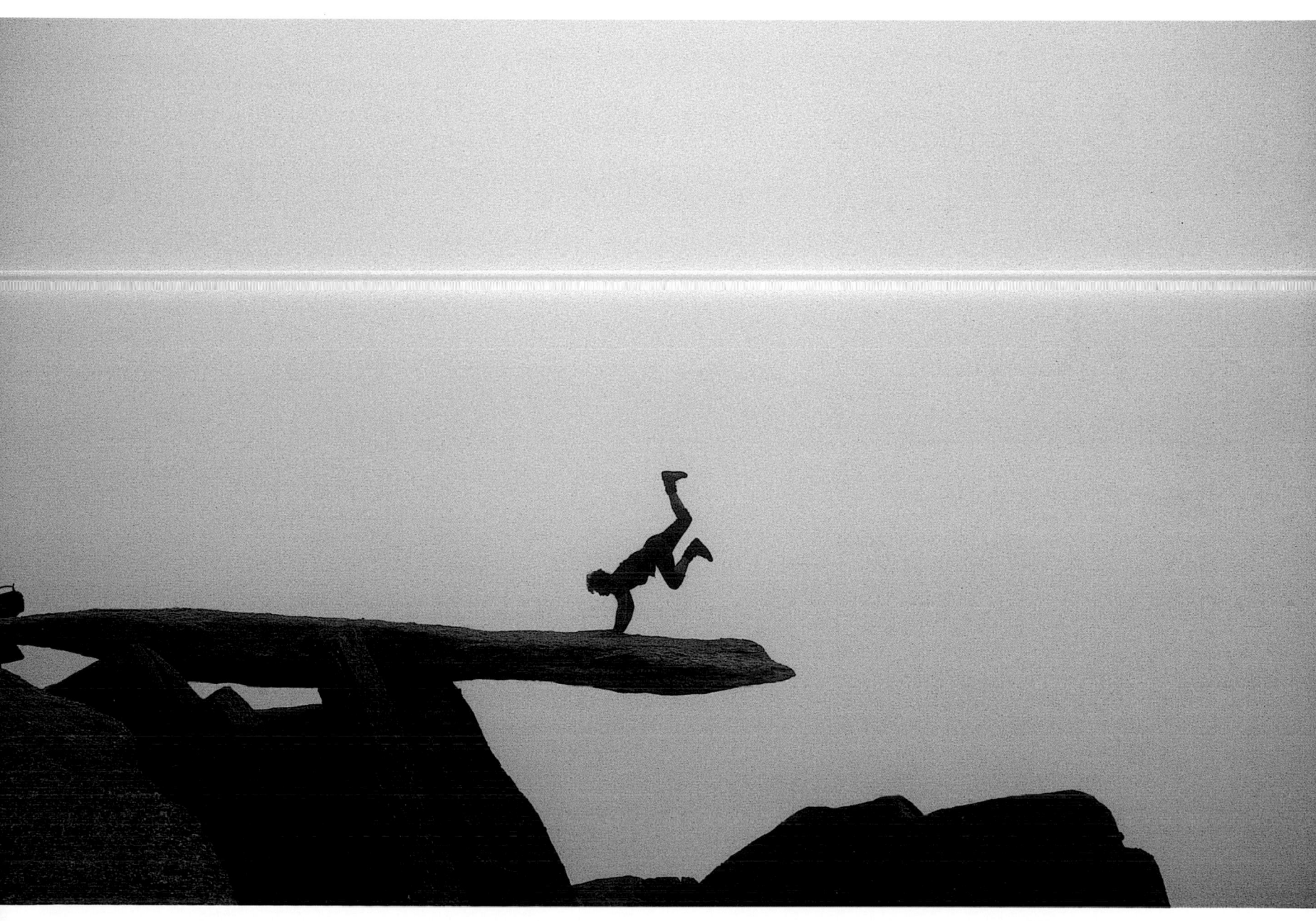

autumn

Even the mountains take on high colour as the grasses turn golden-yellow. All the many deciduous woods are vibrant with colour. For photographers, the sharp showers have cleaned the air and the light is bright, new and exciting. In the mists of Rhinog Fawr, by the black waters of Llyn Du, I listened to a group of hill shepherds calling and whistling to their dogs. That is, I thought I did. On investigation when the vapours lifted, I discovered the mountain was bare. There was nothing there, except for a herd of wild goats bleating and calling in their native Welsh tongue.

hydref

Mae hyd yn oed y mynyddoedd yn llawn lliw wrth i'r glaswellt droi'n euraidd. Mae'r coedwigoedd collddail niferus yn frith o liwiau. I ffotograffwyr, mae'r cawodydd pigog wedi clirio'r aer ac mae'r golau'n llachar, newydd a chyffrous. Yn niwloedd Rhinog Fawr, ger dyfroedd duon Llyn Du, gwrandewais ar grŵp o fugeilaidd y mynydd yn galw a chwibanu ar eu cŵn. Hynny yw, dyna feddyliais. O fynd i archwilio wrth i'r tarth godi, fe welais fod y mynydd yn wag. Doedd yno ddim byd, ag eithrio geifre o eifr gwyllt yn brefu a galw yn eu tafodiaith Gymreig.

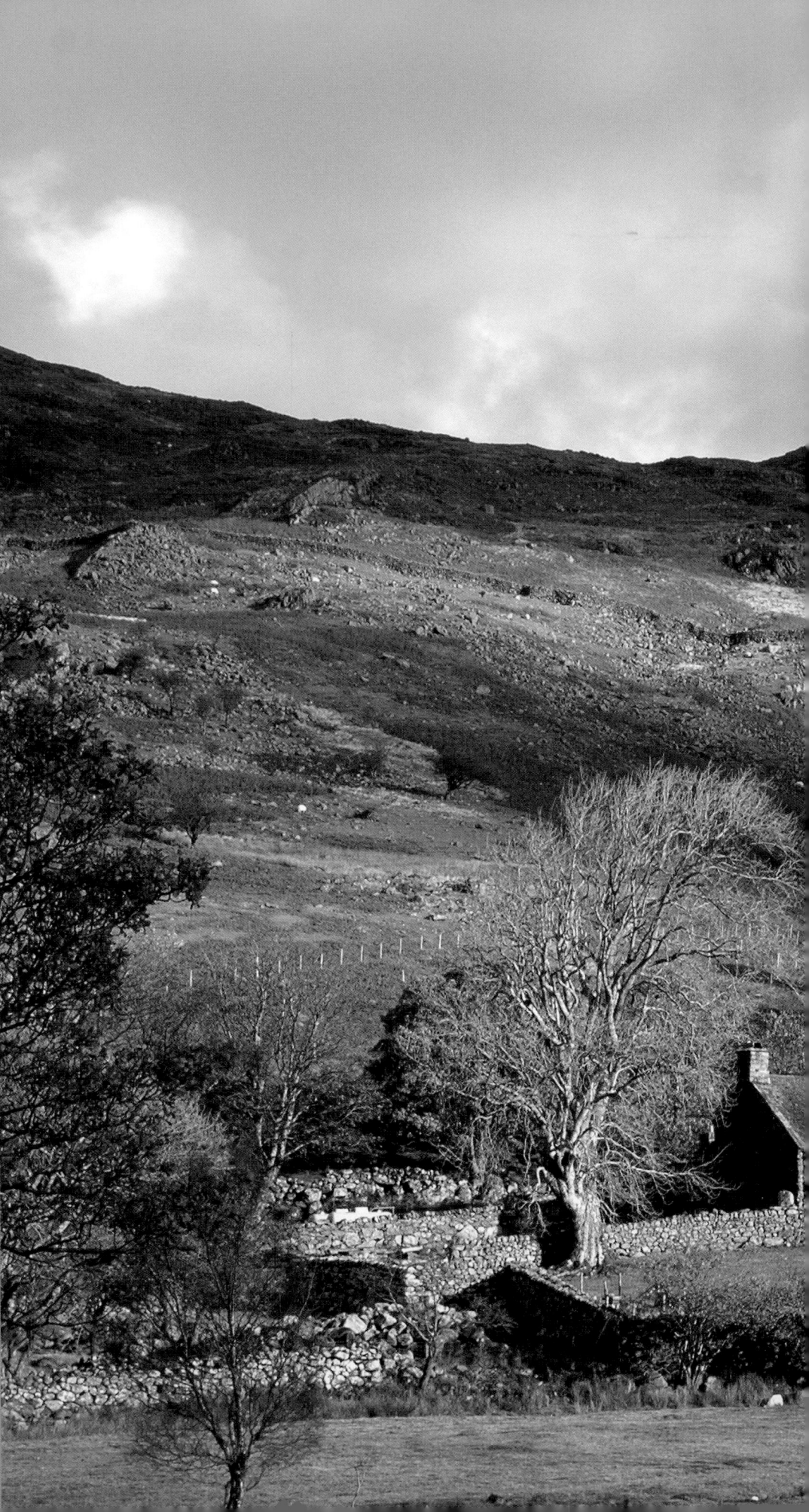

RIGHT: Deep in the Rhinogs, the little farm of Cwm-bychan nestles below the mountain of Clip at the head of Llyn Cwm Bychan.

DDE: Yn nyfnderoedd y Rhinogydd, mae fferm fechan Cwm-bychan yn nythu islaw mynydd Clip ar ben Llyn Cwm Bychan.

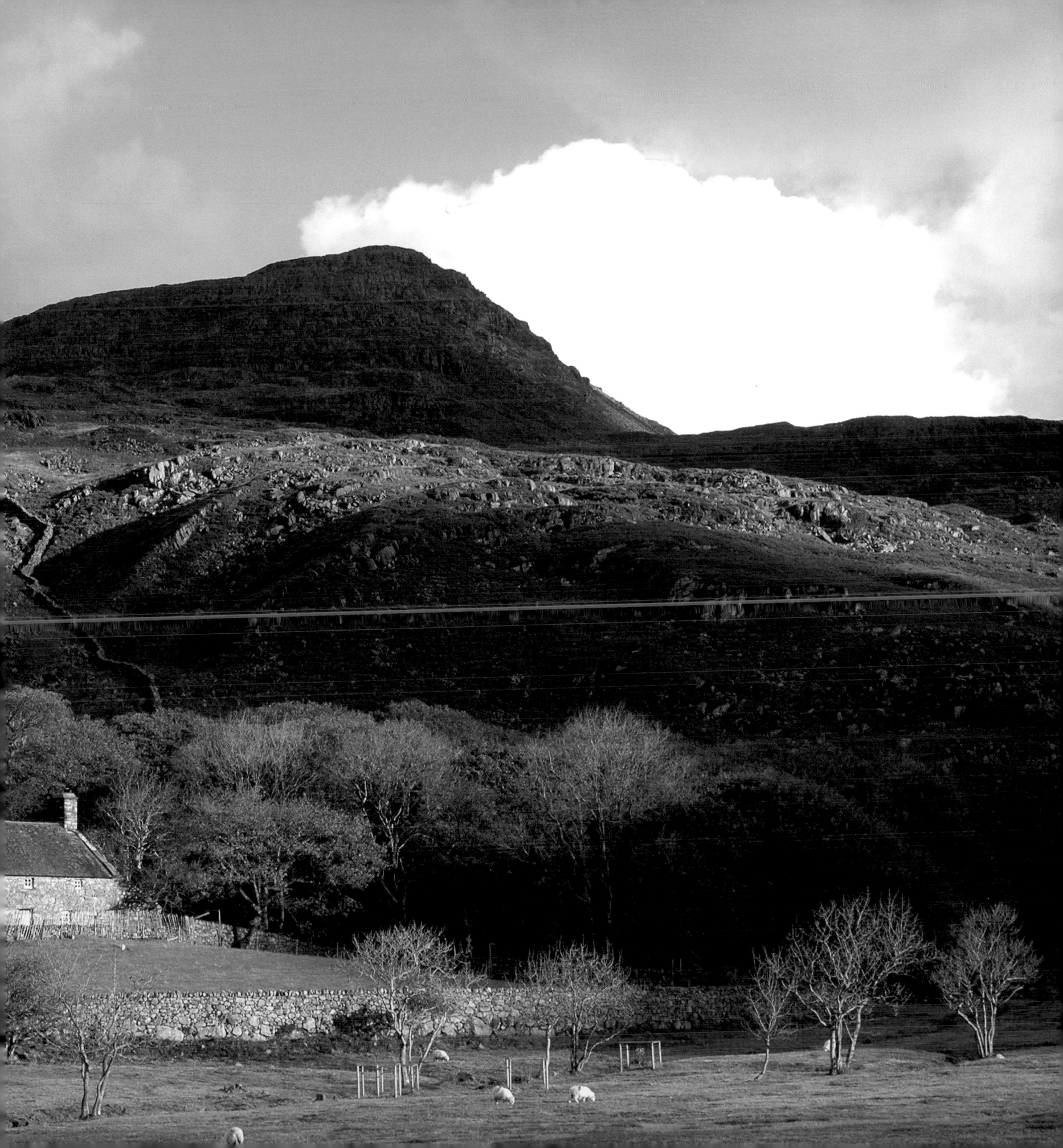

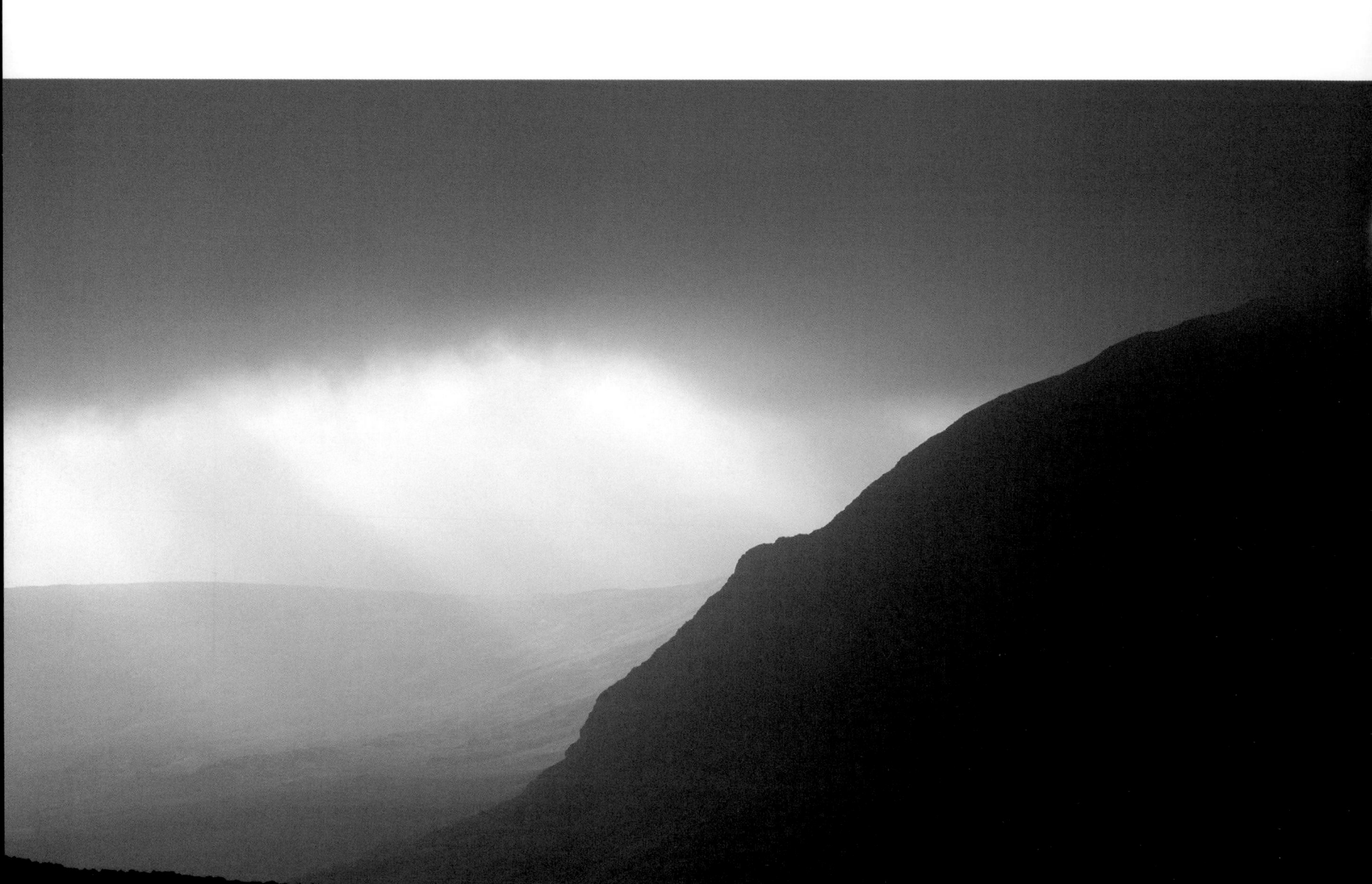

BELOW: The sun breaks through behind the ridge of Gallt yr Ogof near the head of the Ogwen Valley.

ISOD: Mae'r haul yn tywynnu trwy gribyn Gallt yr Ogof ger blaen Dyffryn Ogwen.

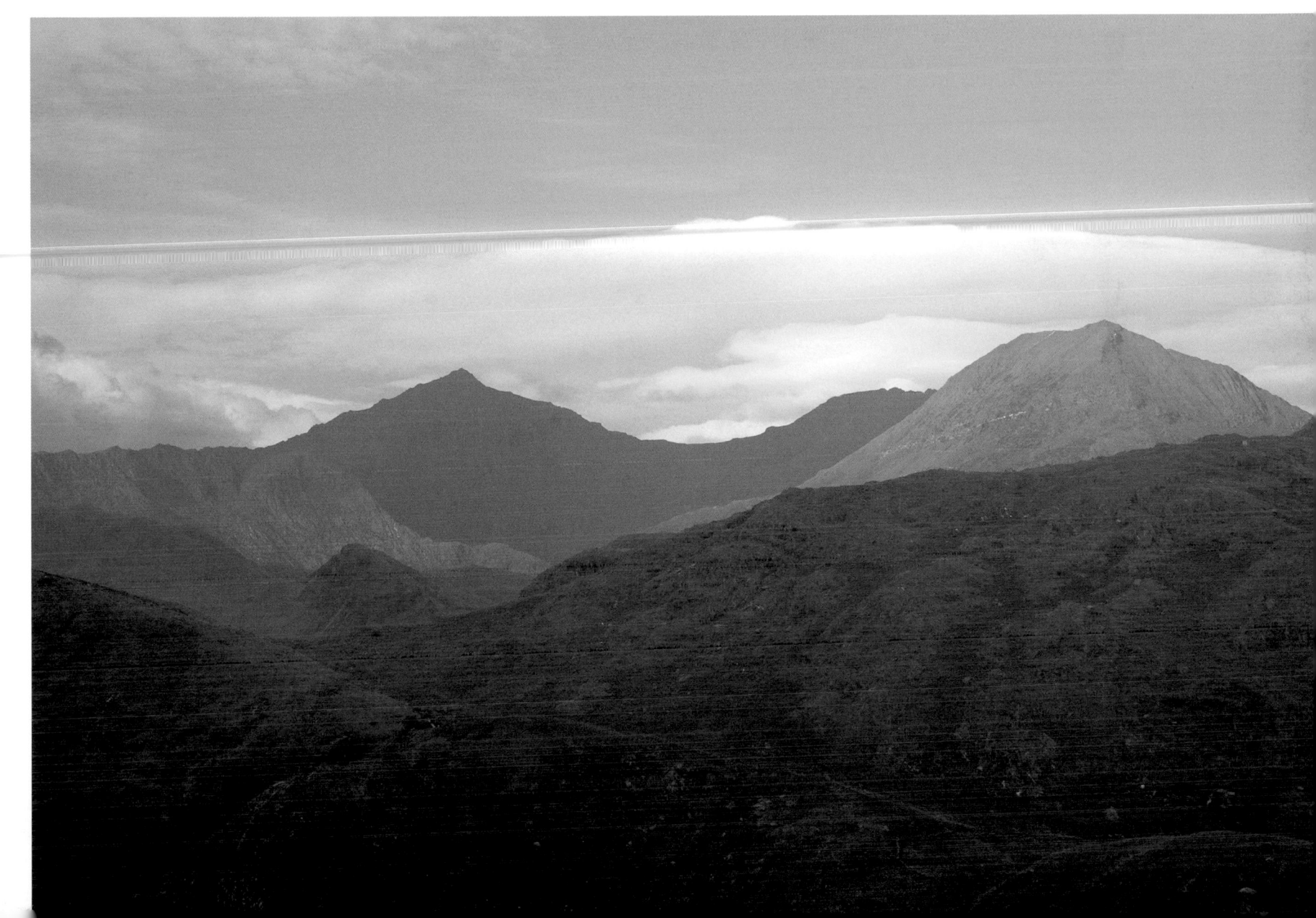

BELOW: A barn roofed in
traditional purple slate,
Nant Ffrancon Valley.

ISOD: Beudy gyda tho o lechi
porffor traddodiadol, Nant
Ffrancon.

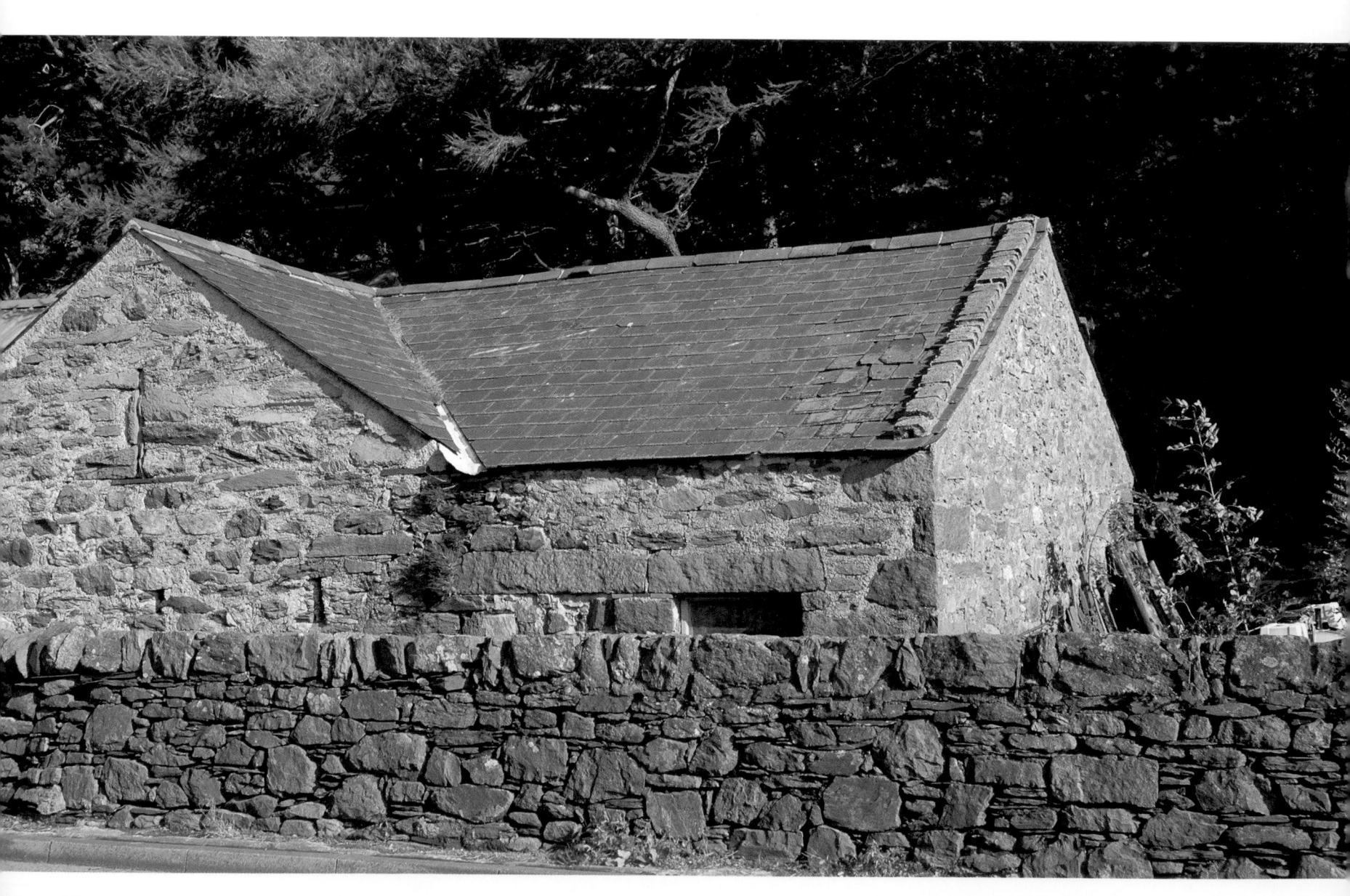

BELOW: A house of many slates near Bethesda. Chimneys and windows are constructed from red brick, the roof is purple slate, the upper walls are clad in purple slates separated by lighter bands, and the lower wall is of flush-pointed natural stone. Amazing.

ISOD: Tŷ o lechi ger Bethesda. Mae'r simneiau a ffenestri wedi eu hadeiladu o frics coch, a tho o lechen borffor, mae'r waliau uchaf wedi eu gorchuddio â llechi porffor wedi eu gwahanu gan fandiau goleuach, a'r wal isaf o garreg naturiol. Anhygoel.

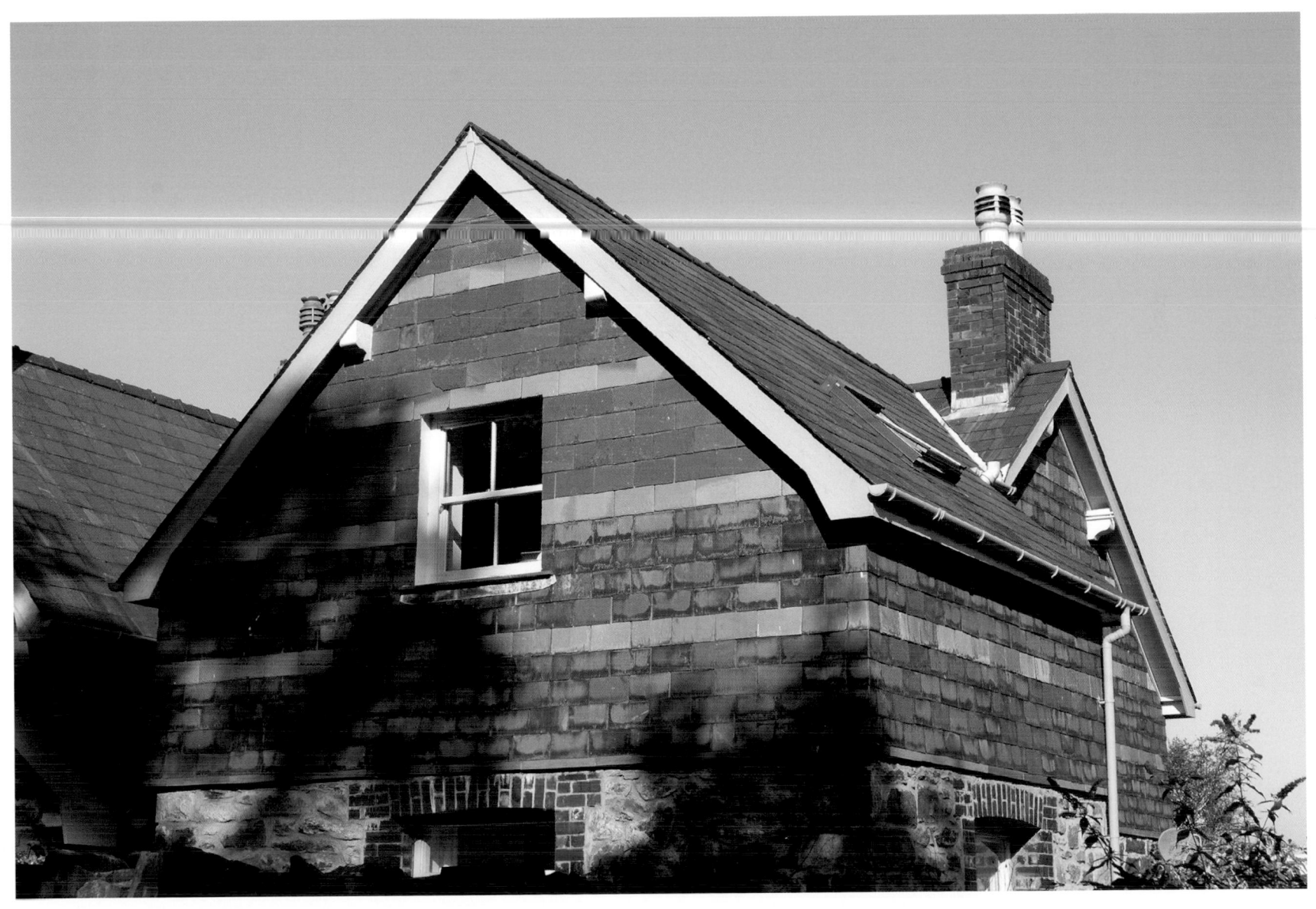

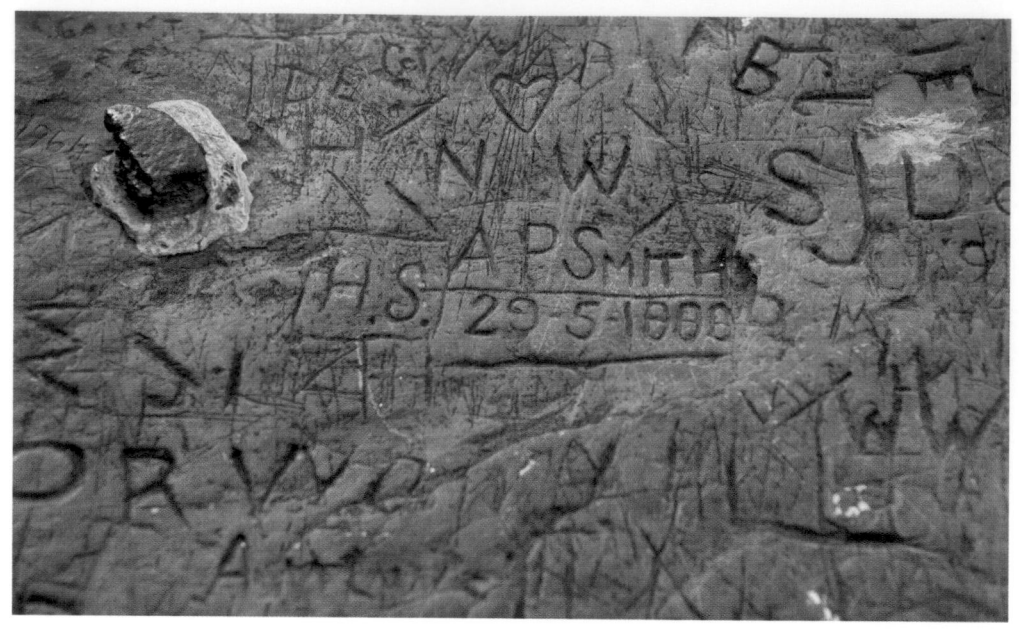

LEFT: The soft slate copings that adorn this wall forming the entrance to Dolbadarn Castle are an obvious canvas for graffiti: A. P. Smith 'was here' on 29 May 1888.

BELOW: To Dolbadarn Castle over Llyn Padarn, with Llanberis Pass forming the backdrop.

CHWITH: Mae'r copinau o lechen feddal sy'n addurno'r wal hon yn y fynedfa i Gastell Dolbadarn yn gynfas amlwg ar gyfer graffiti.'Bu A. P.Smith yma' ar 29 Mai 1888.

ISOD:Tua Chastell Dolbadarn dros Lyn Padarn,gyda Bwlch Llanberis yn y cefndir.

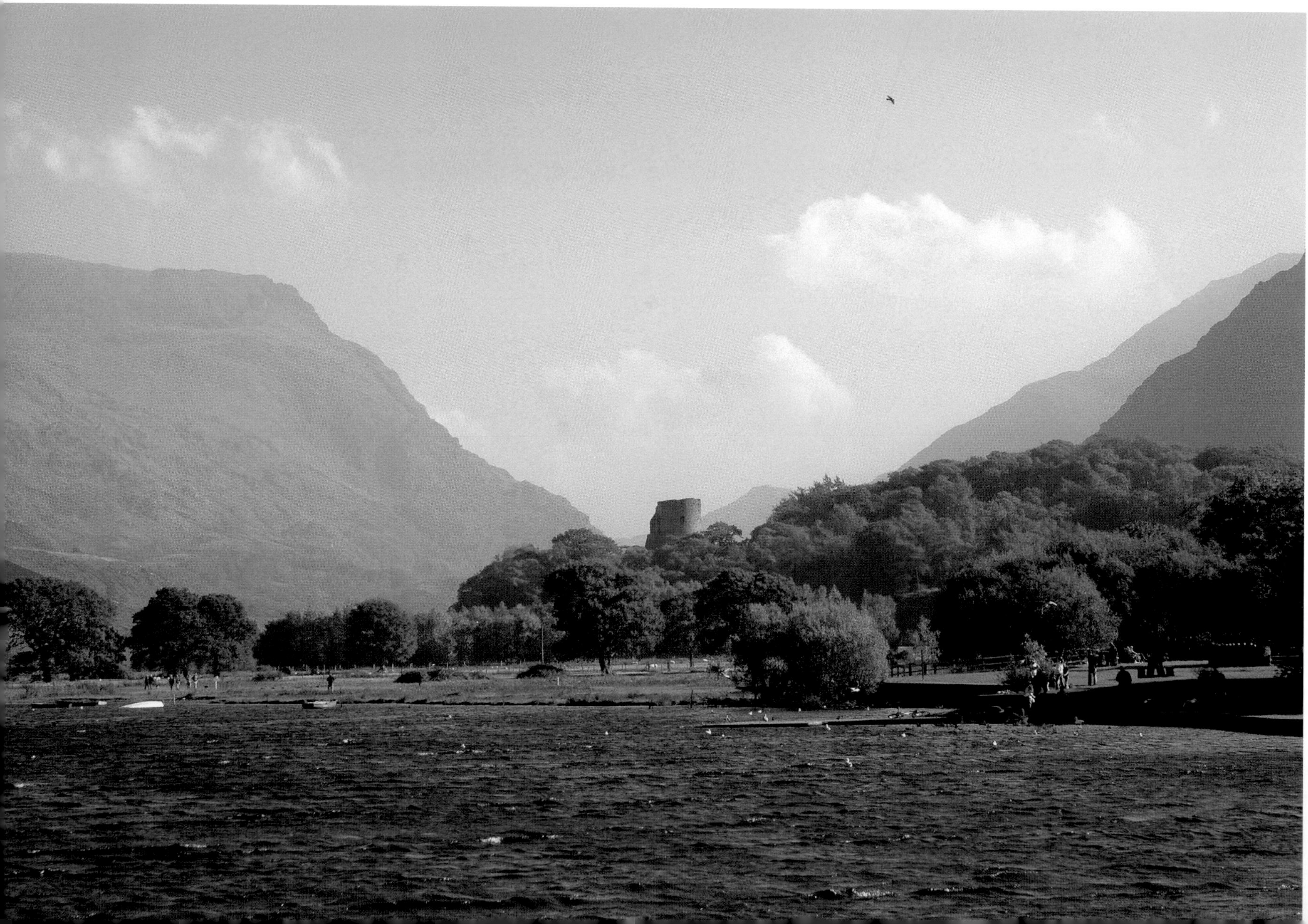

BELOW: Dolbadarn, considered to be the finest surviving example of a Welsh round tower, was built by Llywelyn ap Iorwerth (Llewelyn the Great) some time before 1230. It occupies a commanding position above the head of Llyn Padarn.

OVERLEAF: A view to the Dinorwig quarries from the Dolbadarn round tower. These vast quarries give the impression that a substantial portion of the flanks of Elidir Fawr have been mined away! In 1882 alone, Dinorwig produced 87,000 tons of slate for home consumption and export.

ISOD: Adeiladwyd Dolbadarn, a ystyrir i fod yn un o'r esiamplau gorau o dŵr crwn Cymreig i oroesi, gan Llywelyn ap Iorwerth rhywbryd cyn 1230. Mae mewn safle awdurdodol uwchlaw pen Llyn Padarn.

TROSODD: Golygfa tua chwareli Dinorwig o dŵr crwn Dolbadarn. Mae'r chwareli enfawr hyn yn rhoi'r argraff fod cyfran sylweddol o ystlysau Elidir Fawr wedi eu cloddio ymaith! Yn 1882 yn unig, cynhyrchodd Dinorwig 87,000 tunnell o lechi ar gyfer y farchnad gartref ac i allforio.

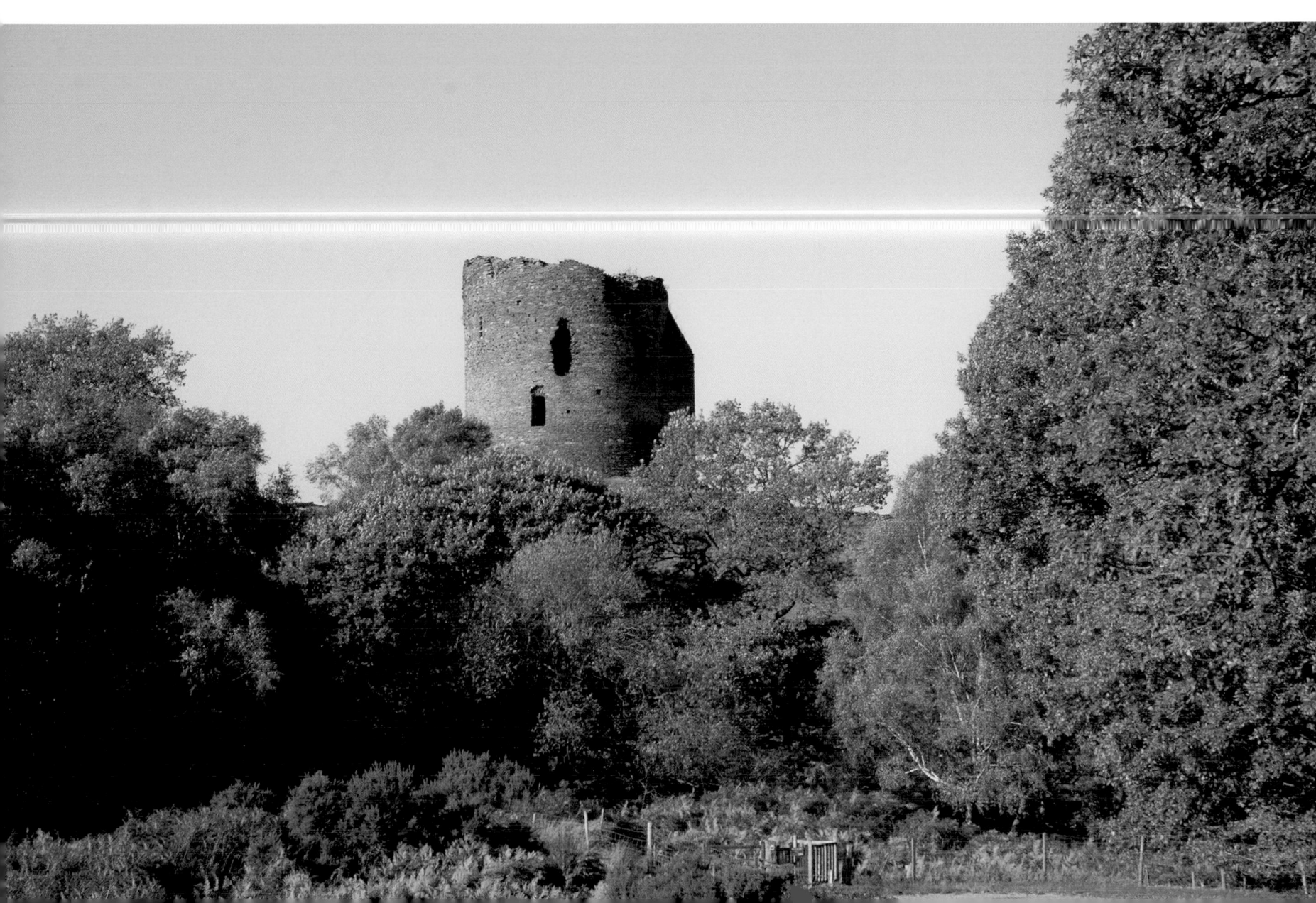

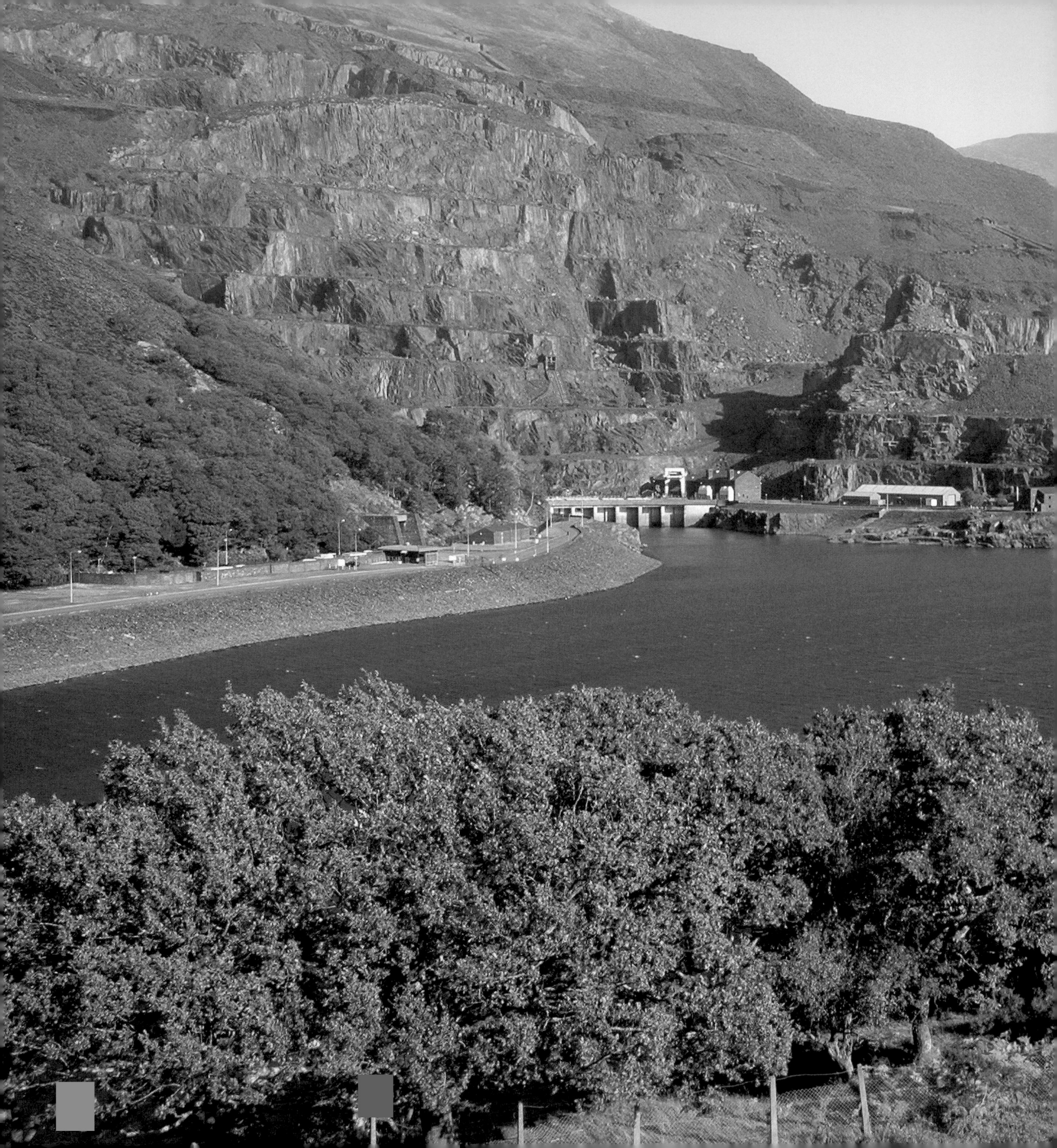

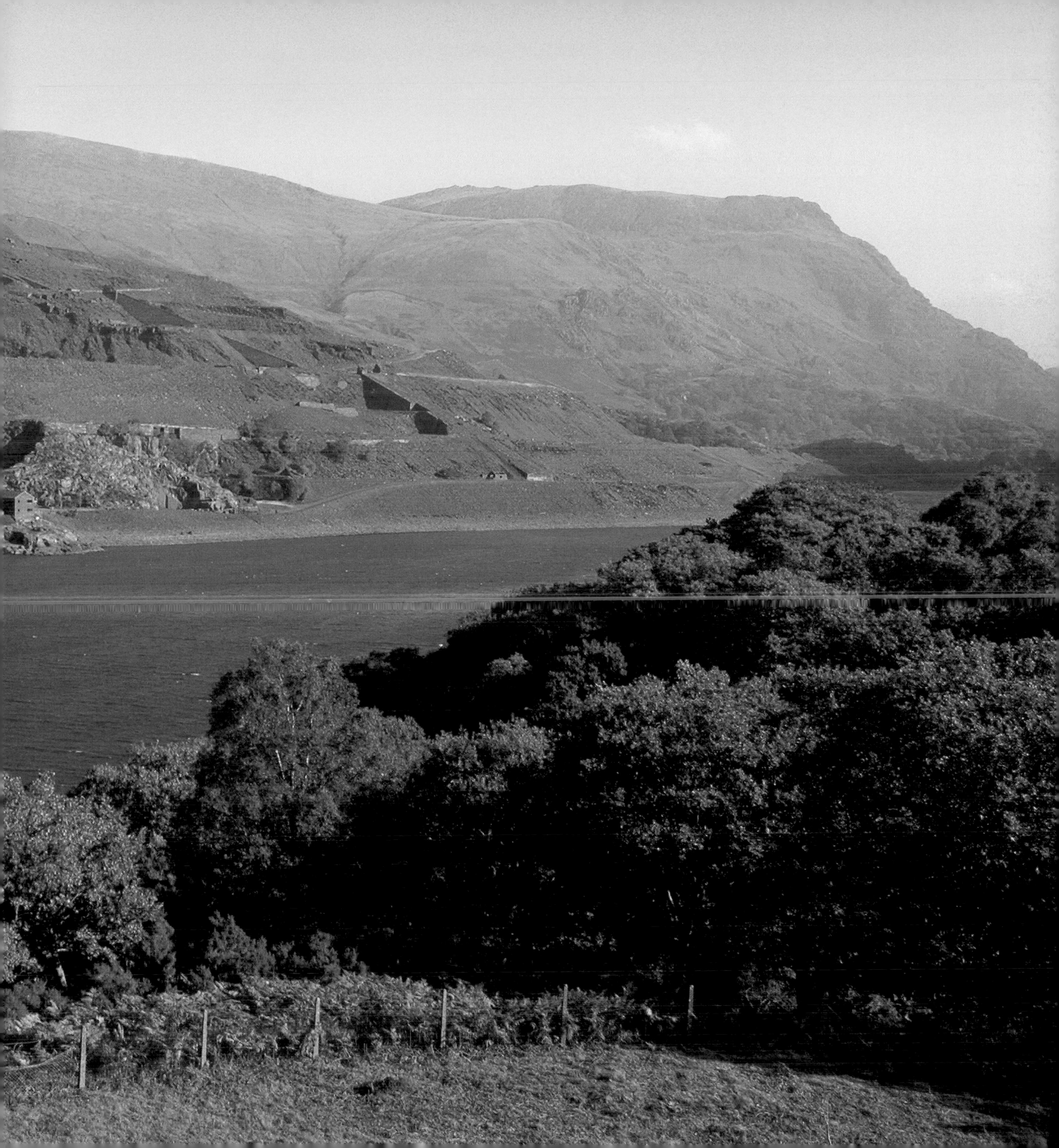

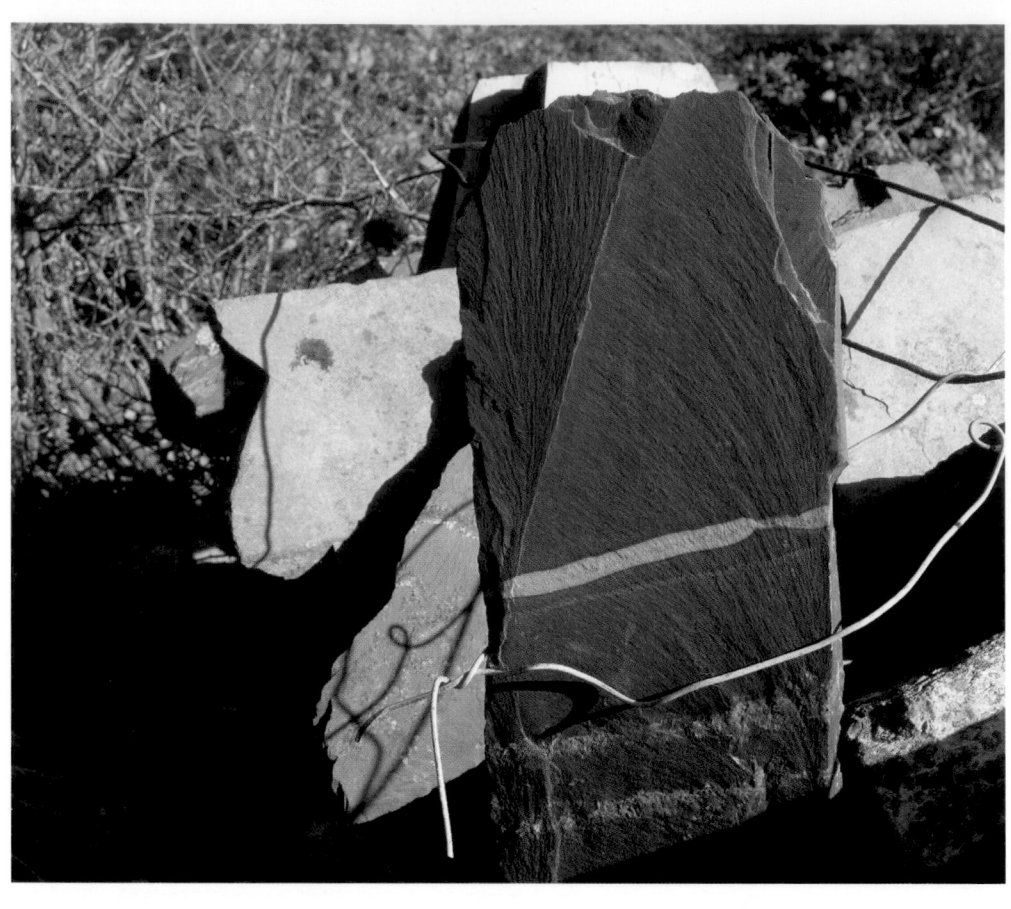

LEFT: Dark purple-grey slate with light banding is a distinctive feature of the product of the Bethesda quarries.

BELOW: Surrounding a raised mound now covered in oaks, this ruined wall is made entirely from Bethesda quarried slate.

CHWITH: Mae llechi llwydlas tywyll gyda bandiau golau yn nodwedd o gynnyrch chwareli Bethesda.

ISOD: Yn amgylchynu tomen sydd wedi ei gorchuddio mewn derw erbyn hyn, adeiladwyd yr adfail hon o wal o lechi Bethesda yn unig.

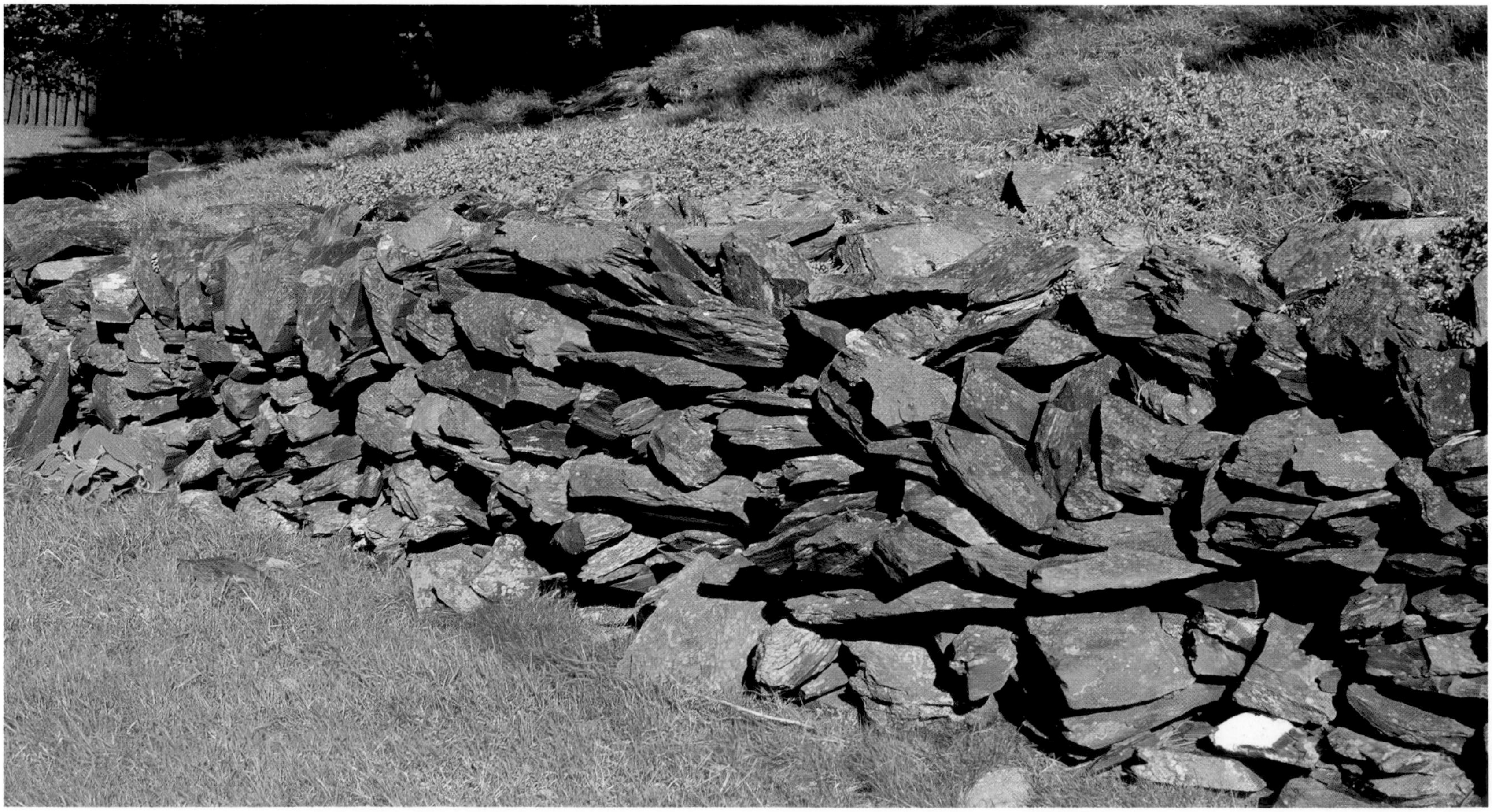

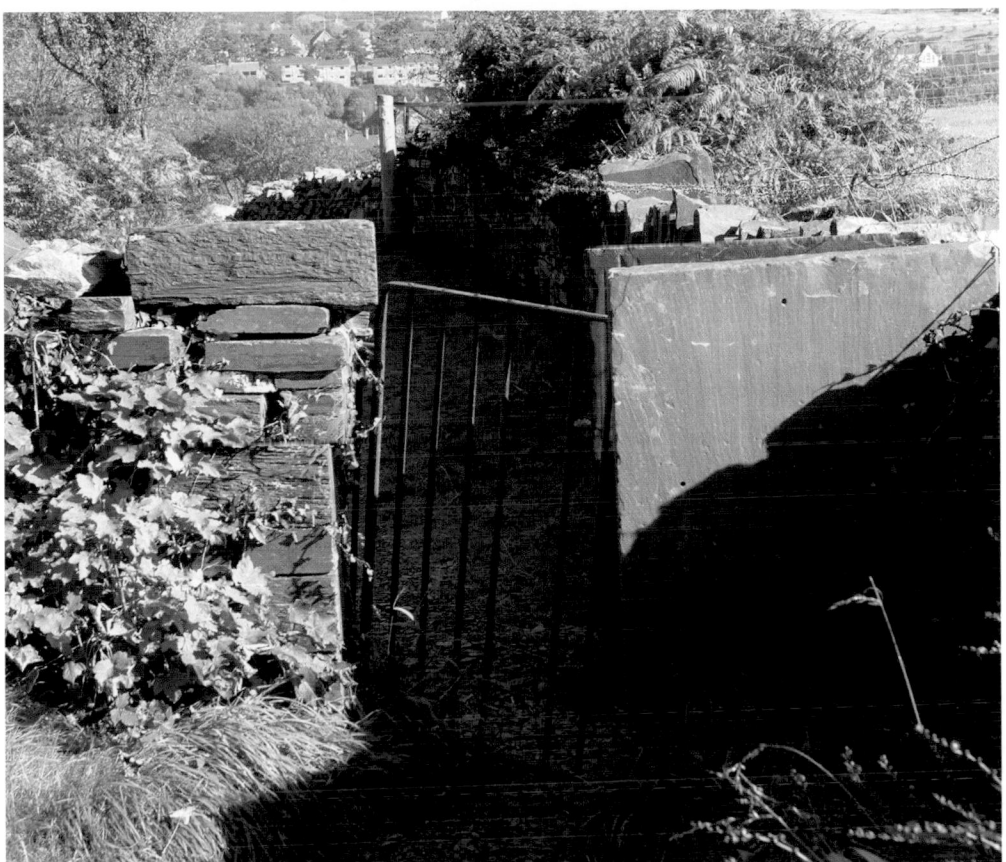

RIGHT: A kissing gate above Bethesda, formed from huge squared slabs of slate.

BELOW: Slate 'stone fences' are common throughout the region.

DDE: Giât mochyn uwchlaw Bethesda, wedi ei gwneud o slabiau sgwâr anferth o lechen.

ISOD: Mae 'ffensys carreg' o lechi yn olygfa gyffredin yn y rhanbarth.

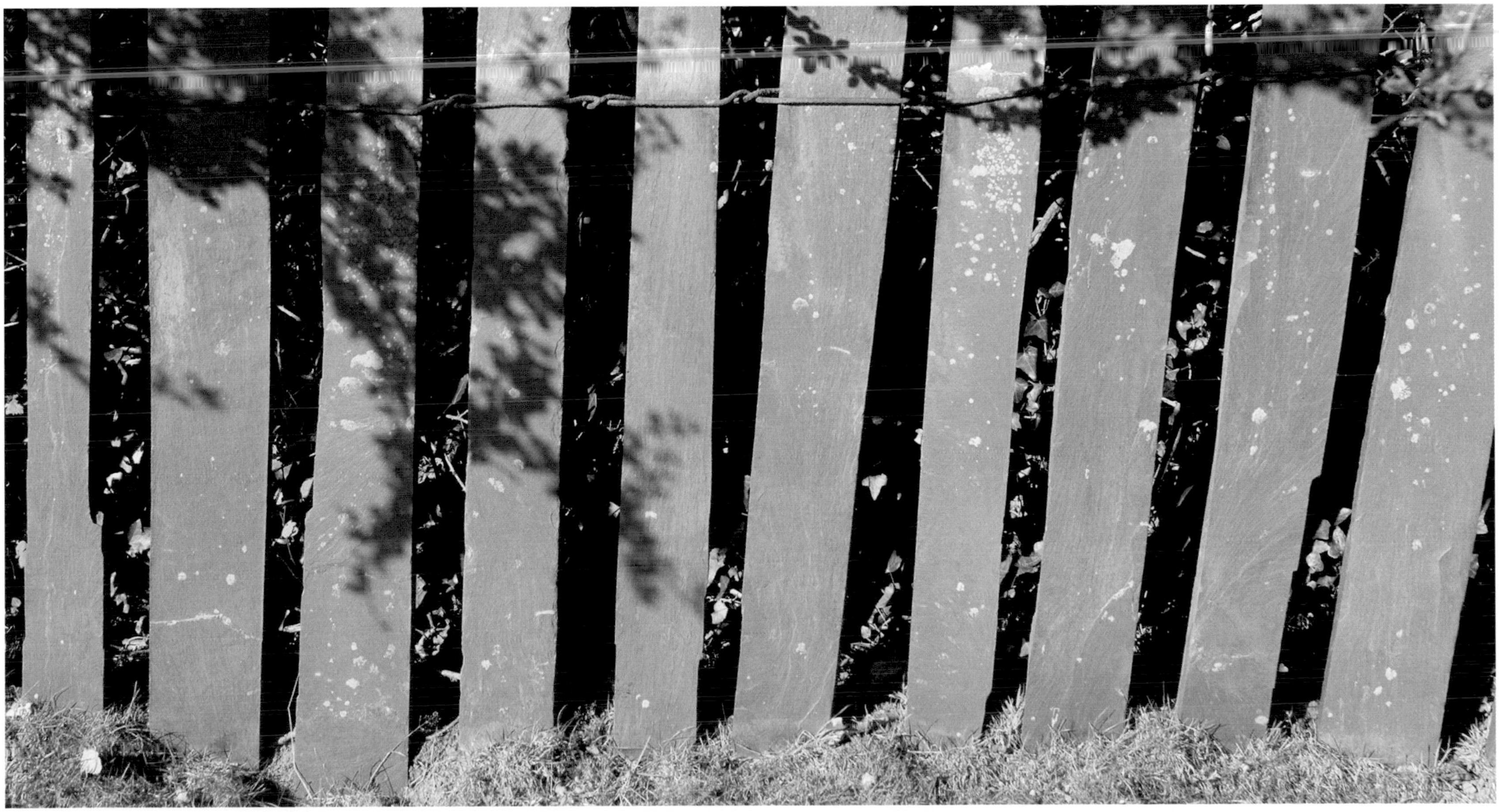

BELOW: A sheep bridge, with Bethesda's great slate quarries seen beyond.

OPPOSITE: Looking over Pentre, Nant Ffrancon Valley, to the rugged grandeur of Cwm-coch hollowed from the flanks of Foel-goch.

ISOD: Pont ddefaid, gyda chwareli llechi aruthrol Bethesda yn y cefndir.

GYFERBYN: Edrych dros Pentre, Nant Ffrancon, tua mawredd garw Cwm-coch wedi ei naddu o ystlysau Foel-goch.

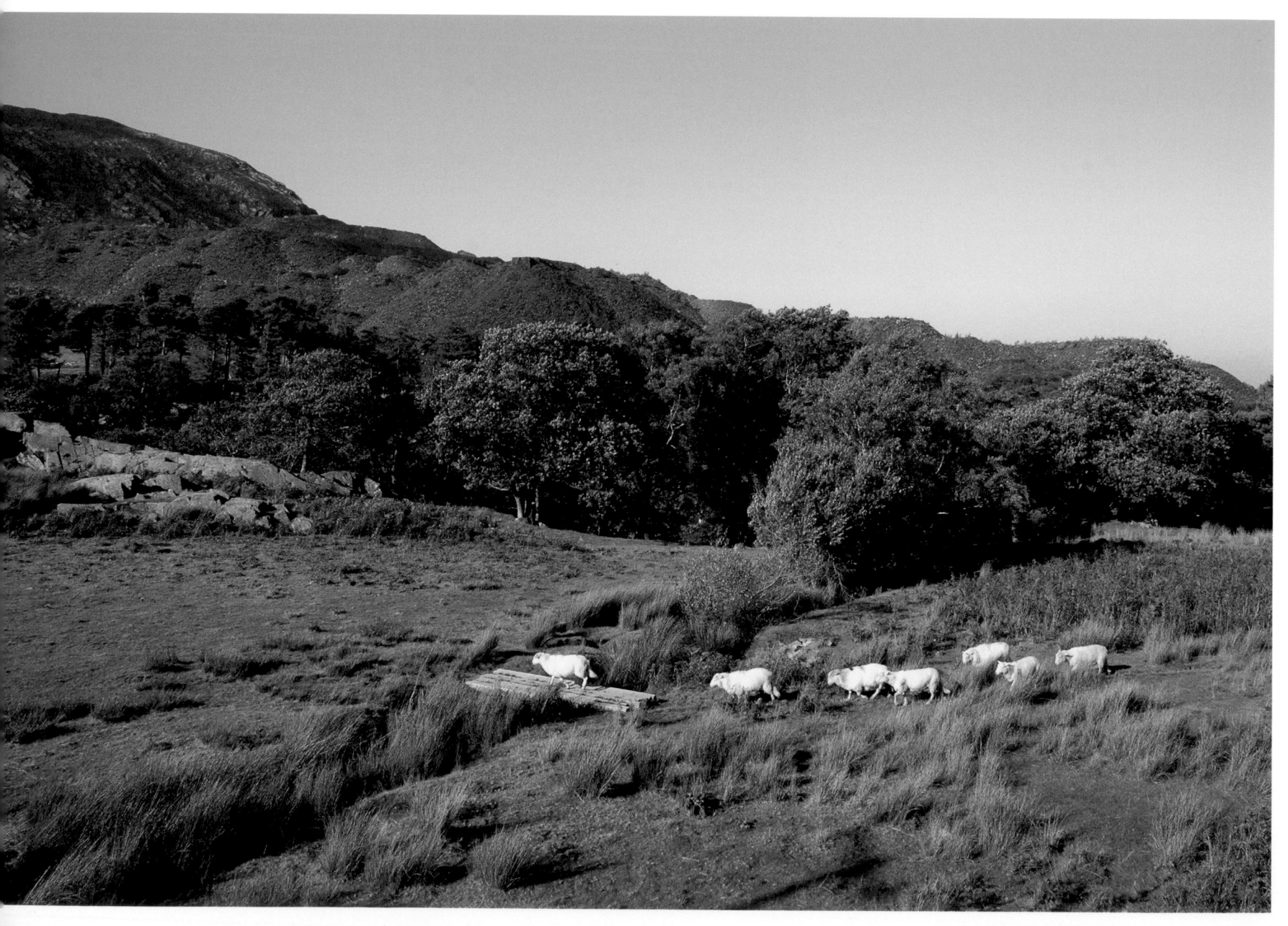

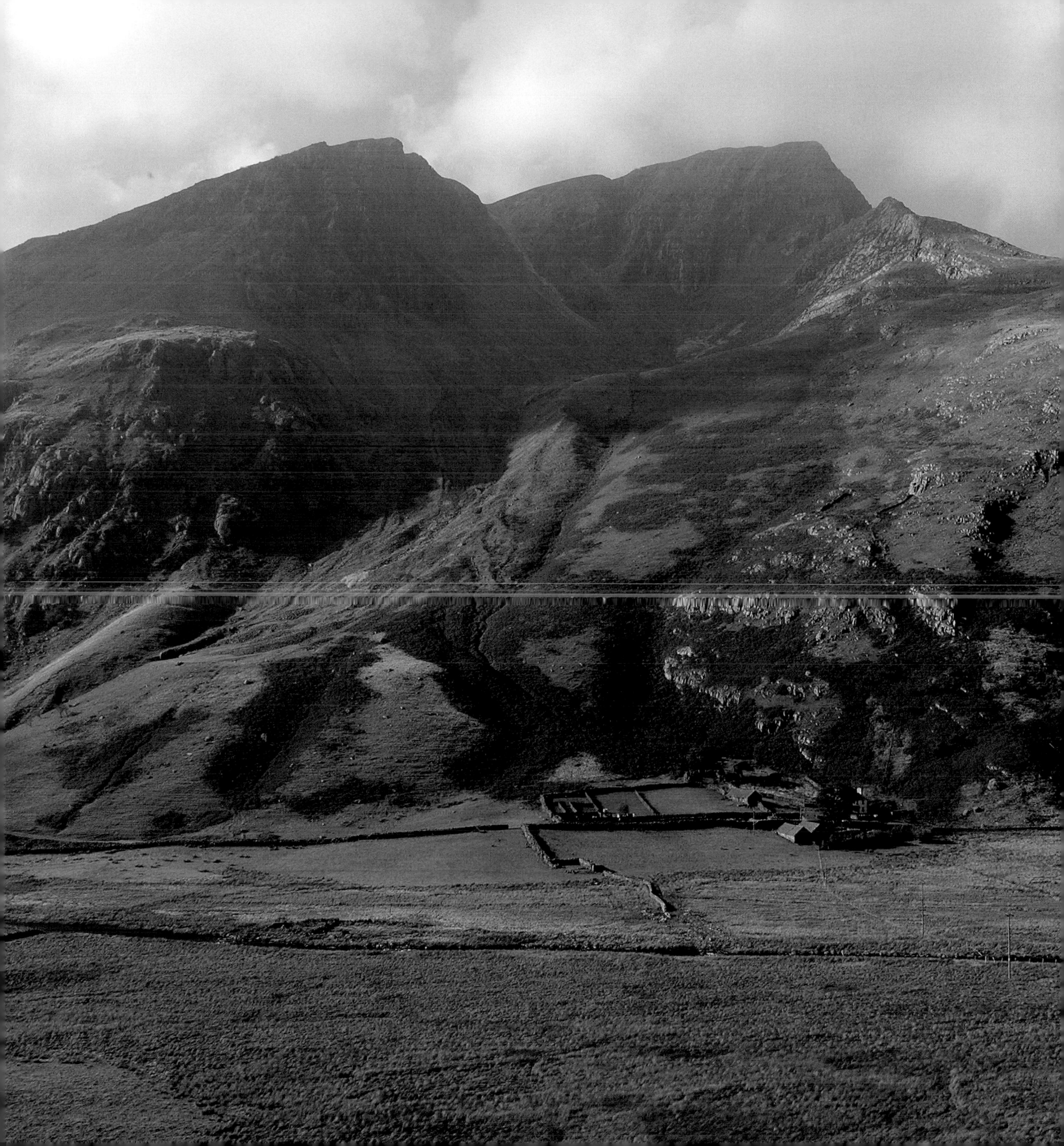

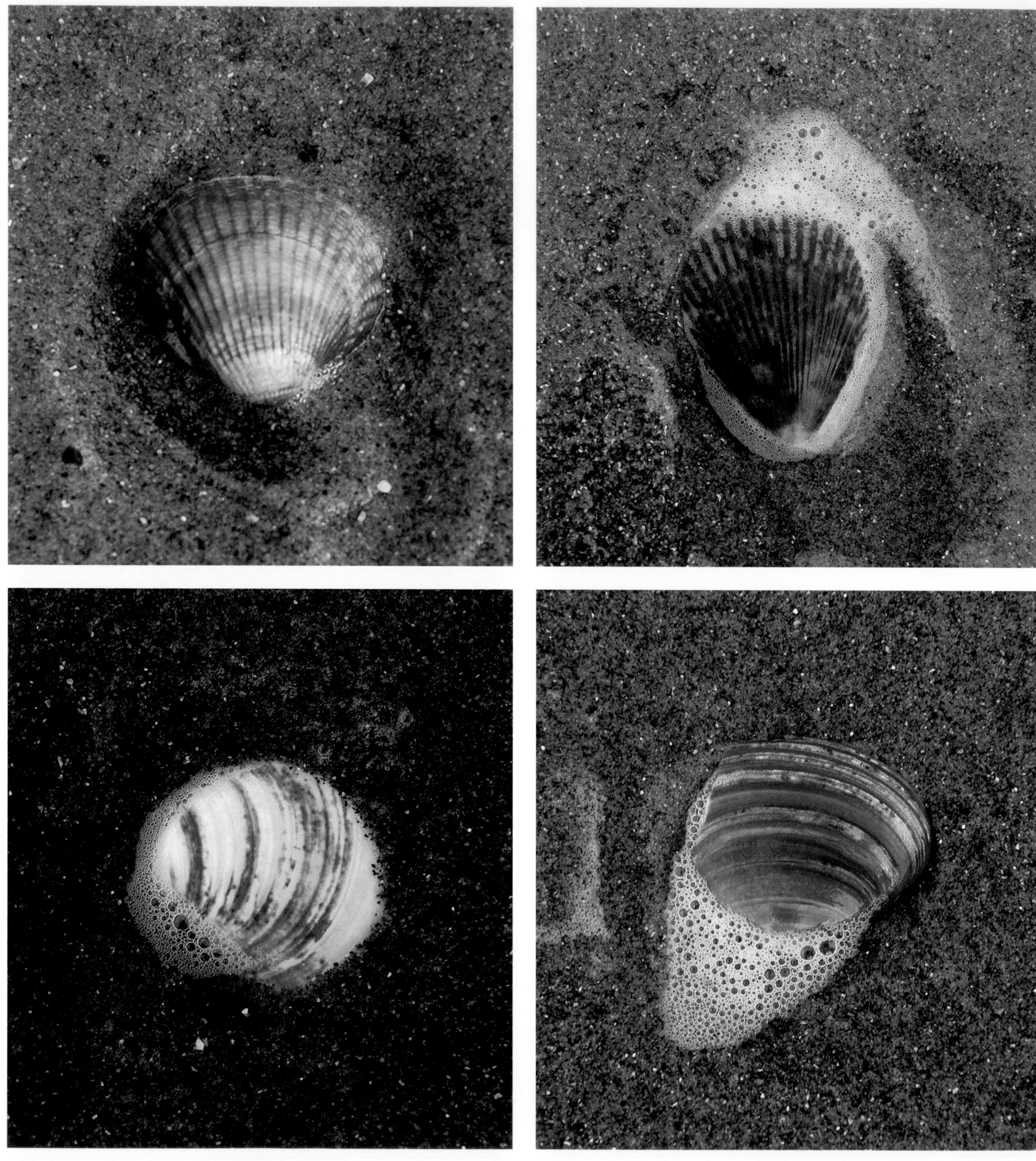

OPPOSITE: Shells on Traeth Bennar beach in the Morfa Dyffryn National Nature Reserve – just a portion of the fine coast which lies between Harlech and Barmouth.

BELOW: The mixture of many rock types revealed in these pebbles reveals the rich geology of this region.

GYFERBYN: Cregyn ar Draeth Benar yng Ngwarchodfa Natur Genedlaethol Morfa Dyffryn – cyfran fechan o'r arfordir braf rhwng Harlech a'r Bermo.

ISOD: Datgela'r amrywiaeth o fathau o greigiau ymysg y cerrig llyfn hyn ddaeareg gyfoethog y rhanbarth.

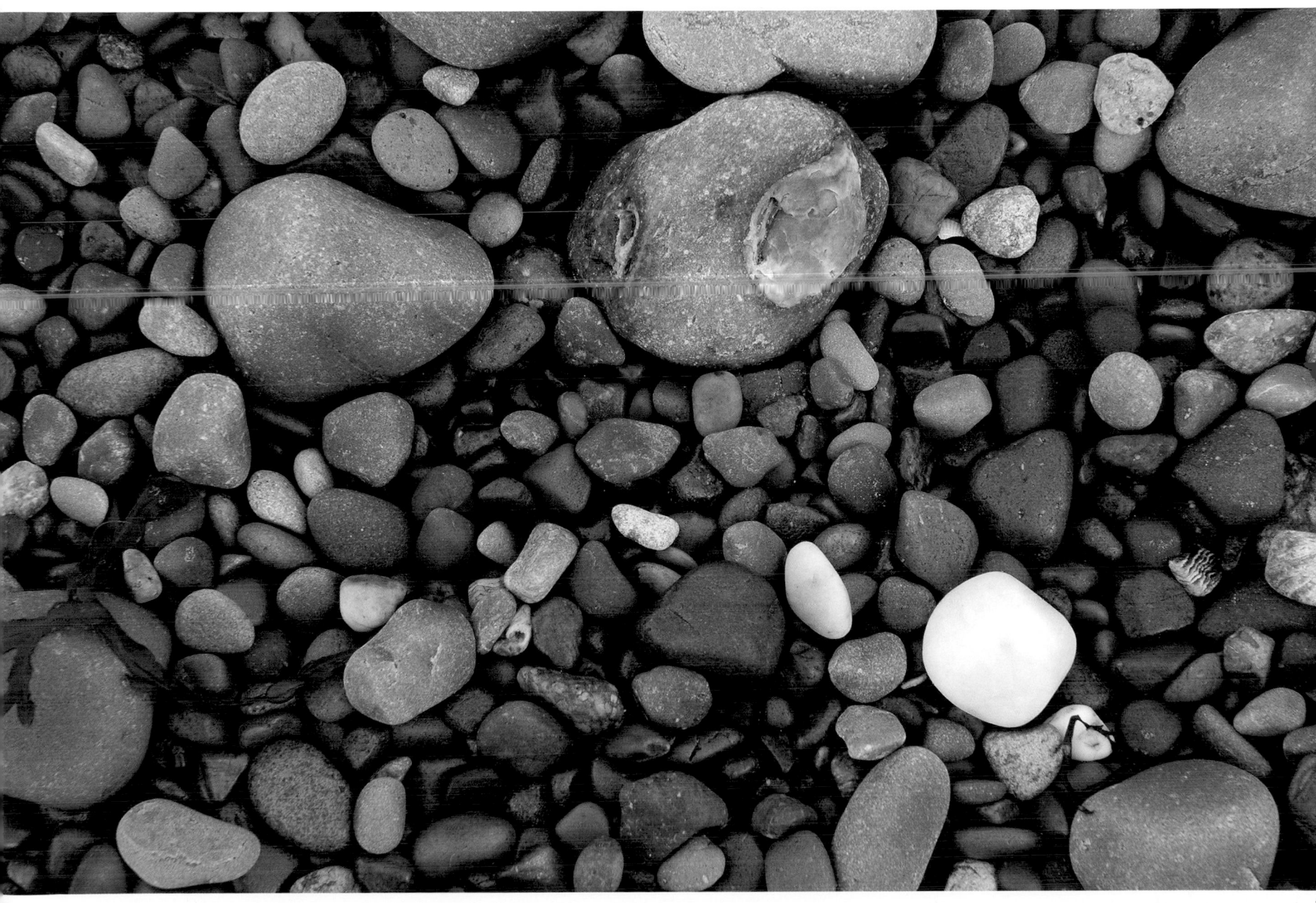

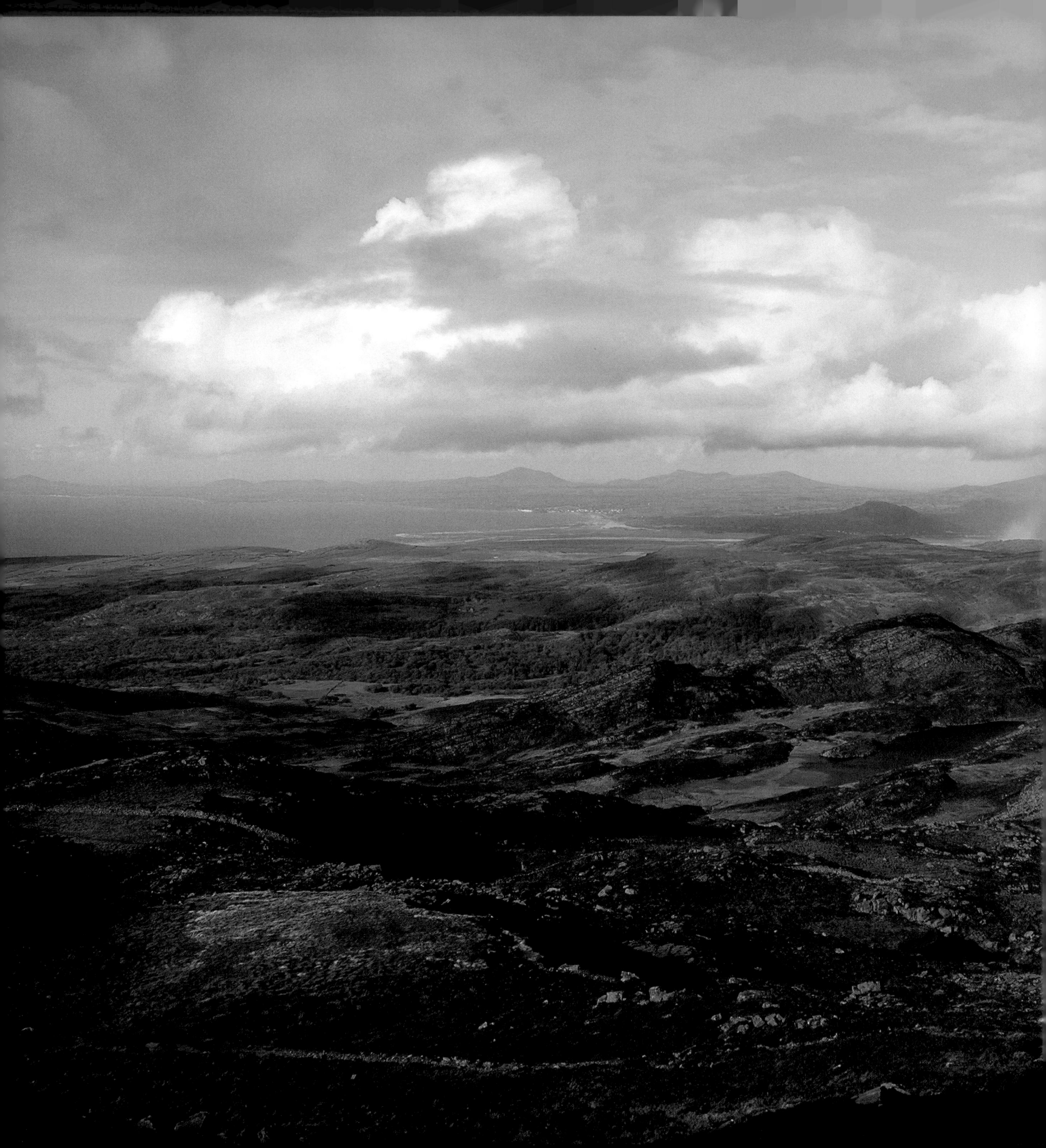

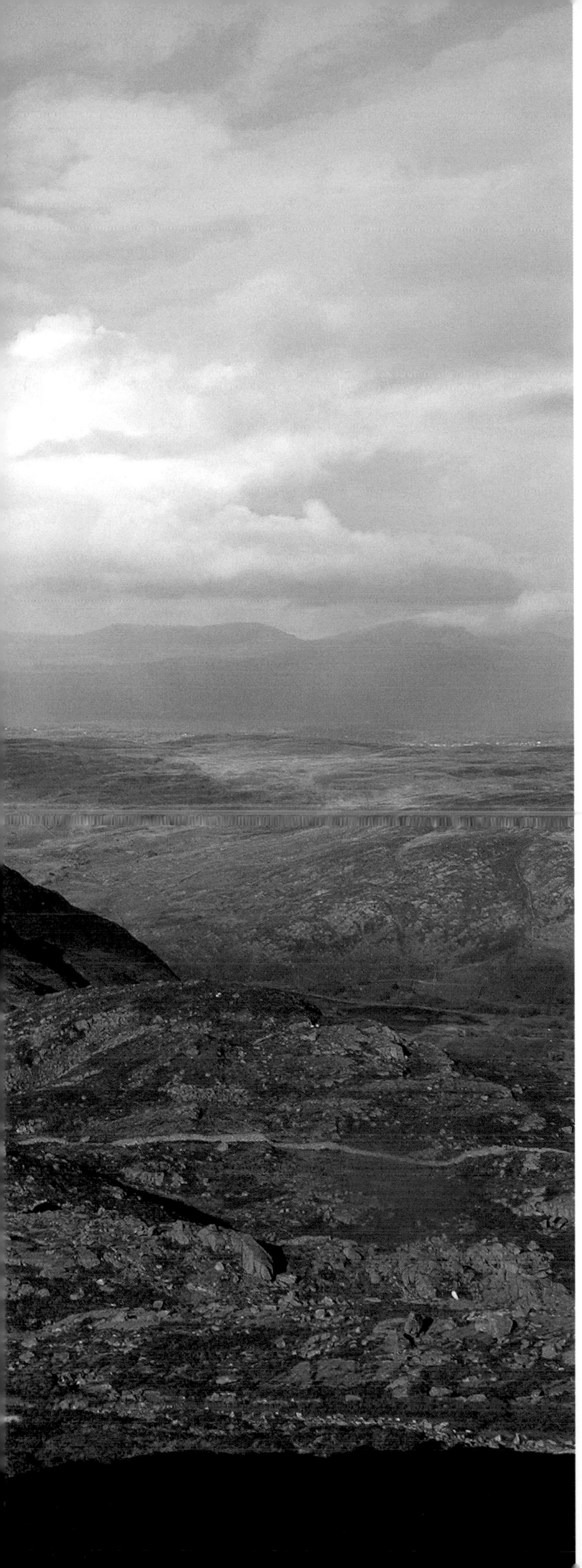

OPPOSITE: North-west from Rhinog Fawr, with a rainbow arcing into Tremadog Bay. Bejewelled with a scattering of mountain llyns, the Rhinog mountains are noted for their wild heather-clad slopes and their tumble of dark gritstone boulders and rock outcrops.

BELOW: Wild Welsh goats on Rhinog Fawr.

OVERLEAF: Among the Rhinogs, a double rainbow arcs into Cwm Bychan at the end of the Roman Steps. Clip stands behind.

GYFERBYN: I'r gogledd orllewin o Rhinog Fawr, gydag enfys yn plymio i Fae Tremadog. Wedi eu dotio a llynnoedd mynyddig, mae'r Rhinogydd yn nodedig am eu llethrau eithinog a'u dryswch o glogfeini grut tywyll a chreigiau brig.

ISOD: Geifr gwyllt y mynydd ar Rhinog Fawr.

TROSODD: Ymysg y Rhinogydd, mae enfys ddwbl yn pontio i Gwm Bychan ar ddiwedd y grisiau Rhufeinig. Saif Clip yn y cefndir

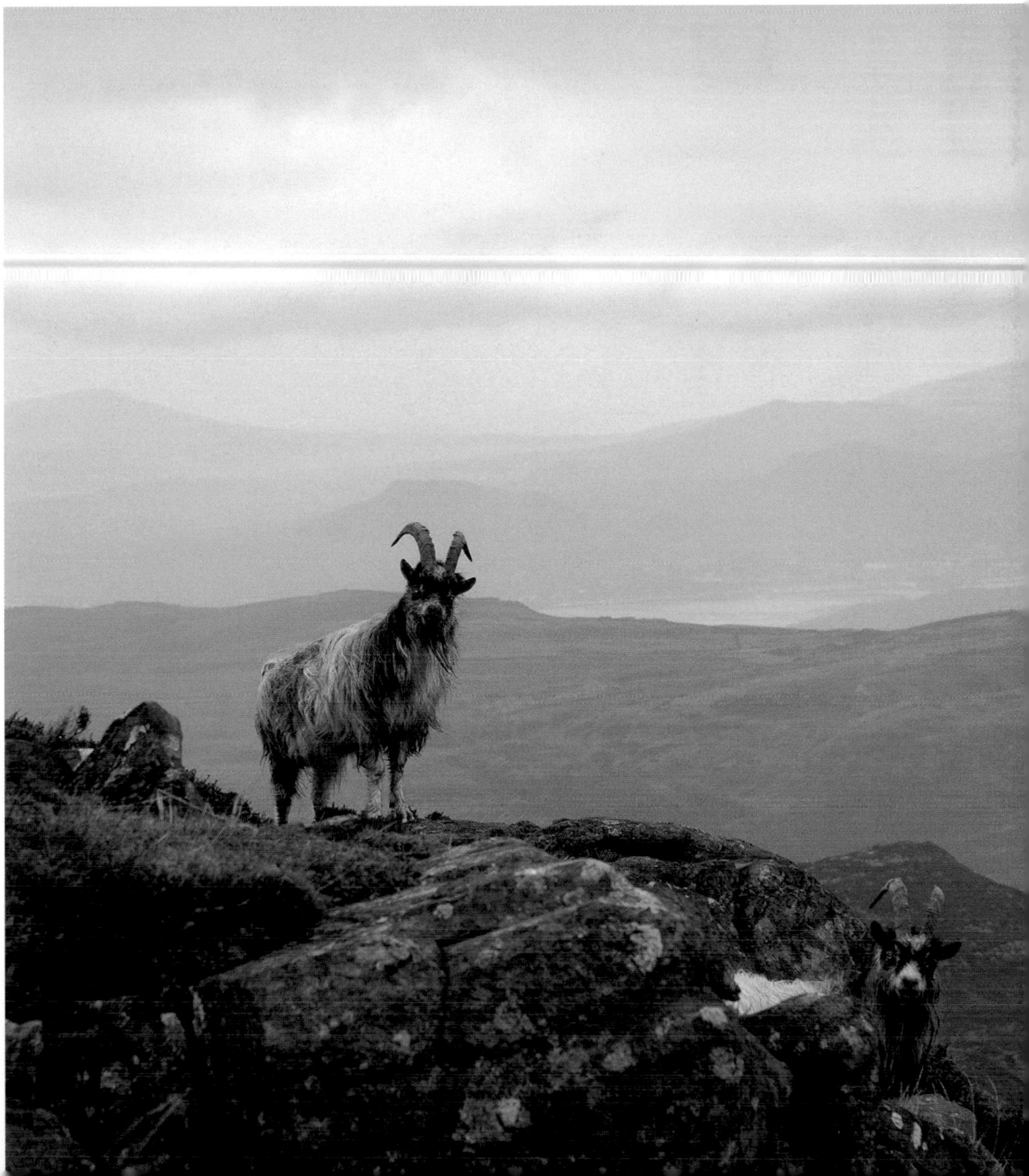

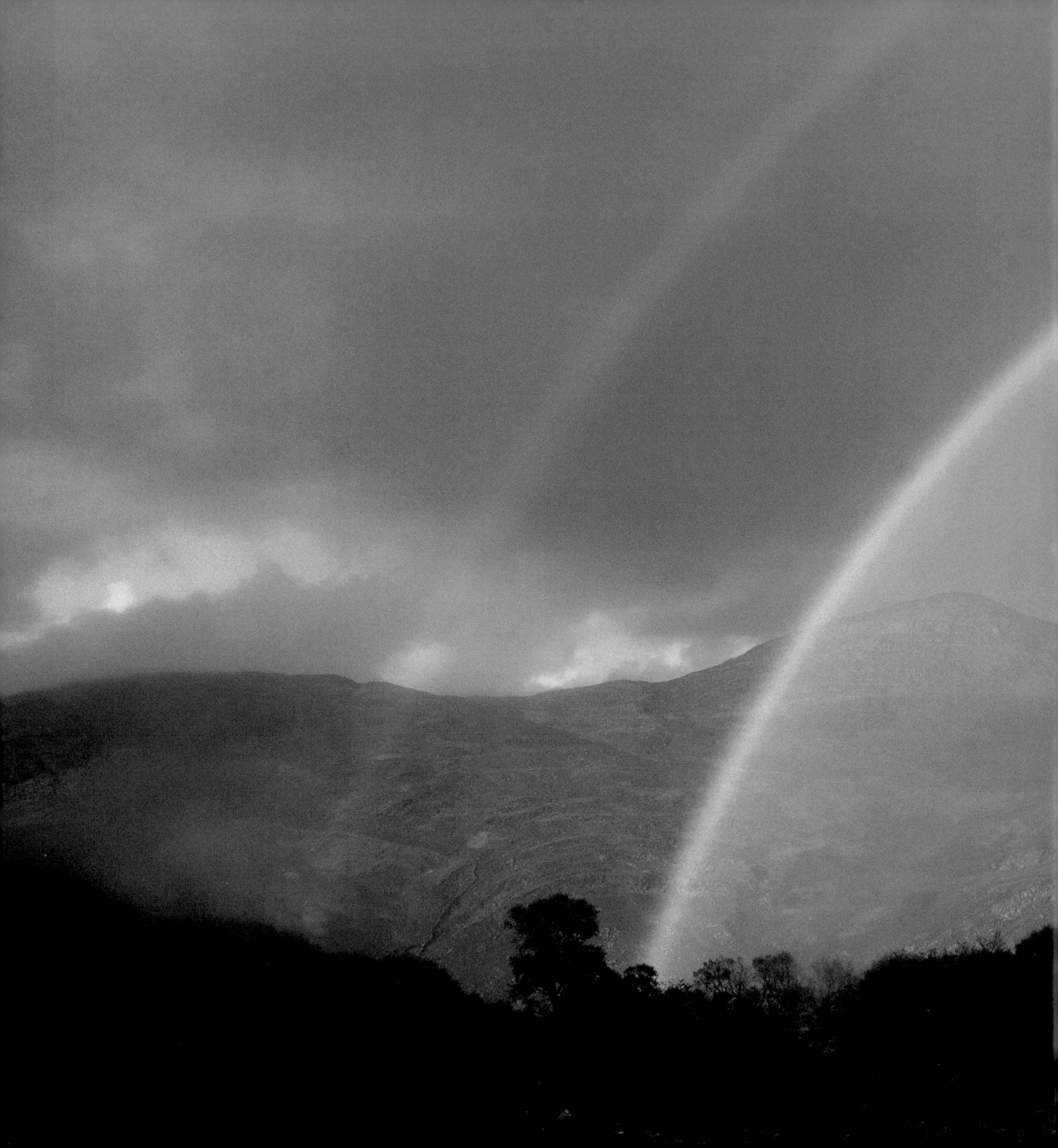

winter

When hard frosts, clear skies and white snows arrive, things look particularly beautiful. Glistening white mountains, deep snow and icy conditions attract many on to the heights of Snowdonia. But these mountains are not to be taken lightly. Having the right equipment is only part of the story; knowing how to use an ice axe and crampons is essential, as is constant analysis of the often rapidly changing conditions and an understanding of how to interpret them correctly. Winter on the heights is only for the highly competent. As Don Whillans once poignantly said to me, 'The mountains give and the mountains take.'

gaeaf

Wrth i rew caled, awyr las ac eira gwyn gyrraedd, mae pethau'n edrych yn arbennig o hardd. Mae'r mynyddoedd gwyn disglair, eira trwchus a thywydd rhewllyd yn denu nifer i dir uchel Eryri. Ond rhaid trin y mynyddoedd hyn â pharch. Dim ond dechrau arni yw'r rhybudd i ddefnyddio offer addas; rhaid gwybod sut i ddefnyddio caib eira a chramponau, rhaid hefyd gadw llygad ar y tywydd newidiol a deall sut i'w ddehongli'n gywir. Dim ond y rhai sy'n wir alluog ddylai fentro i'r mynyddoedd hyn y gaeaf. Fel y dywedodd Don Whillans wrthyf unwaith, 'Mae'r mynyddoedd yn rhoi ac mae'r mynyddoedd yn cymryd.'

RIGHT: A wintry view over Llyn Padarn towards the cloud-obscured summit of Snowdon; Llanberis Pass is beyond.

DDE: Golygfa aeafol dros Lyn Padarn tua phegwn yr Wyddfa o'r golwg dan gwmwl; Bwlch Llanberis tu hwnt.

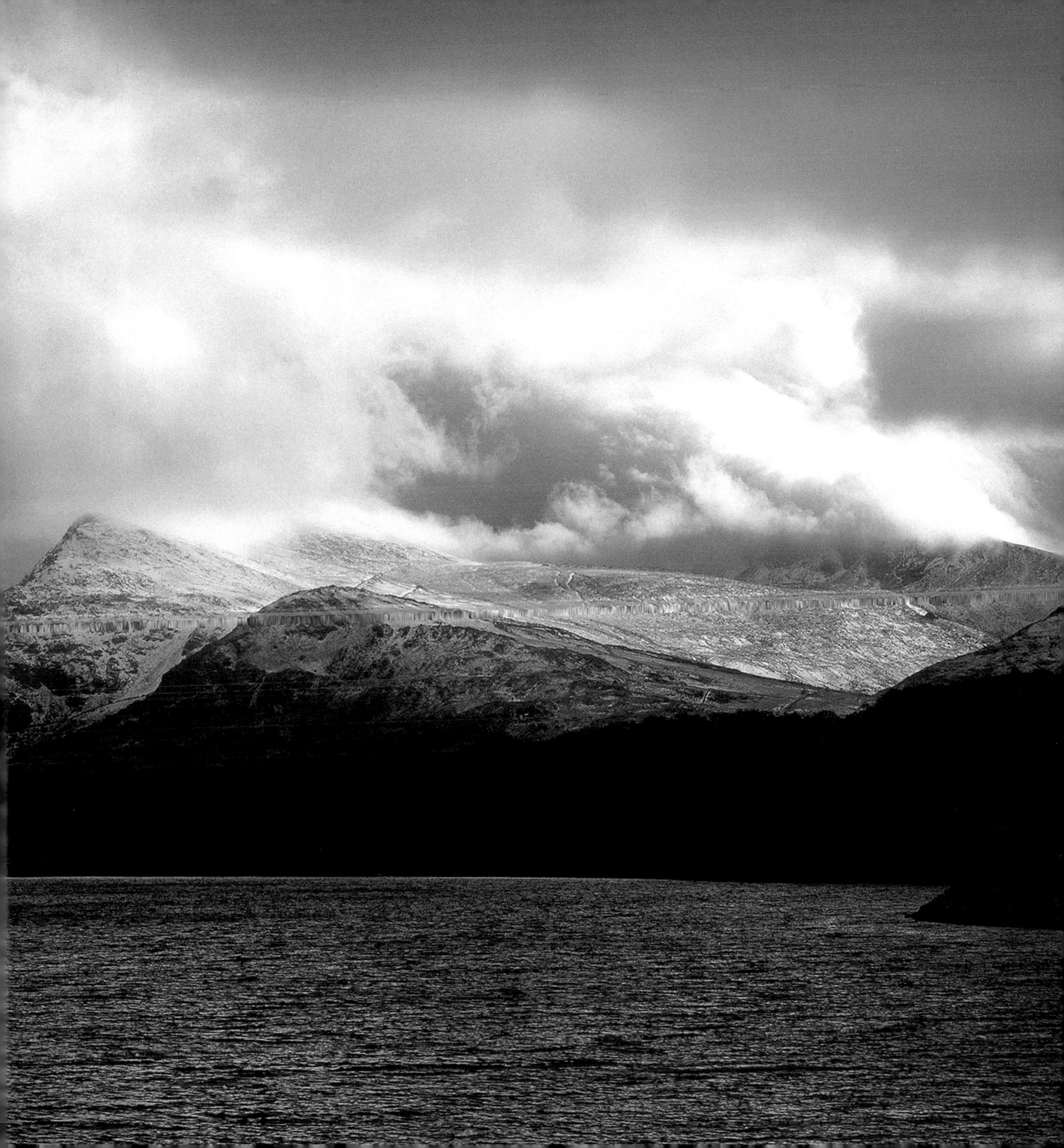

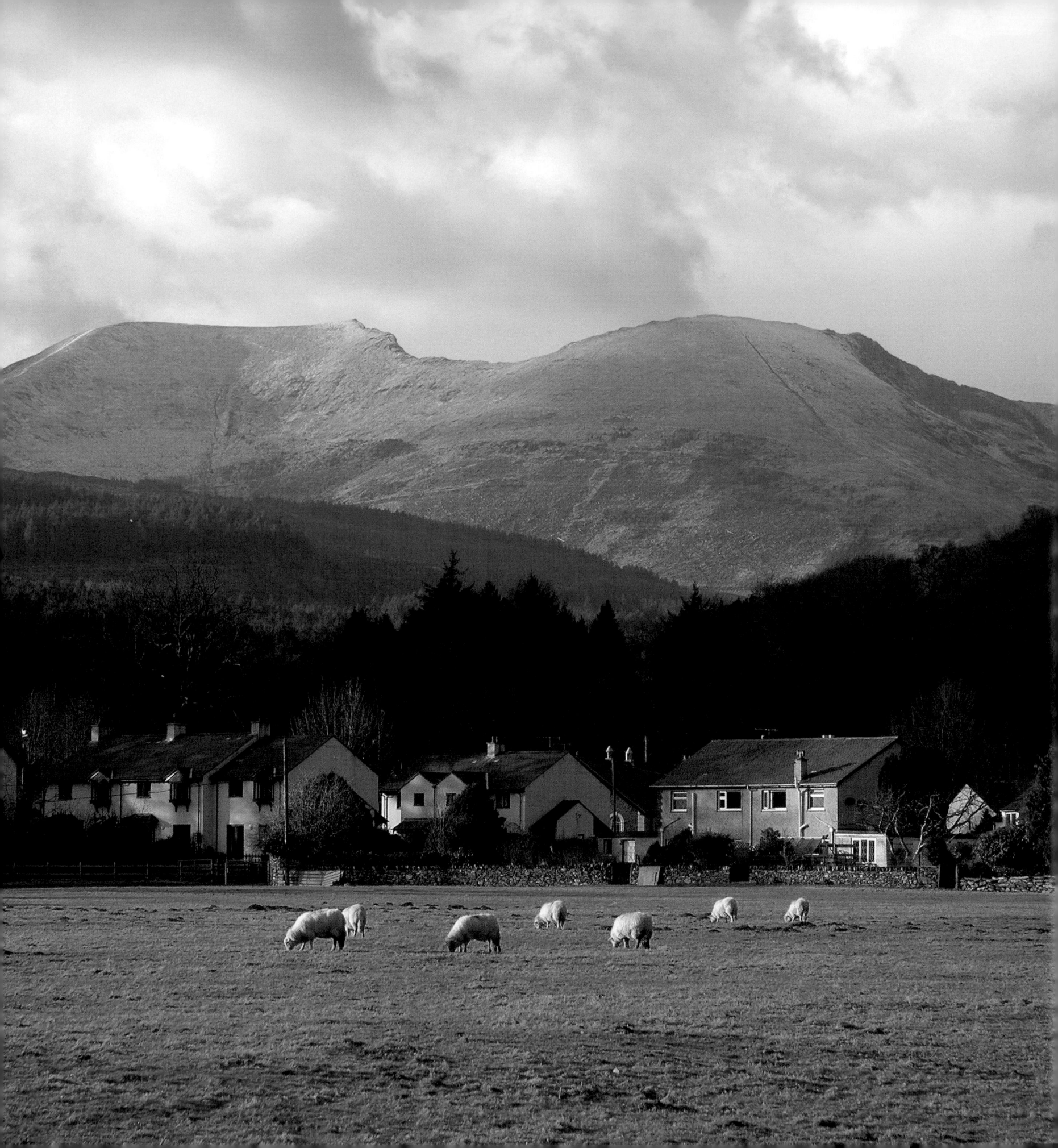

OPPOSITE: Over Beddgelert
to the north end of the Nantlle
Ridge, dusted in snow. The tops
are, from left to right: Mynydd
Tal-y-mignedd, Trum y Ddysgl
and Mynydd Drws-y-coed.

BELOW: A silver birch above
Llyn Padarn.

GYFERBYN: Dros Feddgelert i ben
gogleddol Crib Nantlle, dan eira.
Y pegynau, o'r chwith i'r dde, yw:
Mynydd Talymignedd, Trum y
Ddysgl a Mynydd Drws y Coed.

ISOD: Bedwen arian uwchlaw
Llyn Padarn.

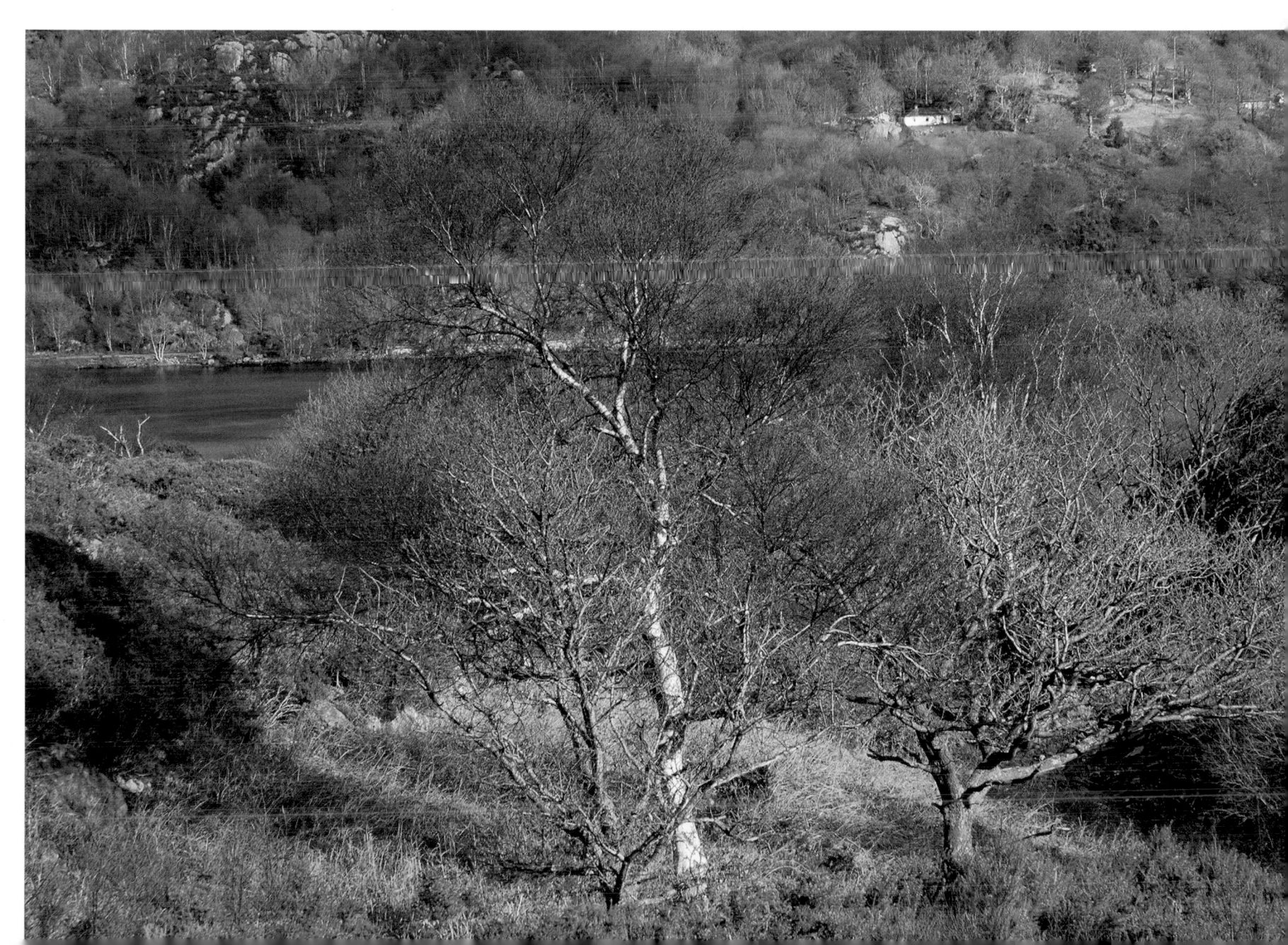

BELOW: On a cold winter's day,
or in inclement weather, it is a
pleasure to sit and chat and plan
the day in a warm, hospitable
environment. Pete's Eats café
in Llanberis has a strong local
following and is the epicentre
of climbing in Snowdonia.

ISOD: Ar ddiwrnod oer o aeaf,
neu os yw'r tywydd yn arw, mae'n
bleser eistedd a chael sgwrs
a chynllunio'r diwrnod mewn
awyrgylch gynnes, groesawgar.
Mae gan gaffi Pete's Eats yn
Llanberis gefnogaeth leol gryf ac
mae'n ganolbwynt i fyd dringo
yn Eryri.

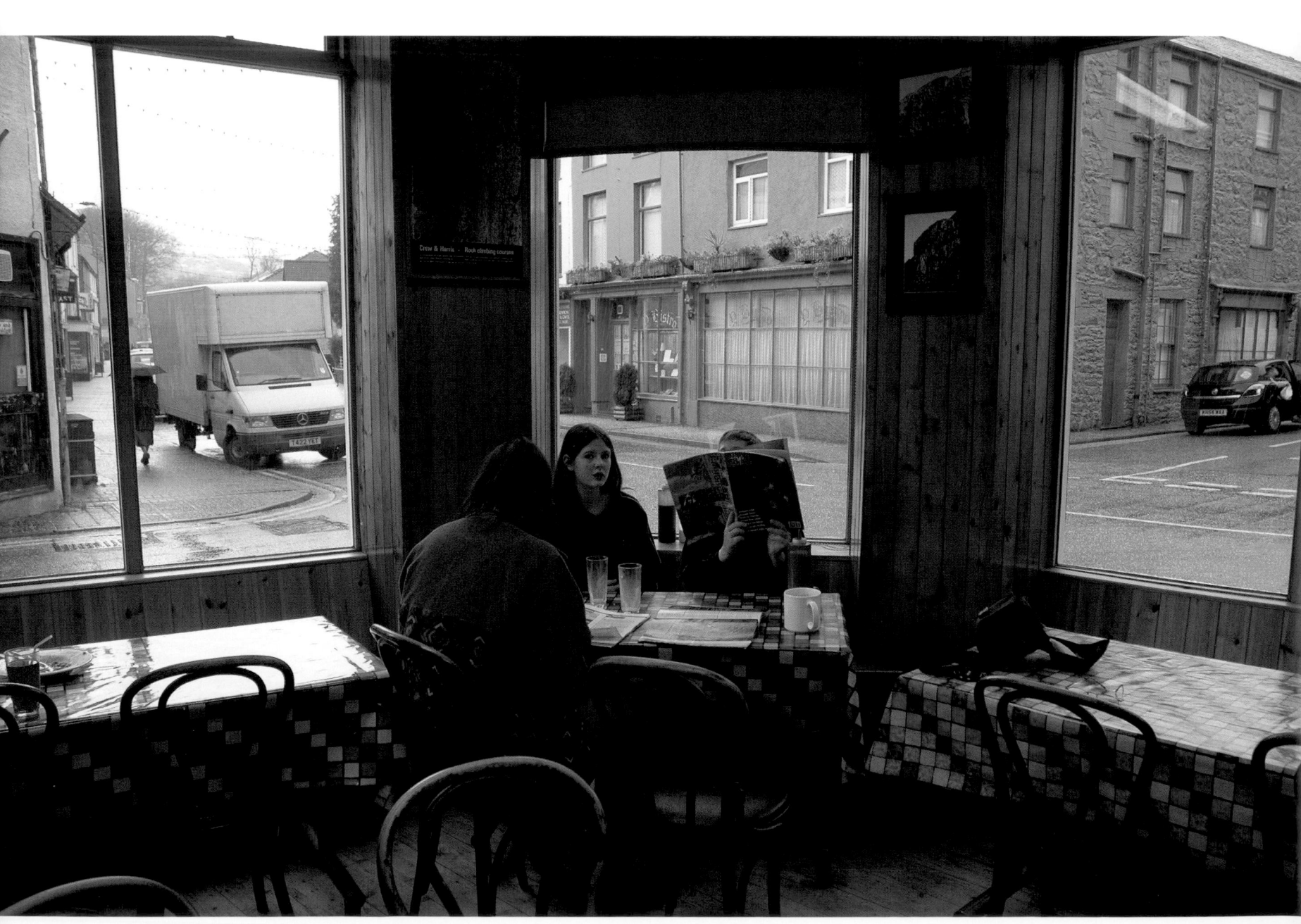

BELOW: The Tearooms in Beddgelert. I can smell the hot buttered toasted teacakes from here!

ISOD: Yr Ystafell De ym Meddgelert. Gallaf arogli'r gacen de wedi tostio o bellter!

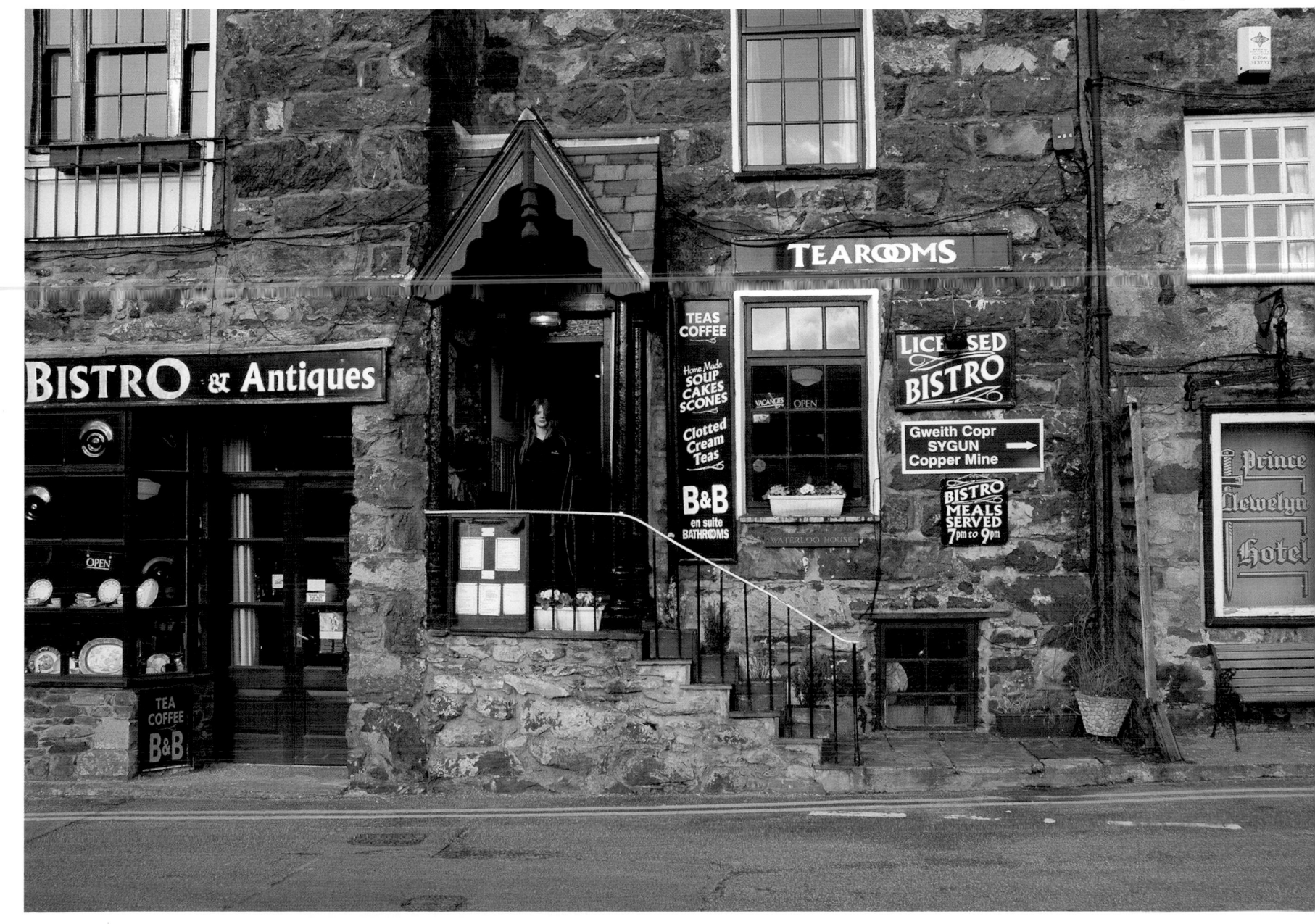

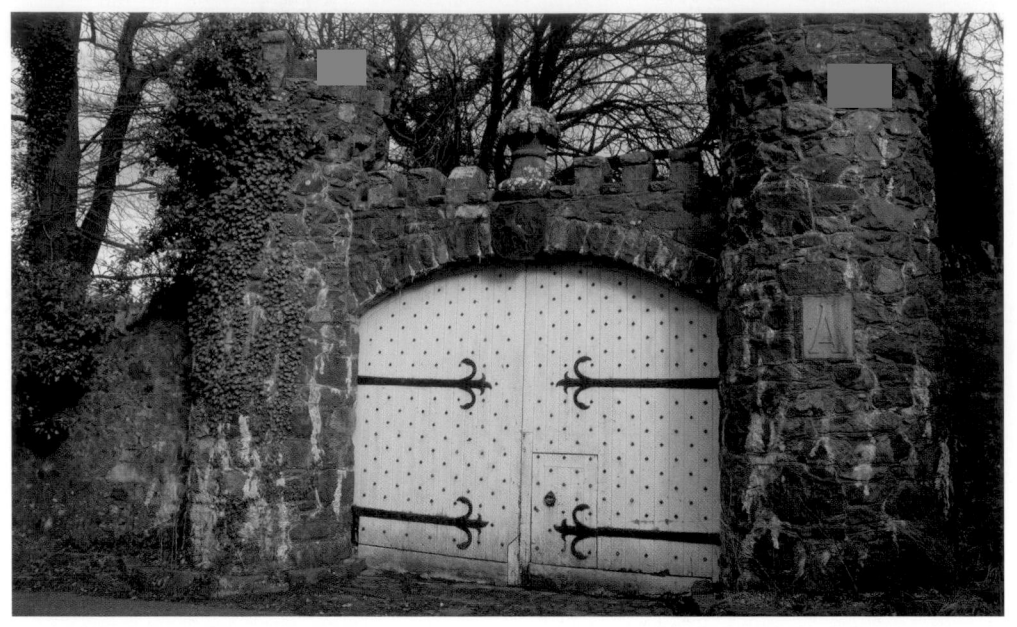

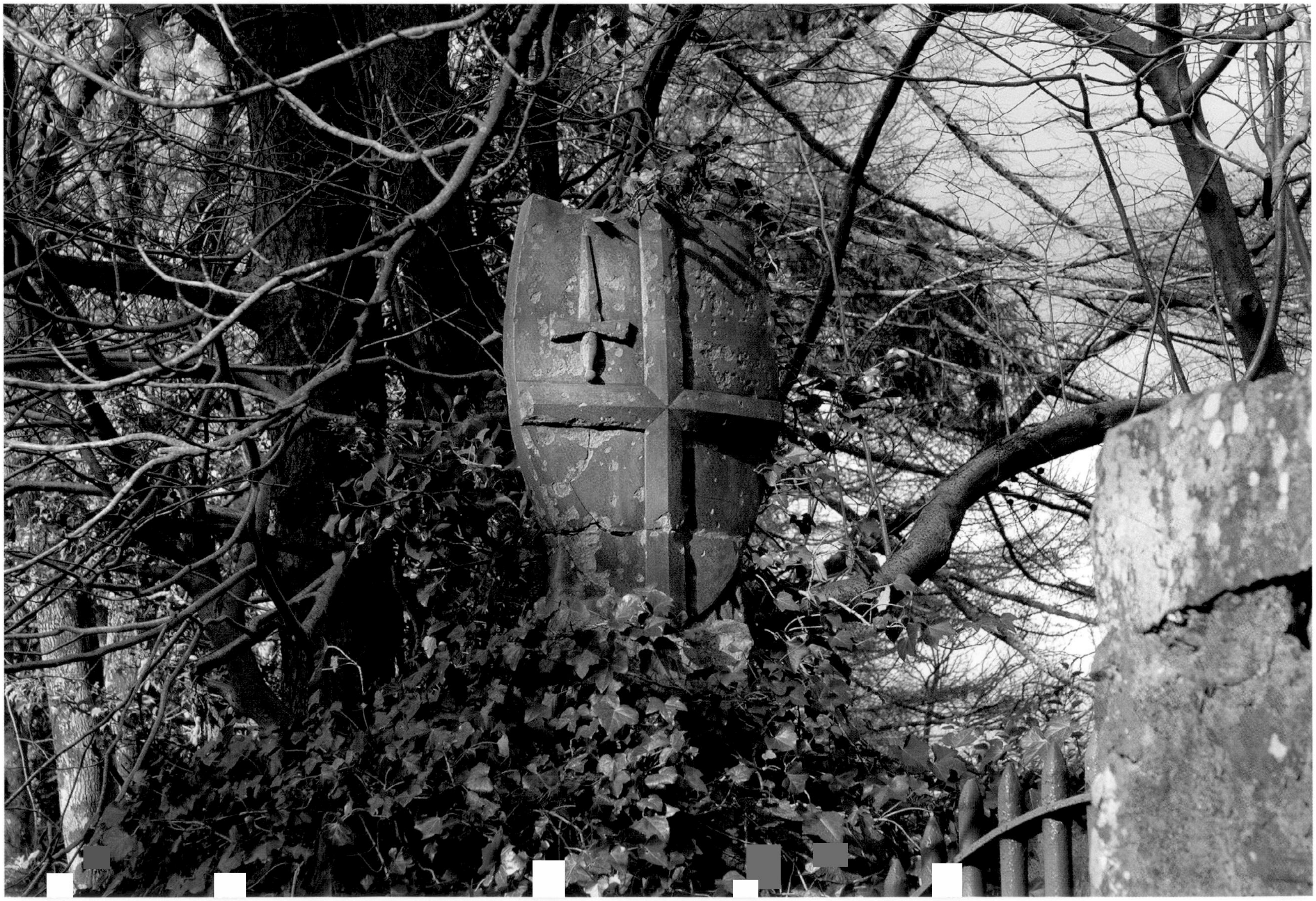

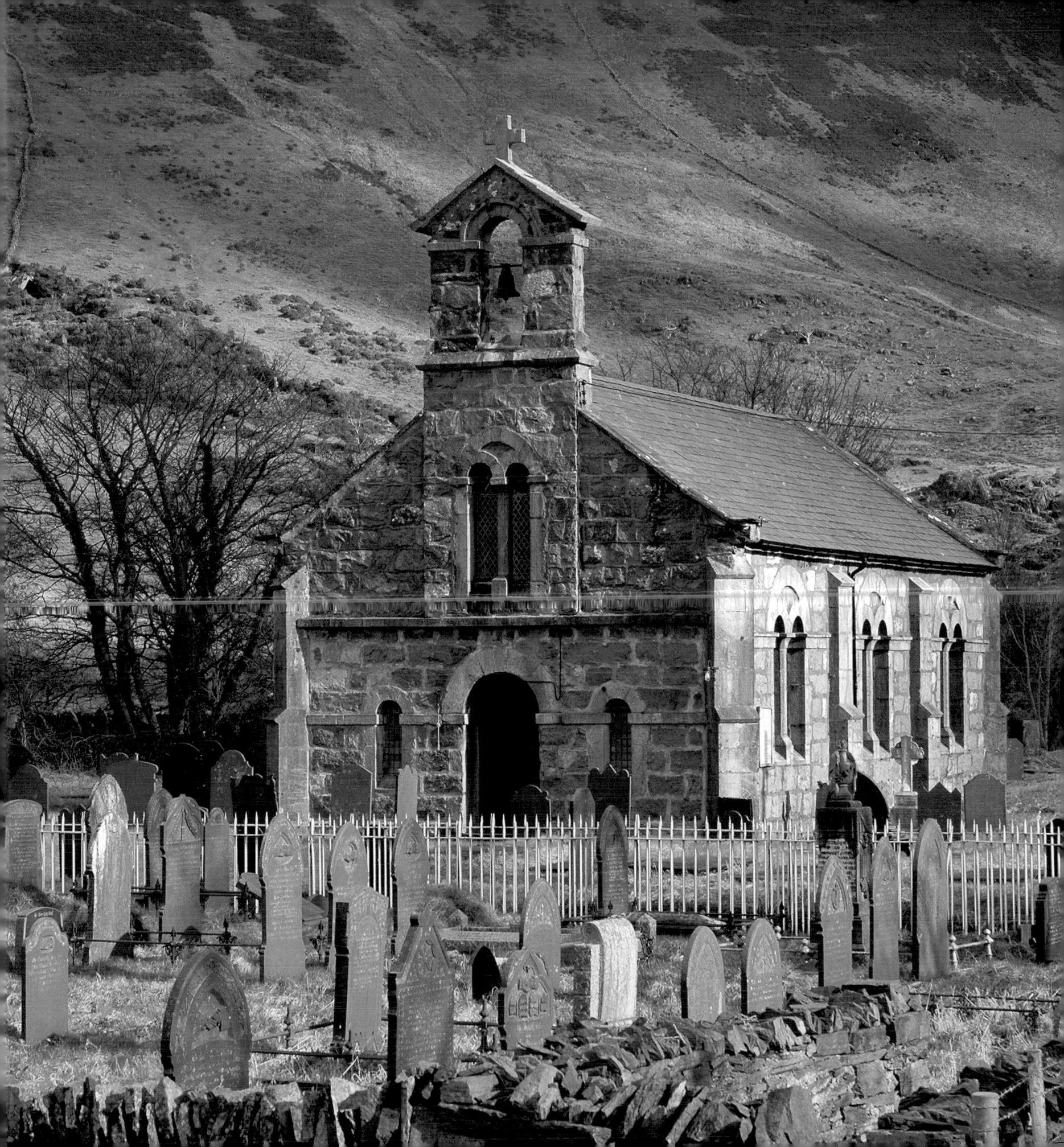

BELOW: Herring gulls above Nantgwynant.

RIGHT: Looking down over Tal-y-llyn Lake, nestling beneath the southern slopes of Cadair Idris.

OVERLEAF: Looking inland up the Dovey estuary towards Machynlleth, with the Dovey and Tarren hills to the north and the run of the Cambrian Mountains to the south. Just seen to the left, rounding a rocky point, is the line of the Roman road, a flat terrace running just above the estuary excavated in places through solid rock.

ISOD : Dwy wylan lwyd uwch Nant Gwynant.

DDE: Edrych i lawr dros Lyn Tal-y-Llyn, yn nythu islaw llethrau deheuol Cadair Idris.

TROSODD: Edrych tua'r tir i fyny Aber y Dyfi tuag at Fachynlleth, gyda bryniau Dyfi a Tharren i'r gogledd a rhediad y Mynyddoedd Cambriaidd i'r de. I'w weld ar y chwith, yn crymu o amgylch trwyn creigiog, mae llinell y ffordd Rufeinig, teras llyfn yn rhedeg ychydig uwchlaw'r dŵr wedi ei gloddio mewn mannau trwy garreg solet.

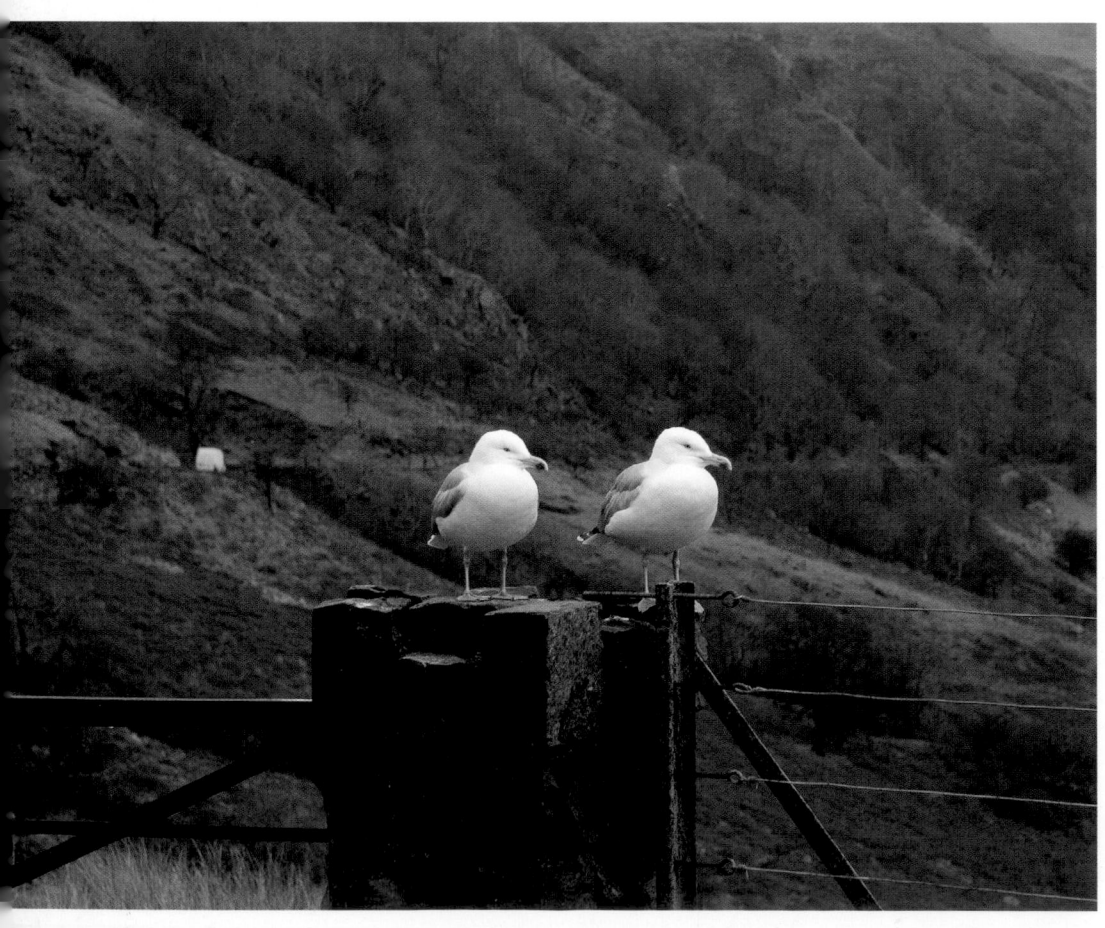

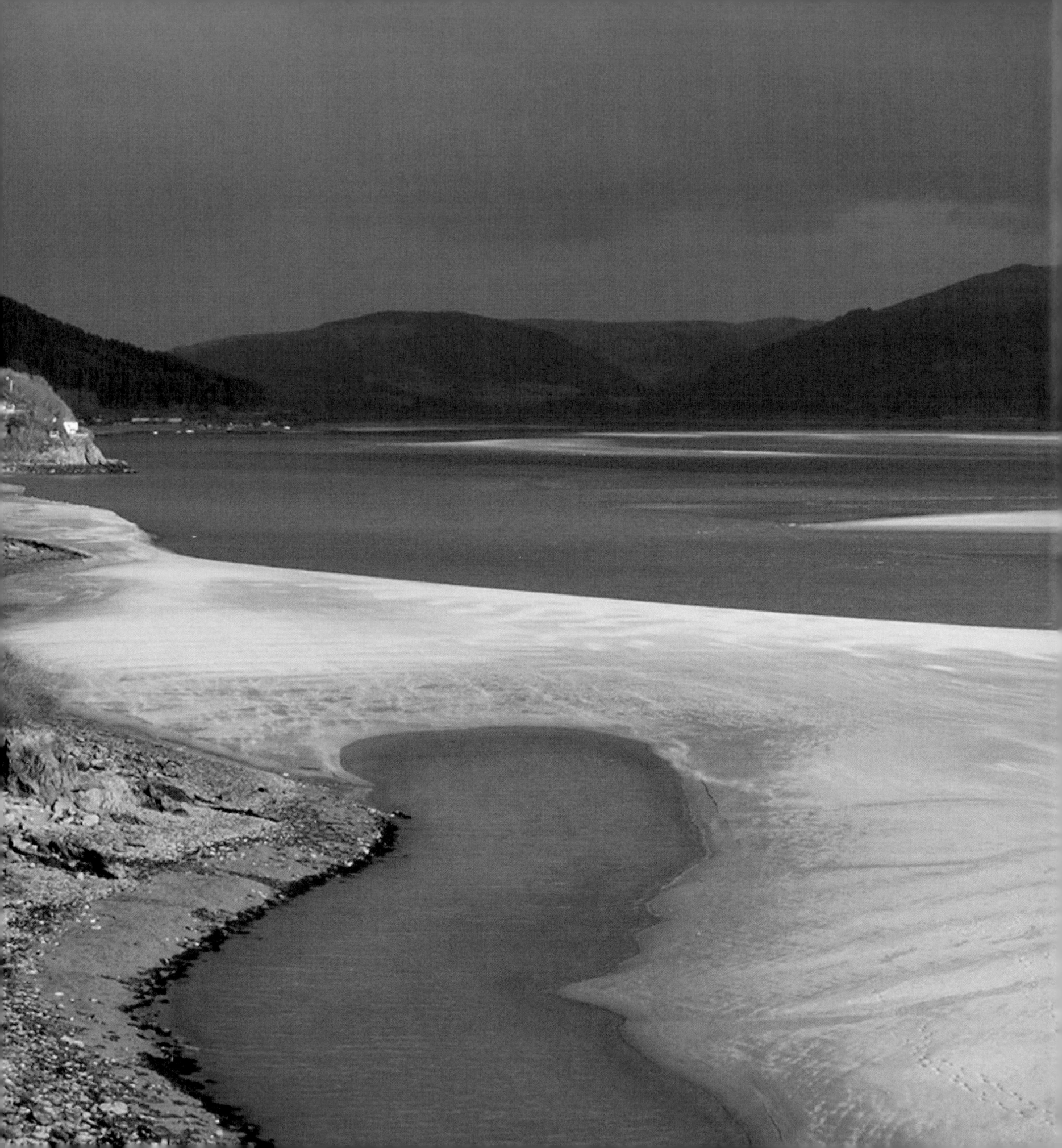

BELOW: Near the head of the Dovey estuary, reeds with long golden stems and silver flowery heads sway in the breeze. They are particularly attractive in winter, and provide an important habitat for birds.

ISOD: Ger pen Aber y Dyfi, sigla cyrs â choesau euraidd hir a phennau blodeuog arian yn y gwynt. Maent yn arbennig o hardd yn y gaeaf, ac yn gynefin pwysig i adar.

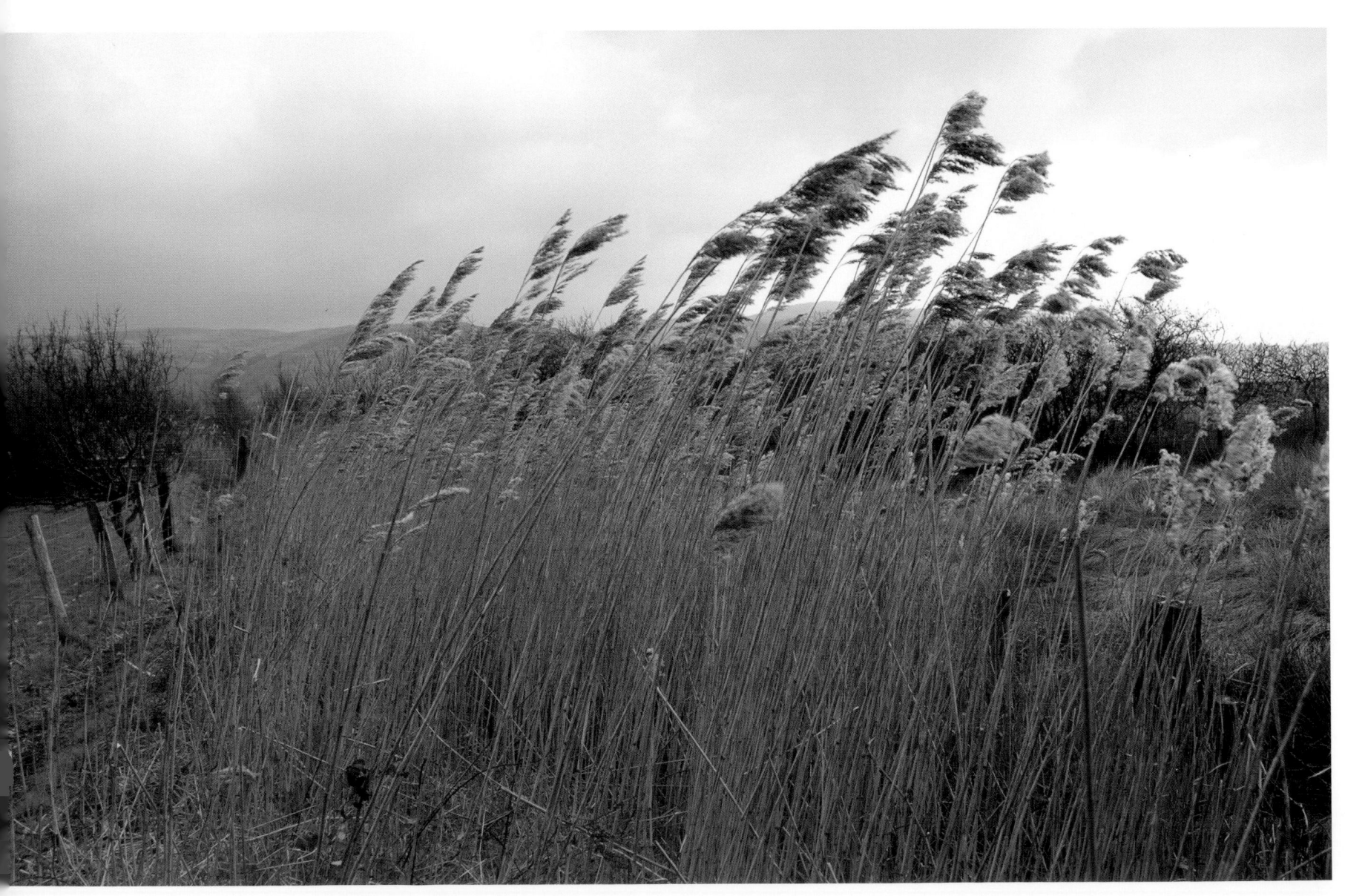

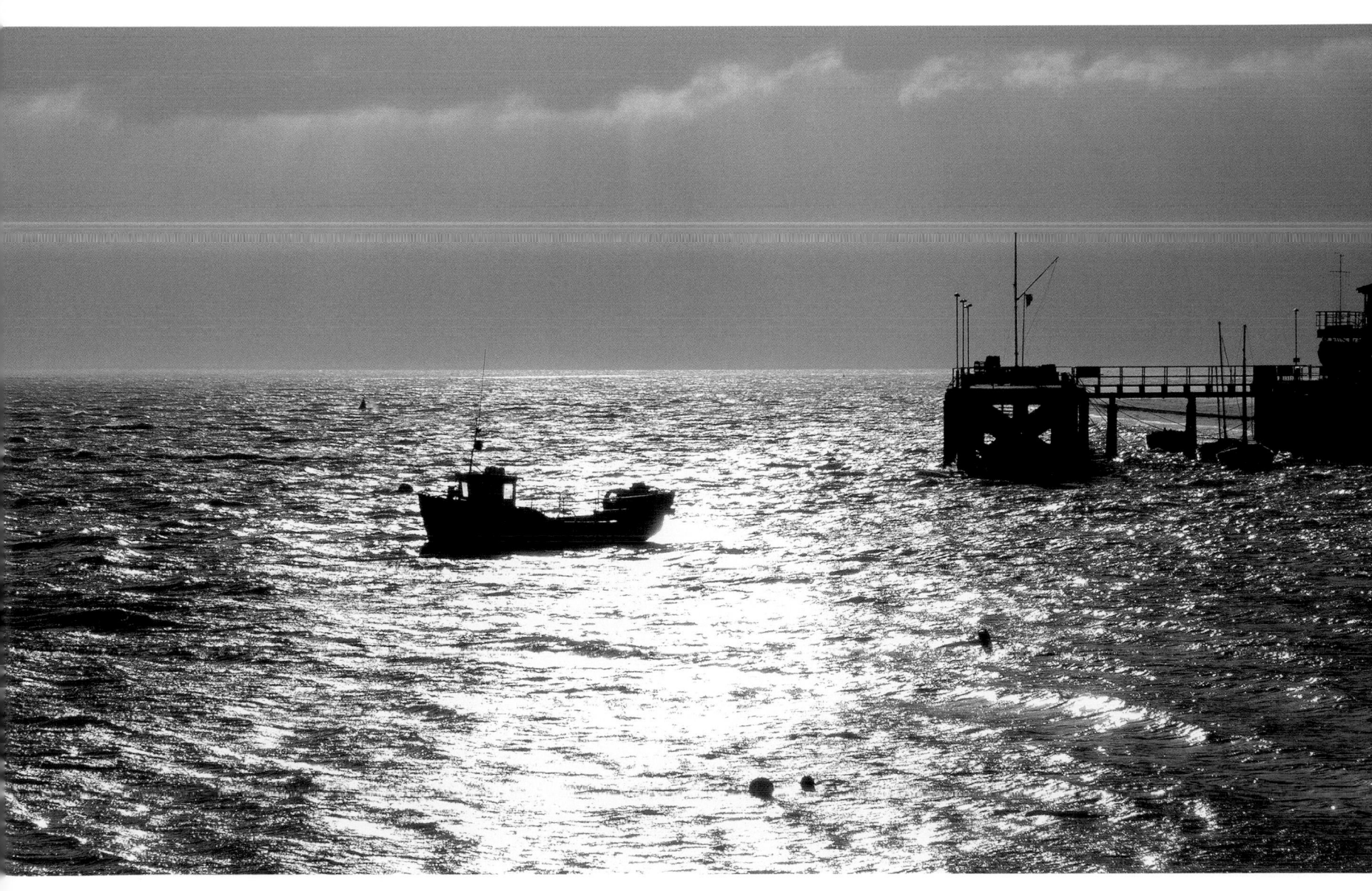

BELOW: Ginger Cain's studio in Llanberis, beneath the heights of Snowdon, is a fitting location for Britain's premier living mountain artist. His stunning work ranges from the wilds of Britain to the high Himalayas.

ISOD: Mae lleoliad stiwdio Ginger Cain yn Llanberis, yng nghysgod yr Wyddfa, yn addas iawn ar gyfer artist mynydd gorau Prydain heddiw. Mae ei waith aruthrol yn amrywio o dir gwyllt Prydain i'r Himalayas.

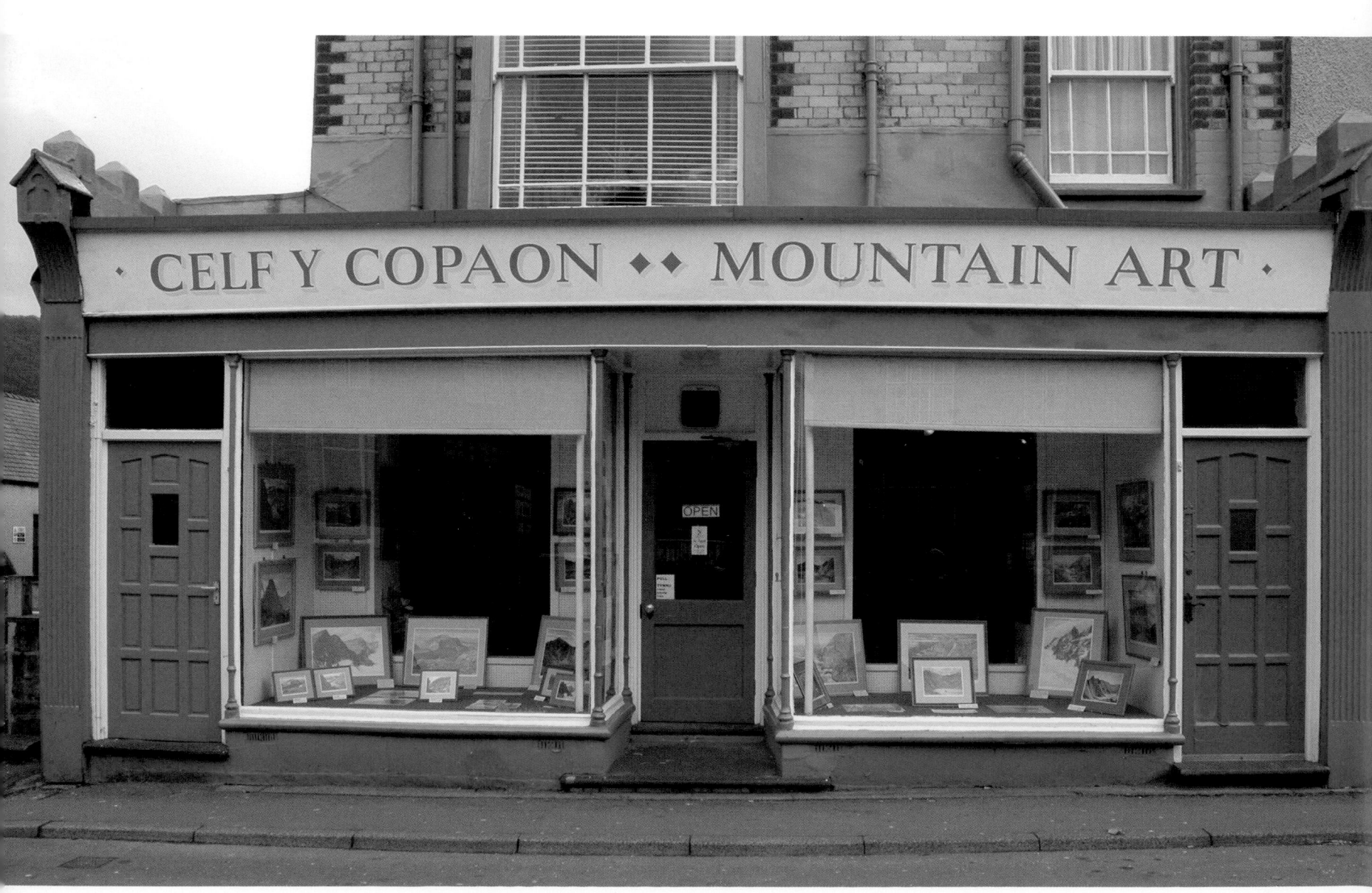

RIGHT: The war memorial on the seafront at Aberdovey, freshly adorned with garlands, 'Lest We Forget'.

BELOW: Rooms with a view: the attractive seafront at Aberdovey occupies a fine position, looking south across the mouth of the Dovey estuary.

DDE: Cofeb ryfel ar lan y môr yn Aberdyfi, wedi ei haddurno â garlantau ffres, 'Rhag i Ni Anghofio'.

ISOD: Ystafell â golygfa: saif glan môr deniadol Aberdyfi mewn safle braf, yn edrych i'r de ar draws ceg yr afon.

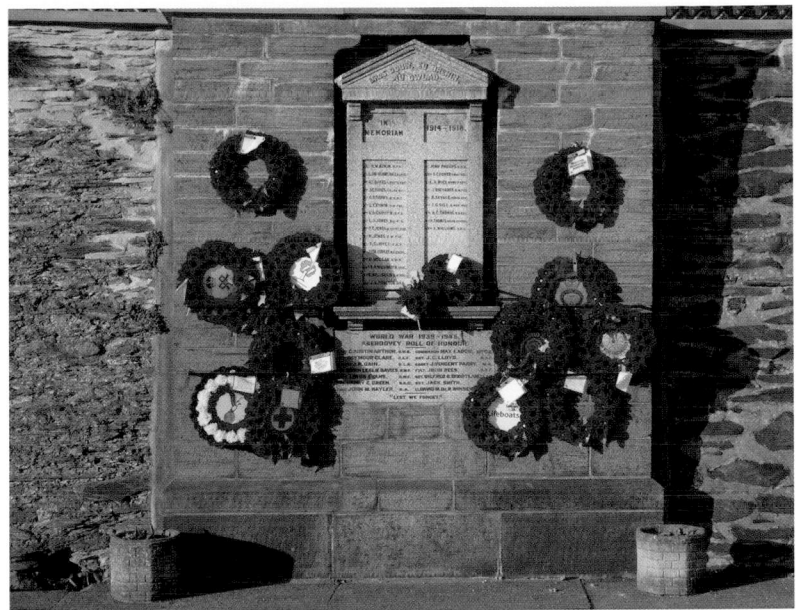

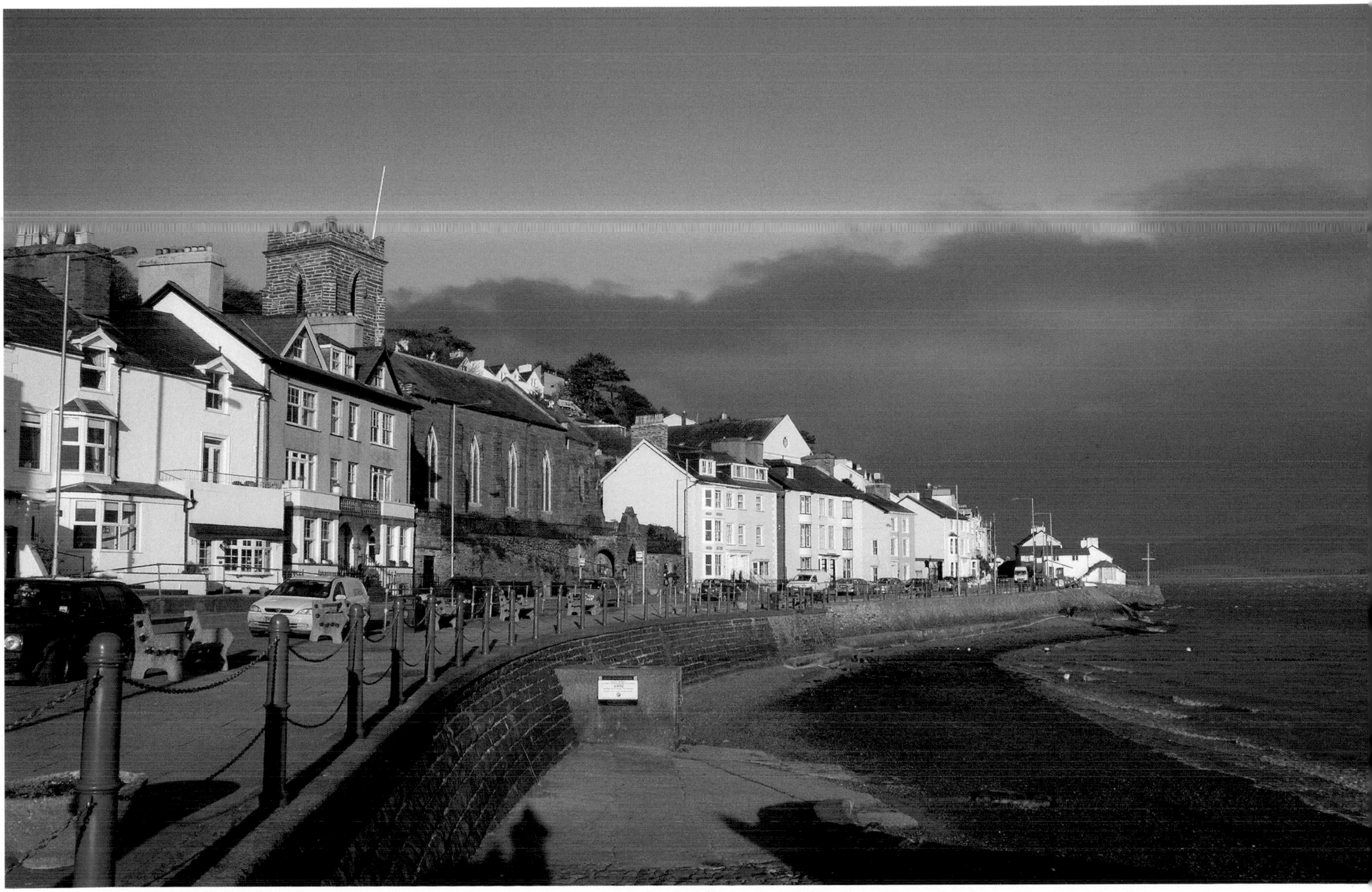

BELOW: Icicles hang beside Pen-y-Pass.

OPPOSITE: Snowdon and her satellite peaks seen over LLynnau Mymbyr from outside the Plas y Brenin National Mountain Centre.

OVERLEAF: High above Ogwen Cottage, scalloped into the mountainside between the Glyders and Y Garn, Cwm Idwal (the Devil's Kitchen) is one of the most revered mountain sanctuaries in Britain. The white splashes in the foreground waters of Llyn Idwal are the reflections of the snow and ice plastering the cliffs that form the lip of the cwm.

ISOD : Clychau iâ yn crogi ger Pen-y-Pass.

GYFERBYN: Yr Wyddfa a'i chylch o begynau i'w gweld dros Lynnau Mymbyr o drothwy Canolfan Fynydda Genedlaethol Plas y Brenin.

TROSODD: Yn uchel uwchben Bwthyn Ogwen, wedi ei naddu yn ochr y mynydd rhwng y Glyderau a'r Garn, Cwm Idwal yw un o noddfeydd mynyddig mwyaf parchedig Prydain. Adlewyrchiad o'r eira a'r rhew sy'n plastro'r clogwyni ar wefus y cwm yw'r sbeciau gwyn yn nyfroedd blaen Llyn Idwal.

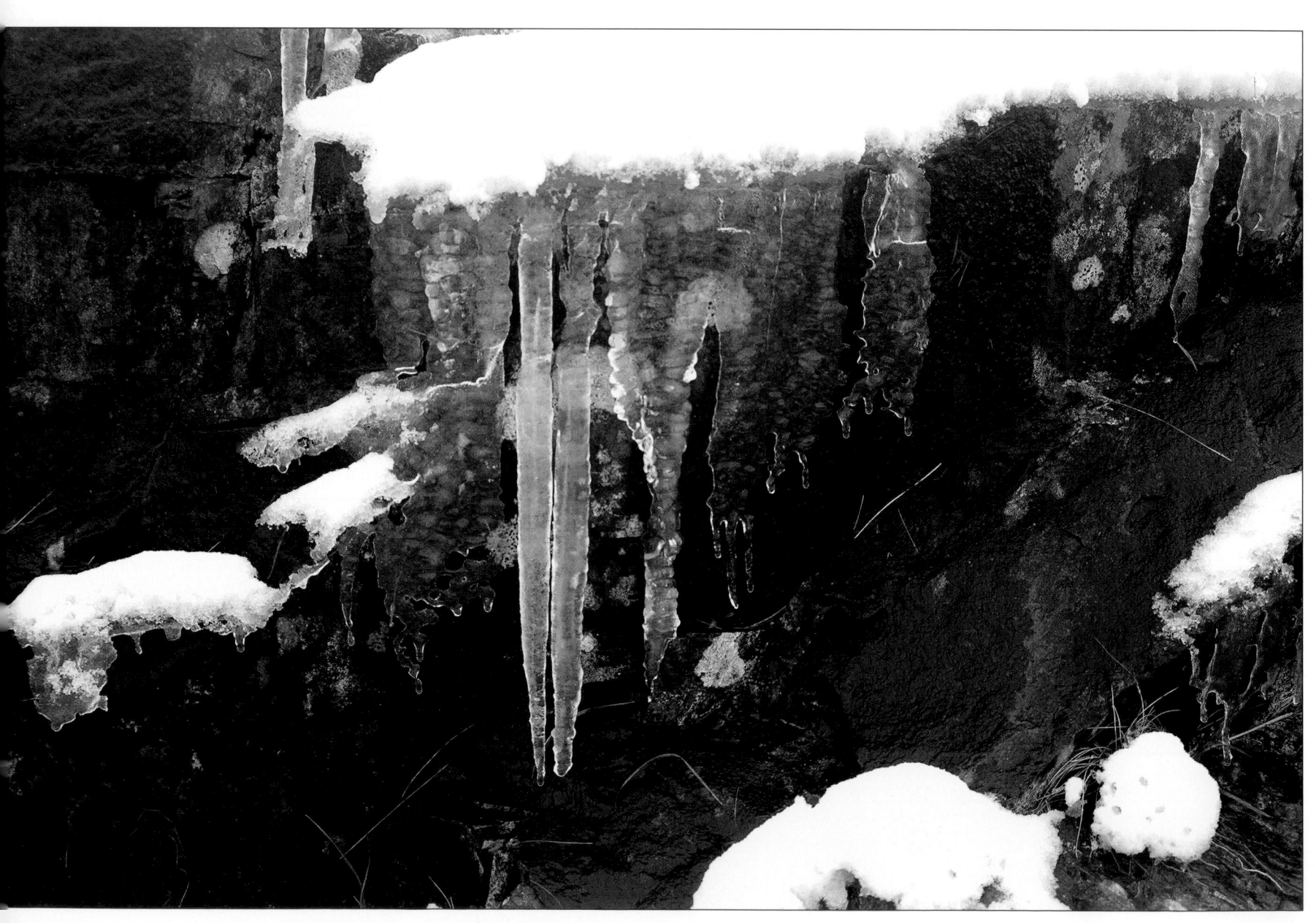

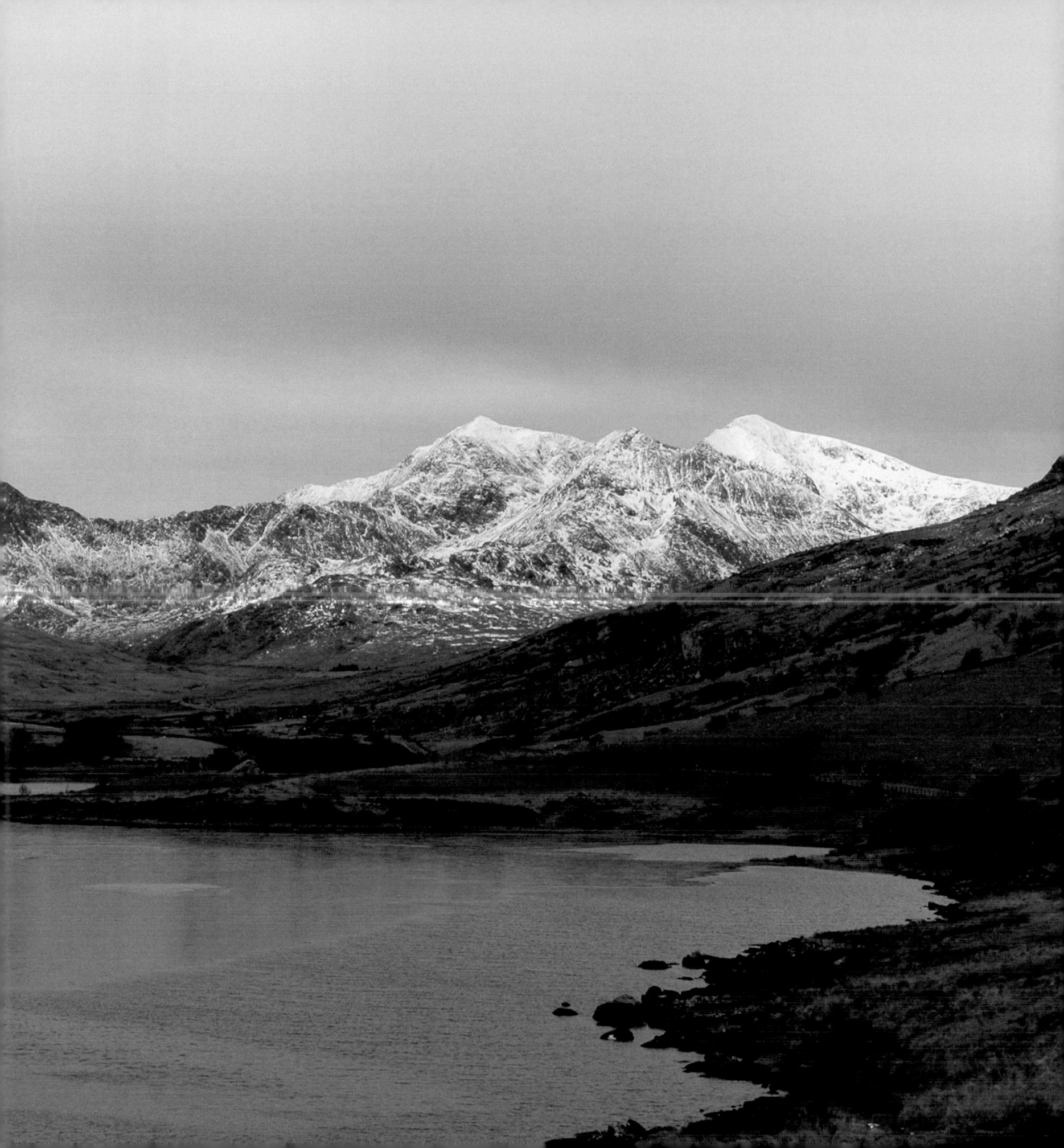

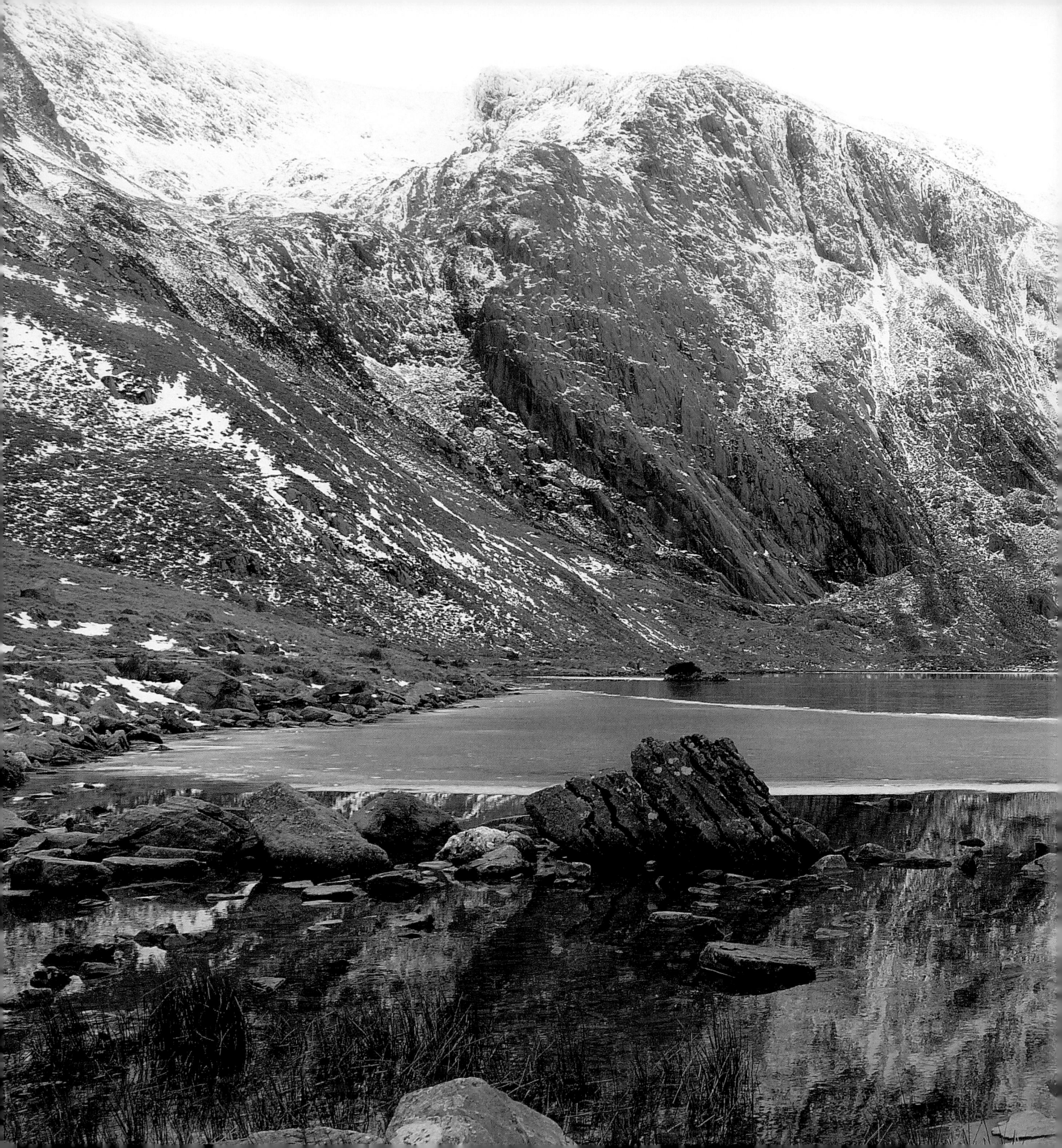

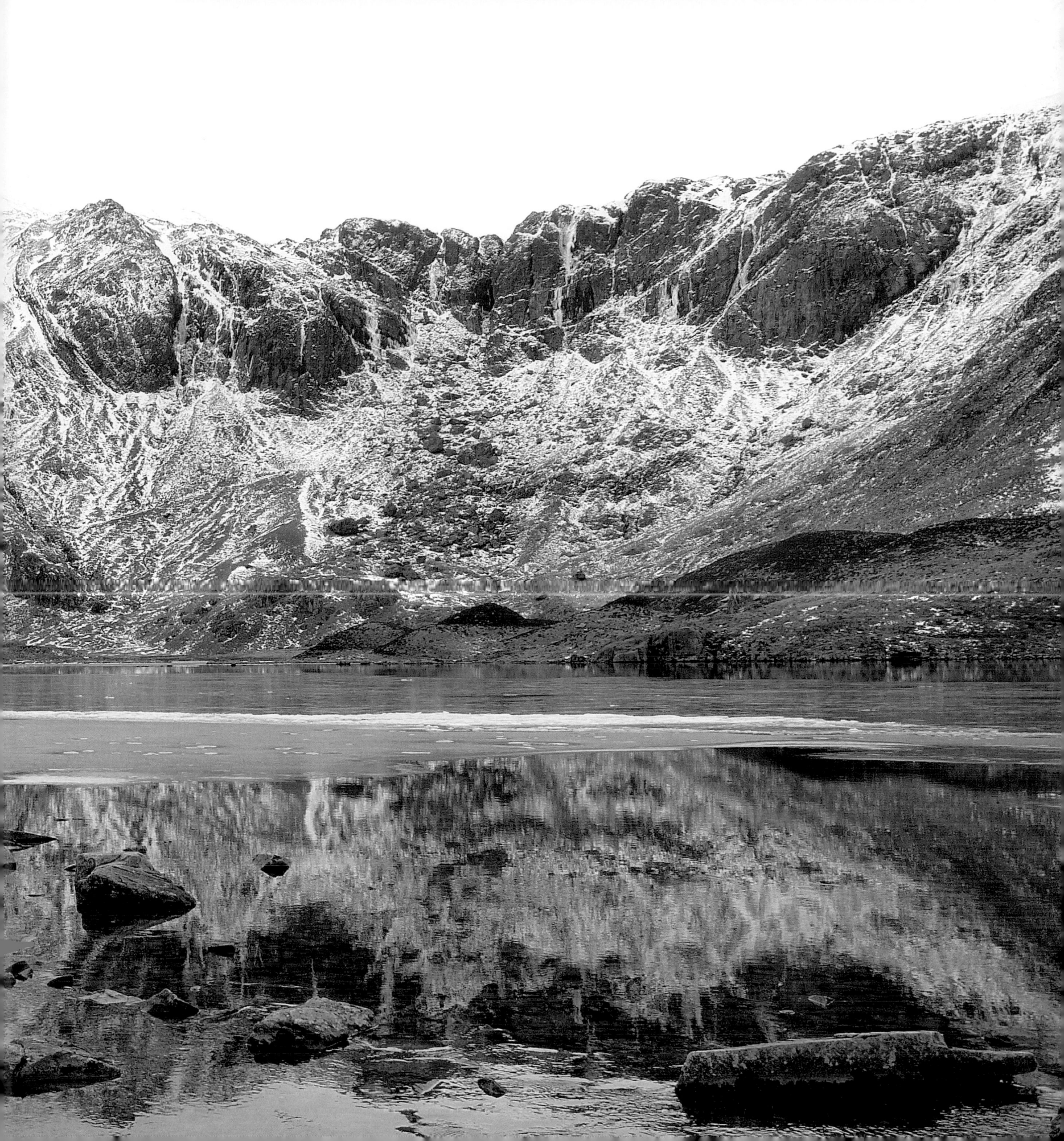

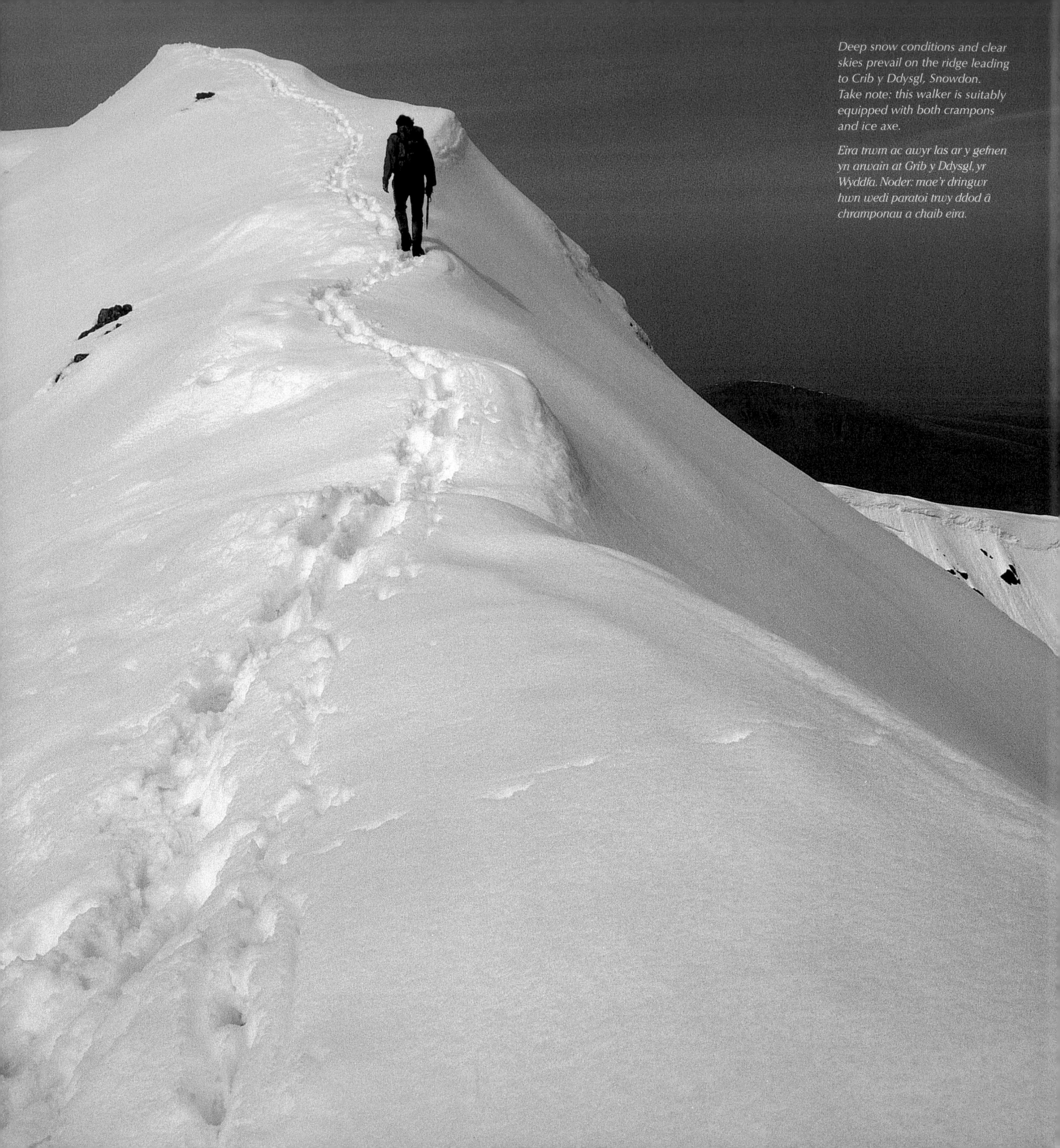

Deep snow conditions and clear
skies prevail on the ridge leading
to Crib y Ddysgl, Snowdon.
Take note: this walker is suitably
equipped with both crampons
and ice axe.

*Eira trwm ac awyr las ar y gefnen
yn arwain at Grib y Ddysgl, yr
Wyddfa. Noder: mae'r dringwr
hwn wedi paratoi trwy ddod â
chramponau a chaib eira.*

mynegai